U1002667

本书获得湖南省重点学科建设项目资助

知识产权专论

邓建志◎著

知识产权出版社
全国百佳图书出版单位

图书在版编目（CIP）数据

知识产权专论／邓建志著．—北京：知识产权出版社，2016.9
ISBN 978－7－5130－4498－1

Ⅰ.①知…　Ⅱ.①邓…　Ⅲ.①知识产权—研究　Ⅳ.①D913.04

中国版本图书馆 CIP 数据核字（2016）第 233682 号

责任编辑：刘　睿　刘　江　　　　责任校对：谷　洋
文字编辑：刘　江　　　　　　　　责任出版：刘译文

知识产权专论
Zhishichanquan Zhuanlun
邓建志　著

出版发行：知识产权出版社有限责任公司　　网　　址：http：//www.ipph.cn
社　　址：北京市海淀区西外太平庄 55 号　　邮　　编：100081
责编电话：010－82000860 转 8344　　责编邮箱：liurui@cnipr.com
发行电话：010－82000860 转 8101/8102　　发行传真：010－82000893/82005070/82000270
印　　刷：保定市中画美凯印刷有限公司　　经　　销：各大网上书店、新华书店及相关专业书店
开　　本：720mm×1000mm　1/16　　印　　张：14.5
版　　次：2016 年 9 月第一版　　印　　次：2016 年 9 月第一次印刷
字　　数：250 千字　　定　　价：38.00 元

ISBN 978－7－5130－4498－1

出版权专有　侵权必究
如有印装质量问题，本社负责调换。

前　言

知识产权是当前理论界和实务界都关注的热点议题。在现实社会中，围绕知识产权产生的相关问题层出不穷，需要理论界适时地予以回应。《知识产权专论》一书选取现实社会中出现的知识产权问题进行研究，并力求探寻解决这些问题的方案。该研究成果既对现实社会中出现的知识产权问题予以回应，也对进一步完善我国知识产权制度具有积极作用。

本书选取专利、商标、知识产权行政保护和知识产权人才培养等四个专题进行研究。相应地，全书分设四篇：专利篇、商标篇、知识产权行政保护篇和知识产权人才培养篇。

该书的基本特征是专题研究。专题研究意味着本书并不追求对知识产权问题进行全面和系统的广泛探讨，而是追求对某几个问题的深入研究。本书对所探讨的四个专题进行了比较深入的研究与分析，并提出了可行性对策与建议。

本书适合高等教育法学专业和知识产权专业师生在教学中使用，也可供司法工作者、知识产权行政管理部门工作人员、律师和知识产权中介服务人员参考使用。

目　录

第一章　专利篇

第一节　中国专利行政保护制度的基础理论研究

一、问题提出：理论研究与法律实践之冲突

专利行政保护是指中国专利行政管理部门❶在遵循法定程序的前提下，依法运用法定行政职权处理各种专利纠纷和查处各种专利违法行为、维护专利市场秩序和提高专利社会保护意识，从而有效保护专利权主体合法权利的一种法律保护方式。在中国，现代专利制度作为一个整体是舶来品，但是，专利行政保护是完全土生土长的具有中国特色的专利保护制度。该制度产生于1984年首部《专利法》，并且，在当时那个特定的历史条件下，❷ 这一制度并没有经过太多争论就比较顺利地得以建立。❸

专利行政保护制度实行一段时间后，一些从事理论研究的学者对这一制度提出质疑，并形成“去留之争”的态势。❹ 该争论一般在每次修改专利法律时

---

❶ 我国专利行政保护机构涉及中央和地方两个层面的相关机构。例如，中央层面有国家知识产权局、专利局、专利复审委员会等，地方层面有管理专利工作的部门等。但历次《专利法》对这些机构名称的规定存在差异，例如，地方层面专利行政保护机构的名称在1984年和1992年《专利法》中称为专利管理机关，在2000年和2008年《专利法》中则称为管理专利工作的部门。为了表述方便，本书将不同时期的各种专利行政保护机构的名称统一表述为“专利行政管理部门”。

❷ 改革开放之初，我国现代知识产权制度基本上是迫于西方发达国家的压力而建立的，因此，其立法明显呈现出“先有法律实践，后来才出现有关的理论研究”的特点。

❸ 赵元果：《中国专利法的孕育与诞生》，知识产权出版社2003年版，第284页。

❹ 邓建志：《WTO框架下中国知识产权行政保护》，知识产权出版社2009年版，第190~196页。

表现得尤为突出，甚至成为《专利法》第二次修改时“争论最多、争议最大的问题”。❶ 另外，从《专利法》第三次修改过程来看，关于专利行政保护条款修改的争议也是异常激烈，❷并且，专利行政保护制度的完善问题还被列为2008年第三次《专利法》修改的重点问题。❸ 且这场争论的一个重要特点是：反对者大部分是从事民法理论研究的学者，❹ 而支持者大部分是实务界或者熟悉实务界工作的学者。❺

与理论界的激烈争论不相一致的是，专利行政保护制度在法律实践中的表现却是另外一番景象。首先，从立法实践看，我国《专利法》的历次修改，虽然对专利民事纠纷行政裁决制度作了一些调整，❻ 但是该制度依然存在和发

❶ 张耀明：“专利法修改中的几个问题”，见唐广良：《知识产权研究（第十二卷）》，中国方正出版社2002年版，第43页。

❷ 例如，国家知识产权局于2006年7月31日公开发布的《中华人民共和国专利法修订草案》征求意见稿中，涉及专利行政保护的修改条款就多达7条，并且其中有4条是新增内容，但从2008年最终通过的《专利法》文本看，其中很多建议并没有吸纳进来。

❸ 国家知识产权局条法司：《〈专利法〉第三次修改导读》，知识产权出版社2009年版，第95页。

❹ 郑成思：《WTO知识产权协议逐条讲解》，中国方正出版社2001年版，第4页。

❺ 例如，以下是支持专利行政保护制度的学者及其论著，他们均来自实务界或者熟悉实务界的工作：高卢麟（中国专利局）：“强化专利行政执法”，载《中国市场》1995年第1期；乔德喜（原中国专利局条法部部长）：“关于我国专利法第二次修订的有关问题”，见《知识产权研究（第二卷）》，中国方正出版社1996年版，第137~138页；汤宗舜（中国专利局顾问）：“关于专利法第二次修订的建议”，见《知识产权研究（第三卷）》，中国方正出版社1997年版，第31页；张耀明（国务院法制办公室）：“专利法修改中的几个问题”，见《知识产权研究（第十二卷）》，中国方正出版社2002年版，第44页；吴宁燕、王燕红（国家知识产权局条法司）：“论专利行政执法的必要性和发展方向——我国立法与修法立足国情的考虑”，见国家知识产权局条法司编：《专利法研究2003》，知识产权出版社2003年版，第150~165页；蔡云飞（国家知识产权局）：“浅谈如何加强专利行政执法”，载《中国知识产权报》2005年12月26日；等等。

❻ 关于专利行政裁决制度的调整，主要体现在2000年《专利法》的修改中，具体可以比较历次《专利法》以下条文的规定：1984年和1992年《专利法》第43条、第49条和第60条，2000年《专利法》第41条、第46条和第57条，2008年《专利法》第41条、第46条和第60条。

展着，并且专利行政保护制度中的行政查处和行政调解制度还呈现出强化的趋势。❶ 其次，从执法实践看，一方面，我国专利行政保护特色制度在实践中发挥了和正在发挥着重要作用，❷ 并且，近几年来，这一特色制度在实践中还不断地摸索着建立一些创新机制。❸ 另一方面，我们在实地调研中发现，理论研究上的“去留之争”已经影响到该制度在执法实践中的有效运行。例如，一些专利行政执法人员提出这样的疑问：“中国专利行政保护到底还能走多远？”也就是说，他们对专利行政保护制度的发展前景产生了“方向性困惑”。❹ 更为严重的是，这种“困惑”已经导致他们在实际处理专利纠纷或者查处专利违法行为时的消极执法或者怠于执法的客观结果。

综上，中国专利行政保护制度在理论研究上的“去留之争”与该制度在法律实践上的现状并不完全一致，明显存在冲突，前者甚至成为阻止后者进一步发展的障碍。有鉴于此，从理论上系统论证具有中国特色的专利行政保护制度是否应当继续存在和发展下去，确有必要。笔者认为，专利行政保护制度作为一个在中国土生土长的制度，其存在和发展必然是多种内外因素相互作用的结果，因此，只要该制度赖以存在和发展的各种因素还在起作用，就不应当被人为地取消。本书将在深入研究影响中国专利行政保护制度建立和发展过程中各种主要内在因素和外在因素的基础上，从理论上论证并回答中国专利行政保护制度“去与留”以及进一步发展完善的基本思路问题。

---

❶ 关于行政查处强化的趋势，可以比较历次《专利法》以下条文的规定：1984 年和 1992 年《专利法》第 63 条，2000 年《专利法》第 58 ~ 59 条，2008 年《专利法》第 63 ~ 64 条等。关于行政调解强化的趋势，可以比较历次《专利法》及其《专利法实施细则》以下条文的规定：1984 年《专利法》第 60 条及其 1984 年《专利法实施细则》第 77 条，1992 年《专利法》第 60 条及其 1992 年《专利法实施细则》第 77 条，2000 年《专利法》第 57 条及其 2001 年《专利法实施细则》第 79 条，2008 年《专利法》第 60 条及其 2009 年《专利法实施细则》第 85 条。

❷ 邓建志：“中国知识产权行政保护特色制度的发展趋势研究”，载《中国软科学》2008 年第 6 期，第 69 ~ 71 页。

❸ 邓建志：“中国知识产权跨区域行政执法协作机制研究——以长三角地区专利行政执法协作机制为例”，载《江苏法制报》2006 年 10 月 9 日第 6 版。

❹ 笔者 2006 ~ 2011 年在上海市、浙江省、江苏省、湖南省等地的专利行政管理部门调研时，许多执法人员提出了这样的问题和表现出这样的困惑。

二、内在因素：中国专利行政保护制度存在与发展的合理性与必要性

内在因素是导致专利行政保护制度建立、存在和发展的主要因素，只要这些因素还在起作用，中国专利行政保护制度的存在和发展就具有合理性与必要性，该制度就不可能完全退出历史舞台。以下将重点研究分析导致中国专利行政保护制度建立、存在和发展的三个主要内在因素。

（一）关键因素：中国强势行政与弱势司法的历史传统

强势行政与弱势司法是一个问题的两个方面：正是行政的强大导致了司法的薄弱。与西方国家相比，中央集权的封建社会制度在中国的历史要长得多，中国也没有经历一个典型的以自由、民主、人权和法治为特点的资本主义社会的充分发展阶段；再加上1949年以后，中国长时期实行以国家集权为特征的计划经济，“市场经济”这个词对于中国社会来说只有在近30年来才不陌生。综观中国社会的发展历程，不难看出“高度集权”和“官本位”构成中国政治体制的重要特点，“大公无私”向来就主导着整个社会，私人活动的空间非常狭小，国家行政也就成为整个社会的绝对重心。在这种体制下，人们遇到纠纷或者权利受到侵犯总是习惯于找上级、找单位、找政府部门，而不是找法院，因此，法院在这种体制下的地位非常微弱。虽然这一状态在当代中国已经有了很大的改变，但要彻底根除几千年来所遗留下的习惯和思维模式，还有待时日。❶

正是基于这种强行政、弱司法的传统体制，中国专利行政保护制度在并没有经过很多争论的情况下，就很容易地被规定在我国1984年首部《专利法》中。1984年《专利法》虽然先后易稿25次才得以通过，但其中基本没有涉及对专利行政保护制度的争论，特别是对于专利侵权纠纷的行政处理，是由全国人大常委会在审议第24稿时补充进来的，其理由也很简单：主要是“考虑到专利权纠纷的处理是专业性很强的工作，以先由行政主管部门即专利管理机关处理为宜”❷；还有另一个重要理由是当时司法薄弱，人民法院并不具备这样

❶ 张树义：《中国社会结构变迁的法学透视——行政法学背景分析》，中国政法大学出版社2002年版，第260~309页。

❷ 赵元果：《中国专利法的孕育与诞生》，知识产权出版社2003年版，第284页。

的审判力量。❶ 并且，按照当时的设计，专利管理机关主要是民事纠纷处理机关，❷ 这实质上就是以行政机关来代替司法机关行使职权。显然，这样的职权设置在西方法治较发达的国家中是很难想象的，它们即使有可能实行这一制度，也较少会像在中国这样不经过激烈争论就十分顺利地将之纳入法律的规定之中。笔者认为，中西方出现这种差别的一个根本原因就是中国强势行政与弱势司法的观念和历史传统已经深入人心。尤其是改革开放之初在对我国是否建立专利制度还存在较大争论的客观环境下，政府的强势主导作用也就成了我国专利行政保护制度得以建立的关键因素。❸

（二）基础因素：专利行政保护制度的自身优势

行政保护之所以能够成为我国专利权“双轨制保护模式”中的一翼，一个最基础的因素就是它具有司法保护所不具备的许多优势。具体地说，其优势主要体现在以下几个方面。

1. 行政保护程序相对简便，具有便民、高效和低成本的特点

行政机关与司法机关同为广义的执法机关，但二执法机关的价值偏向呈现出差异：前者侧重于追求效率，以“效率优先，兼顾公正”作为基本理念；后者侧重于追求公正，以“公正优先，兼顾效率”作为基本理念。由于基本价值理念上的差异，专利行政保护具有立案迅速、处理纠纷的程序相对简便、结案快、方便权利人和效率高等优势和特点。例如，相关研究表明，行政保护机关立案后一般在送达请求书的同时就开始对案件进行调查，这样做至少有两个好处：(1) 缩短了案件的处理时间；(2) 能够有效地防止侵权行为人转移、隐匿证据，从而有利于案件的顺利处理，提高执法效率。❹

高效率与低成本是相伴而生的。正如学者所言，“知识产权纠纷解决的行政渠道与程式化的司法渠道相比，前者具有直接交易成本（成本要素包括时

---

❶ 吴宁燕、王燕红：“论专利行政执法的必要性和发展方向——我国立法与修法立足国情的考虑”，见国家知识产权局条法司：《专利法研究（2003）》，知识产权出版社 2003 年版，第 151 页。

❷ 汤宗舜：《专利法解说（修订版）》，知识产权出版社 2002 年版，第 340～341 页。

❸ 赵元果：《中国专利法的孕育与诞生》，知识产权出版社 2003 年版，第 56～207 页。

❹ 王晔：“知识产权行政保护刍议”，见郑胜利：《北大知识产权评论（第 1 卷）》，法律出版社 2002 年版，第 209 页。

间、精力、金钱、声誉等）较低且效率高的特点，不失为多数情况下降低私人成本和社会成本并节省目前非常短缺的司法资源的一种优先选择。”❶ 从这个意义上讲，我国专利行政保护特色制度符合 TRIPS 协议“以尽可能低的成本保护知识产权”的基本要求。

2. 行政保护能够依职权主动打击专利违法行为，具有主动性特点

根据我国专利法的规定，当出现假冒专利行为时，专利行政管理部门有依职权主动进行行政查处的权力。这一特点是遵循“不告不理”基本原则的司法保护所没有的。需要指出的是，随着我国专利行政保护特色制度的重心发生改变，即由原来主要处理专利民事纠纷转移到现在主要查处专利违法行为，❷ 我国专利行政保护的主动性特点将会显得越来越突出。

3. 行政机关的专业优势能够得到发挥

专利权保护不仅是个法律问题，还涉及大量的专业技术问题。与擅长法律的司法机关相比，专利行政管理部门具有较强的专业技术优势，因此，法律赋予专利行政管理部门行政处理涉及复杂技术问题的专利侵权纠纷和专利违法行为，能够使其专业人才优势得到充分发挥，这也是我国当初建立专利行政保护制度的一个重要理由。❸ 事实上，即使现在，法院在遇到一些专业性很强的案件时，仍然离不开专利行政管理部门的密切配合。当然，如何使司法机关的法律人才优势与专利行政管理部门的专业技术人才优势达到完美结合，这依然是一个可以进一步研究的问题。

4. 专利民事权利的行政保护在我国有着深厚的群众基础

在我国古代，司法和行政并没有分开，法官一般由行政长官兼任，因此，老百姓解决纠纷的方式除了私权利救济方式外，请求行政长官“为民做主”就是最主要的公权力救济方式了，这种救济实质上就是对民事权利的行政保护。沿袭几千年的传统让行政保护在我国民众中有了深厚的群众基础，时至今日，若遭遇侵权，大部分民众首先想到的仍然是找政府解决，这一点在专利行

❶ 莫于川：“新技术革命与知识产权行政保护制度创新论要”，载《中国人民大学学报》1999 年第 4 期，第 65 页。

❷ 邓建志：《WTO 框架下中国知识产权行政保护》，知识产权出版社 2009 年版，第 309 页。

❸ 张耀明：“专利法修改中的几个问题”，见唐广良：《知识产权研究（第十二卷）》，中国方正出版社 2002 年版，第 43 页。

政保护上也显得同样突出。例如，相关调研表明：上海市民在自己的专利权等知识产权受到侵犯后，41.5%的市民首选行政保护的方式来进行救济，这一比例高于首选司法保护方式的40.1%和首选调解方式的18.4%。[1] 在我国经济和法治非常发达的上海，市民尚且首选行政保护方式来解决知识产权侵权问题，在中国的其他地区，特别是内地，首选行政保护的民众比例可能会更高，因此，专利行政保护依然是目前我国打击专利侵权和违法行为的重要方式。由此可见，行政保护深厚的群众基础，是导致专利行政保护特色制度在我国生生不息、不断发展的重要原因，这一因素也使得专利行政保护特色制度在我国拥有了较大的“市场”。

5. 行政处理专利纠纷并不排除选择司法保护的机会

这主要表现在两个方面。第一，当事人选择行政处理专利纠纷的方式具有自主性。其完全可以在行政保护与司法保护之间自由选择采取哪种保护途径，行政处理不具有强制性。第二，如果说在我国专利行政保护制度建立后的一段时间内规定的终局行政决定[2]有些不合理，那么这种状态在2000年《专利法》中已经得到改变。这一改变使得行政处理专利纠纷必须接受司法机关的监督，从而有利于督促专利行政管理部门在追求效率的同时更好地兼顾公正，实现依法办事的法治目标；也有利于专利行政保护特色制度的重心由行政处理向行政查处进一步转移。

需要指出的是，以上只是列举了专利行政保护的几个主要优势，并没有穷尽。对于专利行政保护的这些优势，应当将之作为一个整体来看待，否则，就有可能会得出其并非优势，而是劣势的相反结论。笔者认为，正是这种整体优势使得我国专利行政保护制度在建立以后很快且持续地显示出强大的生命力，因此，该制度不仅不会在近期内彻底消失，相反，还会长期存在和发展下去。

（三）内在条件：专利权兼具公权性质的本质

关于知识产权是公权还是私权的性质问题，在西方历史上曾经有过激烈的争论，改革开放后我国学界也有过这种理论之争，但是，自TRIPS协议明确规定知识产权为私权后，这一问题似乎得到了彻底解决。这里我们无意再在知识

[1] “上海市民遇知识产权纠纷首选司法保护或行政保护”，载 http://www.sipa.gov.cn/zscq/node1/node11/userobject1ai5530.html，2007年6月7日访问。

[2] 例如，1984年和1992年《专利法》的第43条和第49条。

产权“姓公与姓私”的问题上进行讨论，只想强调一点的是，TRIPS 协议规定知识产权是私权并不能抹杀这样一个事实：知识产权与其他民事权利并不完全相同，其兼有公权性质，并且在现代社会中其公权化倾向越来越明显。对此，我国一些学者有这样的论述：“在当代，知识产权的私权性质并没有发生变化，但国家介入因素在增强；换言之，知识产权私权的公权化因素在增强。知识产权的公权化表明知识产权已经不是一种纯粹的私权，而是一种具有公权因素的私权。”❶ 也有另一些学者的论述更加明确：“知识产权越来越多地突破传统私法的领域，其公权性质的体现已甚是明显，突出表现为国家（或政府）的公权力干预不断强化。‘政府角色’越来越多地介入知识产权制度；并且随着全球化进展的加快，各国都倾向于向知识产权‘国家战略化’发展。知识产权的公权性质主要表现在社会公益性、国家授予性和利益权衡性三个方面。”❷ 笔者认为，TRIPS 协议规定知识产权是私权，其本意是要为整个协议定下一个私权保护的基调，是要让知识产权像其他民事权利一样在各成员域内得到平等的保护，避免受到歧视对待，而并不意味着是对知识产权兼具公权性质的否定，这一点可以从 TRIPS 协议规定的目标、❸ 原则❹以及明确肯定各成员为了保护公共利益而对知识产权保护作出限制的规定❺等条款得到证实。

基于上述认识，笔者认为，与普通民事权利相比，专利权兼具公权性质的一面使得政府对专利权的介入因素不断增加，专利权的保护并非纯粹是权利人个人的事情，它需要专利行政管理部门承担更多的保护职责。因此，专利权兼具公权性质的属性不仅为我国实行专利行政保护制度，特别是实施行政查处制度，提供了内在条件，构成促成专利行政保护特色制度不断发展与强化的重要因素，而且为我国专利行政保护制度重心的转移提供了理论依据。

---

❶ 冯晓青、刘淑华：“试论知识产权的私权属性及其公权化趋向”，载《中国法学》2004 年第 1 期，第 62 页。

❷ 李永明、吕益林：“论知识产权之公权性质——对‘知识产权属于私权的补充’”，载《民商法学》2004 年第 9 期。

❸ TRIPS 协议第 7 条。

❹ TRIPS 协议第 8 条。

❺ 例如，TRIPS 协议第 31 条和第 40 条，等等。

三、外在因素：中国专利行政保护制度存在与发展的核心推动力

从一般理论上讲，外在因素是导致专利行政保护制度建立、存在和发展的影响因素，其对专利行政保护制度的作用应当要小于内在因素，但是，从整个现代专利制度在中国改革开放后较短时间内迅速地从无到有并达到高水准保护的这个特定历史背景来看，外在因素对中国专利行政保护制度存在和发展所产生的推动作用特别巨大，甚至其作用大小与内在因素相比也难分伯仲。以下将重点分析影响中国专利行政保护制度存在和发展的三个主要外在因素。

（一）软环境因素：中国传统文化

中国是一个有着5000年历史的文明古国，悠久的历史创造了灿烂的文化，但是，在中国的传统文化中有些理念与现代专利制度并不相融洽。例如，代表中国传统文化主流的儒家文化并不重视个人权利：儒家法律的价值标尺并不是指向个人，即法律并不确认和维护个体自然人对于他人或社会的权利，而是指向了集体。[1] 又如，在道德规范和法律规范之间，儒家文化强调前者是第一性的，后者是第二性的。[2] 很明显，儒家文化这种轻视个人权利，强调“大公无私”，主张“德治”与“礼治”，特别是置“利”与“义”“礼”于相互对立的境地，所谓的“君子喻于义，小人喻于利”等基本文化理念与现代专利制度强调专利权是一种私权的法治理念存在比较尖锐的矛盾。

到了近现代，马克思主义传入中国，其对知识财产更是持严厉批评的态度，认为这是资本主义条件下的异化现象。可以说这种观念一直延续到改革开放之前，甚至在当今都还有一定的影响。正如有的学者所言：“儒家传统文化与马克思主义的结合，刚好形成了一道排斥知识私有化的思想防线”。[3] 因此，专利权及现代专利制度与中国传统文化的主流意识格格不入也就是很自然的事情。

传统文化必然会对当前的法律制度产生深远影响。[4] 中国传统文化与现代

---

[1] 武树臣：《儒家法律传统》，法律出版社2003年版，第9～10页。

[2] 同上书，第11页。

[3] 曲三强：《窃书就是偷——论中国传统文化与知识产权》，知识产权出版社2006年版，第3页。

[4] 卢乐云：“本土法治资源视野下的初查制度根基探源”，载《湖南师范大学社会科学学报》2010年第1期，第61页。

专利制度在基本理念上的上述冲突，成为导致我国国民专利权保护意识十分薄弱的重要因素：他们既不注重保护自己的专利权，也不把侵犯他人专利权当回事。也许这就是当前中国群体侵权和重复侵权屡禁不止、专利侵权状况还非常严重的文化根源。在这种情形之下，如果主要靠以被动保护为特点的国际通行的司法保护制度来处理专利侵权纠纷和专利违法行为，显然会有些力不从心，有效保护专利权也就显得举步维艰。相反，如果我们运用具有主动保护特点的行政保护制度则能更加有效地打击专利侵权和违法活动，维护好专利市场秩序，从而发挥出更好的执法效果。因此，有学者明确指出，中国传统文化促成了专利行政保护特色制度的建立和发展，也使得专利行政保护有了存在的必要性。❶ 正是在这个意义上，笔者认为，中国传统文化为专利行政保护制度的存在和发展提供了软环境因素。

（二）外在压力：国际社会高水平保护知识产权之要求

知识产权制度在中国得以建立和发展的一个总的背景就是迫于西方发达国家要求高水平保护知识产权的压力。我国于 2001 年加入 WTO 后，TRIPS 协议在中国开始生效，这种高水平保护知识产权的压力更是以合法的形式表现出来。尽管 TRIPS 协议并不要求各成员必须采用知识产权行政保护制度，但是，对于那些已经选择知识产权行政保护制度的成员若要取消或削弱该制度，则应当受到 TRIPS 协议“不得减损已有知识产权保护水平”原则以及其他一些限制性规定的制约，否则就有可能违背 TRIPS 协议。❷

事实上，自改革开放以来，无论是在 TRIPS 框架内还是在 TRIPS 框架外，中国与发达国家（特别是美国）之间围绕知识产权问题的矛盾和谈判基本上从来没有间断过，可以说是一直处于“磕磕碰碰”的状态。例如，20 世纪 90 年代，这些谈判中比较有影响力且与我国专利行政保护制度紧密相关的就有三次：1991 年 6 月至 1992 年 1 月的第一次谈判，1994 年 6 月至 1995 年 2 月的第二次谈判，1996 年 5 月至 6 月的第三次谈判。这三次谈判最后都达成了双边协议，并且，第一次谈判与第二、第三次谈判所关注的重点并不相同：第一次谈判美国主要关注的是中国知识产权行政保护方面的立法，而后两次谈判美国

❶ 刘华、周莹：“我国知识产权文化建设的层次与目标”，载《知识产权》2006 年第 3 期，第 19～20 页。

❷ 邓建志：《WTO 框架下中国知识产权行政保护》，知识产权出版社 2009 年版，第 93 页。

则把重点转到了知识产权行政执法上。❶ 比如，第二次中美知识产权谈判后所达成的成果中就包含一个《有效保护及实施知识产权的行动计划》，其中的大部分内容就是关于知识产权行政保护的规定。此外，在每次中美知识产权谈判后，包括欧共体、日本等在内的一些发达国家也效仿美国与中国签订了双边协议或者依据最惠国待遇原则享受到了中美知识产权谈判的成果。❷

从以上知识产权谈判的过程及其所取得的成果可以看到，专利行政保护制度是发达国家要求我国提高专利保护水平的一个重要内容与手段，特别是在我国的专利立法相对较完善后，行政保护在专利执法阶段的谈判也就显得尤为突出。因此，以美国为代表的国际社会要求高水平保护知识产权的压力，构成我国专利行政保护特色制度继续存在和发展的一个重要国际因素。

一些主张取消专利行政保护制度的学者认为，这种特色制度“给其他国家国民传递了一个错误的信号，使他们在遇到知识产权纠纷问题时往往放弃正常的司法救济，一味要求中国内地知识产权行政管理机关负责，甚至直接或通过其政府向中国政府施加压力，要求中国政府直接干预立法、司法等具体法律事务。一些外国政府也把对知识产权这种私权的保护完全看作是我国政府的义务，当该国知识产权人在我国境内出现权利争议等民事纠纷时，不顾其国民是否主动通过我国的司法途径解决争议，动辄指责中国政府保护知识产权不力，一再以此损害中国政府的国际形象。这种被动状况的形成，与知识产权行政管理机关负责直接行政执法是密切相关的，不应该再继续存在下去，应该彻底加以解决。中国政府不应该再承担这种本不该由政府完全承担的过重的知识产权行政执法负担和压力。”❸

然而，以上述理由来主张取消中国专利行政保护特色制度乃至整个知识产权行政保护特色制度是站不住脚的。主要理由是：第一，外国国民在遇到知识产权纠纷时放弃司法救济，一味要求中国内地知识产权行政管理部门负责，这实质上是对中国专利行政保护特色制度不了解，而不是该特色制度本身有问题。如果他们真正了解中国的专利行政保护制度，应该感谢中国政府才对，因

---

❶ 李明德：《“特别301条款”与中美知识产权争端》，社会科学文献出版社2000年版，第188～189页。

❷ 同上书，第188页、第209页。

❸ 中国社会科学院知识产权研究中心：《中国知识产权保护体系改革研究》，知识产权出版社2008年版，第152～153页。

为我国政府为其专利权提供了一整套他们在自己国家都没有的保护机制，更何况我国的专利行政保护制度并不排斥司法保护。第二，其要求中国政府直接干预立法、司法等具体法律事务，这既是对他们自己所奉行的三权分立原则的违背，也更是干涉中国内政的蛮横行为。第三，其动辄指责中国政府保护知识产权不力或向中国政府施加压力，这其实是他们惯用的谈判手段。这种压力不应当对具有中国特色的专利行政保护制度的“去与留”产生过大的影响，相反，该制度应当如何发展与完善，我们应更多地考虑本国国情和本国民众的实际需求。第四，如果真像前述学者所言，我国突然取消专利行政保护制度，而又没有其他替代性的保护措施能够弥补，从而导致我国现有专利保护水平降低，笔者认为那些指责中国政府知识产权保护不力的外国国民是绝对不会同意的。也正是从这个角度讲，国际社会要求高水平保护专利权是我国继续施行专利行政保护制度的外在压力。

（三）理论支持：ADR 热潮方兴未艾

ADR（Alternative Dispute Resolution）是指一切诉讼外纠纷解决方式的总称，[1] 我国学者一般将之译为“替代性纠纷解决方式”或“多元化纠纷解决方式”。ADR 在 20 世纪后半叶起源于美国，并在其他一些法治发达的国家迅速发展。当前，积极发展各种非诉讼纠纷解决机制（ADR）已经成为一种世界性的时代潮流。[2] ADR 在各国兴起的原因并不完全相同，但是，一般认为主要是由于“当事人乃至国家对诉讼机制存在的迟延、费用高昂以及诉讼资源不足日益不满，因而寻找诉讼外的其他纠纷解决方法，试图通过使用 ADR 缓解诉讼机制存在的这些缺陷”。[3] 虽然 ADR 受到各个国家的重视，但到目前为止，其发展还并没有形成普遍性的规律，各国完全可以根据本国国情探索符合自身需要的模式。

我国对 ADR 的探索不只表现在学者的理论研究上，在实践中也有了切实的尝试。例如，厦门市人大常委会于 2005 年 10 月通过的《关于完善多元化纠纷解决机制的决定》就是我国第一个以地方立法的形式对纠纷解决机制进行

---

[1] Elizabeth A. Martin, *Oxford Dictionary of Law*, Oxford University Press, 2002, p. 24.

[2] 范愉：《多元化纠纷解决机制》，厦门大学出版社 2005 年版，第 1 ~ 3 页。

[3] 同上书，第 127 页。

规范的法律文件。[1] 显然，发端于20世纪后半叶的国际ADR热潮已经波及我国，特别是ADR热潮所表明的“诉讼方式（也就是司法保护方式）在很多情况下并不是解决纠纷的唯一选择或者最佳选择的理念”对我国专利行政保护制度的存在与发展产生了具有理论支持意义的影响。

四、结　　语

综上，通过对导致中国专利行政保护制度建立和发展的六大内外因素的研究分析，可以论证并得出以下结论：

第一，我们不能仅仅依从于学界的某种观点而人为地取消具有中国特色的专利行政保护制度。该制度的“去与留”应当根据导致专利行政保护制度建立、存在和发展的各种因素是否还在起作用以及我国国情和社会民众的实际需要来作出决定。

第二，我国专利行政保护制度不仅不会在近期淡出，而且会长期存在和发展下去。因为从目前的情况来看，导致我国专利行政保护制度存在和发展的各种因素仍然在起作用，且这些影响因素的作用也不可能在短期内彻底消失。

第三，我国在完善和优化专利行政保护制度时，可以遵循以下基本路径：在较长时期内继续维持专利行政管理部门行政裁决专利纠纷的现有职能，进一步强化专利行政查处职能和专利行政调解职能。

第二节　中国专利行政保护制度的地位

专利行政保护的地位是指专利行政保护在整个专利保护体系中的位阶以及与其他专利保护方式相比所具有的特征和功能。本节将按照以下思路展开论述：首先提出问题，即分析指出理论研究上的“去留之争”与专利行政保护制度在实践中的积极发展存在冲突，其实质就是理论界对中国专利行政保护的地位认识不清，因而需要从理论上深入论证中国专利行政保护的地位；其次，本节从中国专利行政保护在整个专利保护体系中的位阶、专利行政保护与其他专利保护方式相比所具有的特征以及专利行政保护的功能等三个方面，深入研

---

[1] 范愉：“多元化纠纷解决机制与和谐社会的构建”，载《厦门日报》2005年11月7日第14版。

究中国专利行政保护的地位，并在前面论证的基础上得出中国专利行政保护并不是一种可有可无的制度等几个结论。

一、问题提出

专利行政保护作为一个土生土长的具有中国特色的专利保护制度，产生于1984年首部《专利法》，并且，在当时那个特定的历史条件下，❶ 这一制度并没有经过太多争论就比较顺利地得以建立。❷ 但是，专利行政保护制度实行一段时间后，一些从事理论研究的学者对这一制度提出质疑，并形成“去留之争”的态势。概括起来，反对这一制度的主要理由有：这一制度与国际惯例不符，不利于与国际接轨；TRIPS协议明确规定知识产权是一种私权，故行政权不宜干预；随着我国司法保护制度的不断完善，行政保护能够发挥作用的空间将会失去；等等。支持这一制度的主要理由有：知识产权行政保护制度是我国特定历史条件下的产物，不可轻言放弃；尽管TRIPS协议规定知识产权为私权，但那种认为知识产权纯属私法关系，完全无须政府干预的观点是不符合实际的；如果取消知识产权行政保护，必将降低我国的知识产权保护水平，导致知识产权保护的弱化；等等。❸ 并且，这种争论在每次修改《专利法》时表现得尤其突出，有学者甚至认为成了2000年第二次修改《专利法》时“争论最多、争议最大的问题”。❹ 另外，从最近的《专利法》第三次修改过程来看，关于专利行政保护条款修改的争议也是异常激烈，❺ 并且，专利行政保护制度

❶ 改革开放之初，我国现代知识产权制度基本上是迫于西方发达国家的压力而建立的，因此，其立法明显呈现出“先有法律实践，后来才出现有关的理论研究”的特点。王月辉：“中国对知识产权法律保护的理论与特点”，载《国际经贸研究》1996年第2期。

❷ 赵元果：《中国专利法的孕育与诞生》，知识产权出版社2003年版，第284页。

❸ 邓建志：《WTO框架下中国知识产权行政保护》，知识产权出版社2009年版，第190～196页。

❹ 张耀明：“专利法修改中的几个问题”，载《知识产权研究（第十二卷）》，中国方正出版社2002年版，第43页。

❺ 例如，国家知识产权局于2006年7月31日公开发布的《中华人民共和国专利法修订草案》征求意见稿中，涉及专利行政保护的修改条款就多达7条，并且其中有4条是新增内容，但从2008年最终通过的《专利法》文本看，其中很多建议并没有吸纳进来。

的完善问题还被列为2008年第三次《专利法》修改的重点问题。❶

与理论界的激烈争论不相一致的是，专利行政保护制度在法律实践中的表现却是另外一番景象。首先，从立法实践看，我国《专利法》的历次修改，虽然对专利民事纠纷行政裁决制度作了一些调整，❷ 但是该制度依然存在和发展着，并且专利行政保护制度中的行政查处和行政调解制度还呈现出强化的趋势。❸ 其次，从执法实践看，一方面，我国专利行政保护特色制度在实践中发挥了和正在发挥着重要作用，❹ 并且，近几年来，这一特色制度在实践中还不断地摸索着建立一些创新机制；❺ 另一方面，我们在实地调研中发现，理论研究上的"去留之争"已经影响到该制度在执法实践中的有效运行。例如，一些专利行政执法人员提出了这样的疑问："中国专利行政保护到底还能走多远？"也就是说，他们对专利行政保护制度的发展前景产生了"方向性困惑"。❻ 更为严重的是，这种"困惑"已经导致他们在实际处理专利纠纷或者查处专利违法行为时的消极执法或者怠于执法的客观结果。

---

❶ 国家知识产权局条法司编：《〈专利法〉第三次修改导读》，知识产权出版社2009年版，第95页。

❷ 关于专利行政裁决制度的调整，主要体现在2000年《专利法》的修改中，具体可以比较历次《专利法》以下条文的规定：1984年和1992年《专利法》第43条、第49条和第60条，2000年《专利法》第41条、第46条和第57条，2008年《专利法》第41条、第46条和第60条。

❸ 关于行政查处强化的趋势，可以比较历次《专利法》以下条文的规定：1984年和1992年《专利法》第63条，2000年《专利法》第58～59条，2008年《专利法》第63～64条等。关于行政调解强化的趋势，可以比较历次《专利法》及其《专利法实施细则》以下条文的规定：1984年《专利法》第60条及其1984年《专利法实施细则》第77条，1992年《专利法》第60条及其1992年《专利法实施细则》第77条，2000年《专利法》第57条及其2001年《专利法实施细则》第79条，2008年《专利法》第60条及其2009年《专利法实施细则》第85条。

❹ 邓建志："中国知识产权行政保护特色制度的发展趋势研究"，载《中国软科学》2008年第6期。

❺ 例如，跨区域的专利行政执法协作机制就是近几年来在我国专利行政保护实践中建立和发展起来的影响较大的一种创新机制，并且，这一新机制还迅速地由局部地区扩展到全国，成为一个全国性的创新机制。邓建志：《WTO框架下中国知识产权行政保护》，知识产权出版社2009年版，第269～287页。

❻ 笔者2006～2011年在上海市、浙江省、江苏省、湖南省等地的专利行政管理部门调研时，许多执法人员提出这样的问题和表现出这样的困惑。

笔者认为，前述“去留之争”的实质就是理论界对具有中国特色的专利行政保护制度的地位认识不清，而理论上的“去留之争”与实践中专利行政保护制度积极发展态势的冲突，又迫切需要从理论上深入论证中国专利行政保护制度的地位。

二、中国专利行政保护的位阶——以整个专利保护体系为视角

专利行政保护的位阶是指专利行政保护在专利保护体系中所处的相对位置，而专利保护体系是指所有专利保护方式相互联系、相互补充而构成的一个有机整体。我国的专利保护方式可以大致分为公权力保护和私权利保护两大类。公权力保护是指国家机关运用公权力对专利权予以保护，主要包括立法保护、行政保护和司法保护。私权利保护是指不涉及国家公权力的介入，由权利人自己、行业协会等中介组织或者其他非公权力机构介入对专利权给予的保护，它主要包括自我保护❶和社会保护❷等保护方式。笔者认为，所有这些保护方式并不是各自孤立的，相反，它们彼此关联，相互补充，共同构成一个专利保护体系网（见图1-1）。

从图1-1可以看出，各种专利保护方式共同构成一幅专利保护的网状图，包括专利行政保护在内的各种保护方式均只是该网状图中的一个“结点”。具体地说，它们之间有如下关系：（1）立法保护处于最高地位，是整个专利保护得以有效进行的前提条件和基本准则，其他四种保护方式都必须与之保持一致。也就是说，包括专利行政保护在内的其他四种专利保护方式的有效运行都必须符合法律的规定，依法进行保护。这是“法治”最基本的要求。(2）从私权利保护与公权力保护的关系看，私权利保护是基础环节，且具有方便、高效、程序简便、保护成本相对较低等特点，但其权威性较弱且不具有强制执行力。公权力保护，主要是指其中的专利行政保护和司法保护，则是具有国家强制力的保护专利权的坚强后盾。另外，只有当公权力保护途径充分、有效，能够对专利侵权行为和假冒专利行为产生足够强大的法律震慑作用的情况下，前述私权利保护方式才有可能为当事人所接受，因此，从这个角度看，私权利保护和公权力保护具有互补性和相互促进性。（3）如果我们把私权利保护中的

❶ 例如，自我保护包括密码保护、技术保护等。

❷ 例如，社会保护包括中介机构保护、社会仲裁保护、展会主办方保护等。

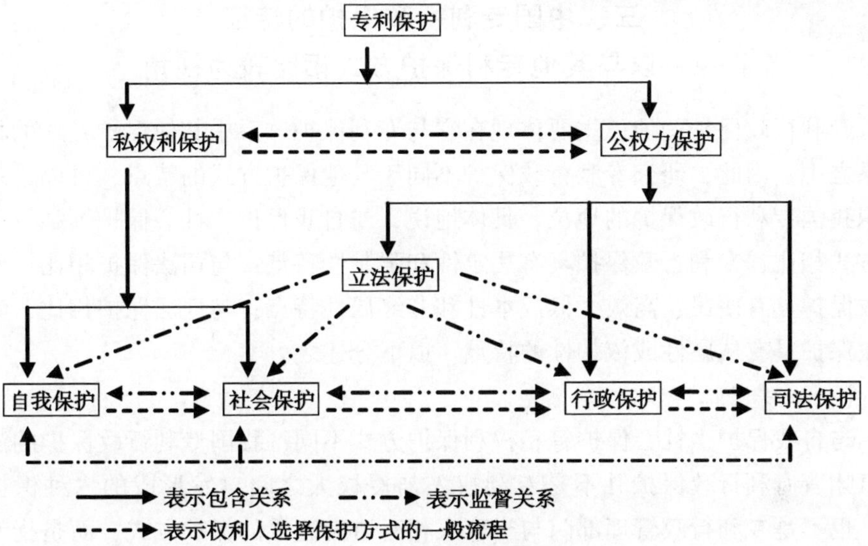

图 1-1　专利保护体系

自我保护和社会保护看做专利保护的上游，那么公权力保护中的行政保护和司法保护就分别处于专利保护的中游与下游。这种上中下游的排序是权利人寻求救济的一般顺序（图 1-1 中用“- - - - ▶”表示），也与“司法终局保护原则”相符。(4) 这种上中下游关系的划分并不是绝对的，在某些情况下可能会出现例外。例如，如果权利人的救济经过行政保护阶段后就得到满足，那么该权利人就不会再去寻求司法保护。又如，权利人也可以选择从自我保护直接到司法保护的方式，等等。(5) 各种保护方式之间还存在一层相互监督的关系（图 1-1 中用“—··—▶”表示）。例如，所有的保护方式都必须以立法保护为依据，不能违背法律的规定，因而受立法保护的监督；自我保护、社会保护、行政保护和司法保护相互之间都存在互相监督的关系，等等。

由此可见，专利行政保护属于公权力保护的范畴，在整个专利保护体系中处于“中游”的位阶，在公权力保护中处于“上游”的位阶。并且，与其他专利保护方式一样，专利行政保护必须接受其他保护方式的监督，特别是接受立法保护与司法保护的制约与监督，与其他专利保护方式一起共同实现保护专利权主体合法权利和维护专利市场秩序的目标。

三、中国专利行政保护的特征
——以与其他专利保护方式相比较为视角

专利行政保护的地位主要体现在它与专利保护体系中其他保护方式的相互关系之中，因此，研究专利行政保护不同于其他保护方式的特点，可以进一步认识我国专利行政保护的地位。具体地说，与自我保护、社会保护等私权利保护方式相比，专利行政保护具有法定性和强制性特点；与司法保护相比，专利行政保护具有便民、高效、低成本性和非终局性特点；与立法保护相比，专利行政保护具有从属性或依赖性的特点。以下分述之。

（一）法定性

与自我保护、社会保护等私权利保护方式不同，我国专利行政保护的法定性意味着专利行政保护并不是专利权人与侵权人之间自发形成的一种保护方式，也不是专利行政管理部门与当事人相互协商达成的保护方式，而是指专利行政管理部门行政保护专利权的职能在我国历次《专利法》中均得到了明确规定与授权。❶

法定性表明专利行政保护无论是对当事人双方来讲，还是针对专利行政管理部门来说，都不具有随意性。所有参与专利行政保护法律关系的相关主体不仅享有受法律保护的权利，而且必须履行一定的义务和承担一定的法律责任。特别是对于专利行政管理部门，一旦有专利纠纷或专利违法行为需要处理，则其不能推脱，因为针对该专利行政管理部门而言，对权利人进行行政保护，既是权力，又是职责。另外，与私权利保护方式在程序上的随意性不同，专利行政保护的法定性也要求专利行政管理部门在进行专利行政保护活动时，应当遵循一定的法律程序和其他法定要求，例如，作为部门规章的《专利行政执法办法》对专利行政保护活动的相关程序作出了明确规定。❷

---

❶ 例如，1984 年和 1992 年《专利法》第 60 条、第 63 条等；2000 年《专利法》第 57 ~ 59 条等；2008 年《专利法》第 60 ~ 61 条、第 63 ~ 64 条等。

❷ 例如，2010 年 12 月 29 日国家知识产权局第 60 号令公布的《专利行政执法办法》第二章、第三章、第四章、第五章中的相关条款分别对专利侵权纠纷的行政处理程序、专利纠纷的行政调解程序、假冒专利行为的行政查处程序和调查取证的程序以及其他法定要求作出了明确规定。

(二) 强制性

专利行政保护属于公权力保护的范畴，因此，其与属于私权利保护的自我保护和社会保护在强制性上存在差别。专利行政保护处理决定直接以国家强制力作为后盾来保障执行，而私权利保护并不能这样，只能间接地依靠国家强制力来加以保障，从这个意义上看，专利行政保护的强度更大，具有国家强制性。具体说来，强制性是指经过专利行政管理部门依法作出的专利行政保护活动处理结果，当事人必须执行，否则，专利行政管理部门将依法运用国家强制力量来保证处理结果的强制执行。

强制性主要表现在专利行政保护手段的强制性和行政处理结果的强制性两个方面。对于专利行政保护手段的强制性，2008 年《专利法》第 64 条明确新增规定：管理专利工作的部门对涉嫌假冒专利行为进行查处时，可以采用询问、现场检查、查阅和复制有关资料以及对假冒专利产品进行查封或者扣押等强制性的执法手段，并且明确规定，专利行政管理部门依法行使这些职权时，当事人必须予以协助、配合，不得拒绝和阻挠。对于行政处理结果的强制性，在历次《专利法》中均明确规定：当事人对专利行政管理部门行政处理的专利侵权结果不服的，可以依法向人民法院起诉，期满不起诉又不履行行政处理结果的，专利行政管理部门可以申请人民法院强制执行。❶ 至于专利行政管理部门所作出的行政查处决定，由于其处理结果在性质上属于具体行政行为，本身就具备执行力，因此，其具有强制性自不待言。

(三) 便民、高效、低成本性

行政机关与司法机关同为广义的执法机关，但二者的价值偏向并不完全相同：前者侧重于追求效率，以“效率优先，兼顾公正”作为基本理念；后者侧重于追求公正，以“公正优先，兼顾效率”作为基本理念。由于基本价值理念上的差异，专利行政保护具有立案迅速、处理纠纷的程序相对简便、结案快、方便权利人和效率高等优势和特点。对于专利行政保护便民、高效的特点，有学者是这样论述的：“在处理侵权纠纷过程中，知识产权管理机关往往在现场送达请求书的同时，就对案件事实进行及时的调查，查实必要的证据，进行迅速查处。这一做法一方面节省了调查取证的时间，缩短了案件处理的周

---

❶ 1984 年和 1992 年《专利法》第 60 条；2000 年《专利法》第 57 条；2008 年《专利法》第 60 条。

期；另一方面，知识产权行政管理机关及时、客观地了解案件的实际情况，避免侵权行为人隐匿、转移侵权证据，从而使案件的处理过程相对顺利。在许多案件中，经过现场调查，侵权行为人都能承认侵权，并能立即停止侵权行为。"❶

至于专利行政保护的成本相对较低，则正如学者所言，"知识产权纠纷解决的行政渠道与程式化的司法渠道相比，前者具有直接交易成本（成本要素包括时间、精力、金钱、声誉等）较低且效率高的特点，不失为多数情况下降低私人成本和社会成本并节省目前非常短缺的司法资源的一种优先选择。"❷从这个意义上讲，专利行政保护符合 TRIPS 协议"以尽可能低的成本保护知识产权"的基本要求。❸

专利行政保护的便民、高效与低成本性，也是与专利行政保护方式的主动性特征紧密联系在一起的。专利行政管理部门除了可以依利害关系人的请求对专利权进行被动性保护外，还可以依职权主动采取保护措施。专利行政保护的这一特点与司法保护只能按照"不告不理"原则进行被动保护形成明显差别。笔者认为，专利行政保护在保护方式上兼具被动性和主动性的特点，能够克服司法保护只能依请求被动处理案件的某些缺陷。例如，对于破坏专利市场秩序和专利管理秩序的假冒专利行为，如果当事人不起诉，法院只能束手无策，坐观专利秩序遭受破坏；即使当事人起诉，也会由于司法保护的诉讼周期相对较长，费用较高，而出现权利人一场官司打下来，往往是赢了官司、赔了钱、丢了市场的情形，等等。对于这些问题，行政保护能够在一定程度上较好地发挥出其具有主动性特点的独特优势，也正因为这样，专利行政保护才能在我国不断地向前发展，并显示出勃勃生机。

（四）非终局性

非终局性是指专利行政保护并不是一种最终保护方式，对于专利行政管理部门行政处理的各种专利纠纷和行政查处的各种专利违法行为，都必须有接受法院司法审查和监督的机会。关于非终局性，从图 1－1 可以看出，专利行政

---

❶ 王晔："知识产权行政保护刍议"，见《北大知识产权评论（第 1 卷）》，法律出版社 2002 年版，第 209 页。

❷ 莫于川："新技术革命与知识产权行政保护制度创新论要"，载《中国人民大学学报》1999 年第 4 期。

❸ TRIPS 协议第 41 条第 2 款。

保护在专利保护的整个流程体系中只是处于中游位置，相关权利人如果对专利行政保护决定不服，还有权进一步寻求司法保护。也就是说，行政保护必须接受司法保护的监督与审查，遵循“司法终局保护”这一基本原则。如果说在我国专利行政保护制度建立后的一段时间内规定的终局行政决定❶有些不合理，也不符合 TRIPS 协议的要求，那么这种状态自 2000 年《专利法》第二次修改之后已经得到改变。这一改变使行政处理专利纠纷必须接受司法机关的监督，从而有利于督促专利行政管理部门在追求效率的同时更好地兼顾公正，实现依法办事的法治目标。另外，非终局性也意味着专利行政保护作为公权力保护体系中的一个环节，它只有与司法保护方式相互补充、取长补短，其功能才能得以充分发挥。

（五）从属性

专利行政保护与立法保护同属于公权力保护的范畴，但二者并不处于同一位阶，专利行政保护必须以立法保护为依据，因而其具有从属性或者依赖性。这是依法行政和建设法治政府的基本要求。具体说来，专利行政保护的从属性主要表现在两个方面：（1）专利行政管理部门进行行政保护活动的受案范围、处理程序、调查取证、处理决定以及其他执法活动，都必须依法进行，不得违背立法保护的要求。（2）立法没有明确规定的情形，就不属于专利行政管理部门进行专利行政保护活动的范围。

综上，专利行政保护具有法定性、强制性和便民、高效、低成本性等特征，这决定了它并不是一种可有可无的专利保护方式。同时，专利行政保护的非终局性和从属性等特征表明，专利行政保护也只是专利保护体系中众多保护方式中的一种，其功能的充分发挥离不开其他保护方式的互相配合与补充，对于专利行政保护中出现的相关问题，也必须从整个专利保护体系的视角来加以审视和解决，而不能孤立地进行处理。

四、中国专利行政保护的功能
——以与司法保护的关系和有效衔接为视角

如前所述，专利行政保护与司法保护同属于公权力保护的范畴，具有法定性和强制性，二者联系紧密，共同构成促使私权利保护方式的功能充分发挥和

❶ 1984 年和 1992 年《专利法》第 43 条、第 49 条。

维护专利权主体合法权利的坚强后盾，因此，以专利行政保护与司法保护的关系及其有效衔接为视角来认识和研究专利行政保护的功能，构成理解专利行政保护地位的重要内容。

应当说，中国专利行政管理部门和司法机关所管辖的专利纠纷或者专利违法行为，既有交叉重叠部分，也有不能相互替代的互补内容。可以用图 1－2 来表示二者的分工关系。在图 1－2 中，两个椭圆（A＋B＋C）代表了需要通过行政保护和司法保护进行处理的所有专利纠纷和专利违法行为。左边的椭圆（A＋C）表示司法保护能够处理的所有专利纠纷和违法行为，其中 A 是指只能由司法机关进行处理的专利纠纷和违法行为，该类专利纠纷或违法行为的重要特点是：一方当事人认为自己的专利权受到了对方侵犯或者认为对方的行为对自己合法行使专利权利产生了不利影响，因而起诉到法院，但该类侵权行为的社会危害性并没有严重到挑战专利公共秩序或社会公共利益的违法程度。右边的椭圆（B＋C）表示行政保护能够处理的所有专利纠纷和专利违法行为，其中 B 是指只能由专利行政管理部门行政查处的专利违法行为，该类违法行为的特点是：达到了破坏专利公共秩序和社会公共利益的违法程度，因而应当由专利行政管理部门依职权进行行政查处。图中的交叉部分 C 为司法保护和行政保护均有可能管辖到的专利纠纷和专利违法行为，这些对象主要是指我国专利法律法规所规定的可以由专利行政管理部门行政处理❶的各种专利纠纷。

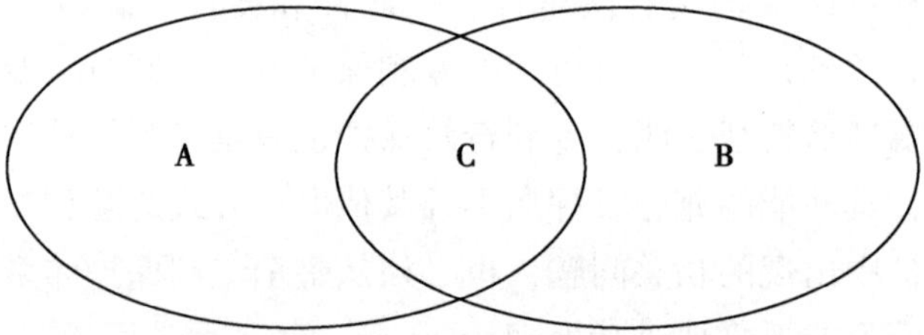

图 1－2　专利行政保护和司法保护分工关系

从图 1－2 可以看出，我国专利行政保护具有自己的独特功能，除交叉部分 C 外，专利行政保护和司法保护各有自己的管辖范围，不可互相替代，因此，那种认为司法保护可以完全替代专利行政保护的观点是难以成立的。具体说来，可以从三个方面来理解专利行政保护的功能及其与司法保护的关系：

---

❶ 这里的行政处理包括行政裁决和行政调解两种处理方式。

（1）专利行政管理部门进行的所有专利行政保护活动均应当有机会接受司法机关的审查与监督。这是“司法终局保护原则”的基本要求，在前面已有论述。（2）对于专利行政保护与司法保护所共同管辖的交叉部分C，需要区分行政裁决和行政调解两种情况来进行分析：对于专利民事纠纷的行政裁决制度，应该不断弱化，直到完全取消，并被司法保护方式所取代；在司法保护还确有困难，不能完全担当此任务时，或者当行政裁决在我国国民中还确有“市场”之时，❶ 行政裁决可以发挥一定的作用，但是应当将其定位于作为司法保护的补充方式。对于行政调解，则没有必要取消，应当让其充分发挥节省司法资源、有效补充司法保护的作用。（3）要实现专利行政保护与司法保护的有效衔接，二者可以按照以下原则来形成功能优势互补的关系：对于共同管辖的专利纠纷处理职能（图1-2中交叉部分C），应当遵循“多元化纠纷解决机制和司法终局裁决机制”相结合的原则；对于行政查处的专利违法行为（图1-2中的B）和专利行政管理部门不能处理的专利纠纷（图1-2中的A），尽管专利行政保护与司法保护的功能不能相互替代，但二者可按照以下原则或者理念来实现功能优势互补，即行政保护主要按照依职权主动查处的方式通过维护专利市场秩序和专利周围环境来相对间接地保护专利权人的权利，而司法保护则主要按照“不告不理”的原则通过个案判决的方式来比较直接地保护专利权人的权利。

专利行政管理部门进行行政保护活动时，应当较好地把握和理解这些关系与原则，以使中国的专利行政保护与司法保护更好地形成功能优势互补的良好态势。

五、结　　论

综上所述，通过对中国专利行政保护地位的研究，可以得出以下结论：

第一，专利行政保护完全应当在我国当前的专利保护体系中占有一席之地，而不是像某些学者所言，只是一种可有可无的制度。这一方面是因为专利行政保护作为公权力保护方式的一种，具有法定性等特征，另一方面是因为专利行政保护具有同属于公权力保护方式中的司法保护所不可替代的功能。

❶ 邓建志：“中国知识产权行政保护特色制度的发展趋势研究”，载《中国软科学》2008年第6期。

第二，专利行政保护只有与其他专利保护方式相互结合、相互补充，其地位与功能才能得到充分体现与发挥。也就是说，我们应当客观地看待专利行政保护的地位与作用，不能人为地拔高或者贬低。专利行政保护只是专利保护体系中众多保护方式中的一种，专利行政保护功能的充分发挥离不开其他保护方式的配合、补充与监督，对于行政保护中出现的相关问题，我们也必须从整个专利保护体系的视角来加以审视和解决，而不能孤立地进行处理。

第三，专利行政保护与司法保护应当遵循功能优势互补的原则。具体地说，专利行政保护与司法保护二者的关系主要表现为：功能上有交叉和互补，但司法保护不能完全替代行政保护。二者的有效衔接可以遵循以下原则：对于功能交叉的部分，二者应当遵循“多元化纠纷解决机制和司法终局裁决机制”相结合的原则；对于功能互补的部分，行政保护应当充分发挥具有主动性的行政查处功能，打击专利违法行为，保护专利市场秩序，从而相对间接地保护专利权人的权利，而司法保护应当充分运用具有被动受理性的个案判决方式来比较直接地保护专利权人的权利，从而实现专利行政保护与司法保护二者在功能上的优势互补。

第三节　中国专利行政保护制度绩效研究

专利行政保护是一个具有中国特色的专利保护制度，是指我国专利行政管理部门依法处理专利纠纷、查处专利违法行为等一系列行政执法活动的总称。对于这一土生土长的中国专利保护制度，知识产权界历来存在“去留之争”。[1]其中，反对者的一个重要理由是，该制度在我国的执法实践中绩效平平，主要起保护外国专利权主体的作用，中国政府没有义务也不应当这样为外国专利权主体买单，因此应当予以取消。那么，中国专利行政保护制度在执法实践中到底取得了什么样的绩效？又在多大程度上分别保护国内外专利权人的权利呢？本节以中国专利行政保护制度实施20多年来，专利行政管理部门实际处理专利案件的情况、与司法保护处理专利案件的比较情况以及行政保护国内外专利

[1] 邓建志：“中国知识产权行政保护特色制度的发展趋势研究”，载《中国软科学》2008年第6期，第63～64页。

权人的比较情况为视角，对中国专利行政保护制度的绩效进行实证研究，从而论证并回答该制度的“去与留”以及发展趋势问题。

一、中国通过行政保护处理专利案件的情况及分析

下面以 1985～2010 年全国地方专利行政管理部门行政处理的专利民事纠纷和行政查处的专利违法行为案件数量❶为例来说明我国专利行政保护制度在执法实践中所取得的总绩效（见表 1－1）。

表 1－1 中的数据基本上反映了中国 1984 年首部《专利法》施行后专利行政保护制度在执法实践中的绩效情况：截至 2010 年，中国地方专利行政管理部门已经立案的专利行政保护案件总数为 34 315件，其中行政处理的专利民事纠纷案件有 18 788件，行政查处的专利违法行为案件有 15 527件，行政处理专利民事纠纷案件的数量在总量上仍然多于行政查处专利违法行为案件的数量。这些数据表明，自我国有专利制度以来的 26 年中，中国专利行政保护制度在实践中发挥了巨大作用，如果没有该行政保护制度，中国专利保护的进程要缓慢得多，也不可能达到现在的高水平保护状况。因此，从执法实践来看，我国专利行政保护制度在执法实践中绩效显著，作用巨大，该制度也并非像某些学者所言是可有可无的。

表 1－1 的数据还表明，我国专利行政保护制度主要涉及专利行政管理部门行政处理专利纠纷和行政查处专利违法行为两个方面的保护机制，但两种机制在保护专利权人的利益方面侧重点有所不同。前者主要通过依利害关系人的申请行政处理专利纠纷而实现“定纷止争”和直接保护专利权人权利的目的，该功能与司法机关遵循“不告不理”的基本原则处理专利纠纷相类似，也是“去留之争”中争论最大的内容；而后者则主要是通过专利行政管理部门依职权主动打击假冒专利行为，从而以实现维护专利市场秩序和社会公共利益的目的来较为间接地保护专利权人的权利。一般说来，专利行政管理部门行使行政处理和行政查处职权保护专利权的基本界限是：在某一专利侵权或违法行为主

❶ 国家知识产权局：“专利统计年报（1985～2009）”，载 http：//www. sipo. gov. cn/ghfzs/zltjjb/jianbao/2000/nb/f/f5. html，2011 年 6 月 16 日访问；国家知识产权局：《中国知识产权年鉴（2001～2010）》，知识产权出版社，2001～2011 年；国家知识产权战略网：“2010 年中国知识产权保护状况”，载 http：//www. nipso. cn/onews. asp?id＝11394，2011 年 6 月 16 日访问。

表 1-1 1985~2010 年全国地方专利行政管理部门受理的专利行政执法案件统计表

（件）

类别 / 时间	行政处理的专利民事纠纷			行政查处的假冒专利行为案件		
	专利侵权纠纷	其他纠纷	合计	冒称专利行为	假冒他人专利行为	合计
1985~2000	6 331	—	6 331	4 552	—	4 552
2001	977	23	1 000	413	—	413
2002	1 399	56	1 455	1 124	116	1 240
2003	1 448	97	1 545	1 357	222	1 579
2004	1 414	66	1 480	1 587	102	1 689
2005	1 360	132	1 492	2 218	191	2 409
2006	1 227	43	1 270	933	33	966
2007	986	27	1 013	681	32	713
2008	1 092	34	1 126	601	59	660
2009	937	26	963	548	30	578
2010	1 095	18	1 113	728	—	728
合计	18 266	522	18 788	10 190	785	15 527

注："—"表示统计资料中没有此类明细数据或根据当时《专利法》的规定，没有此类数据。

数据来源：1985~2009 年的数据均来自国家知识产权局官方网站公布的 2000~2009 年《专利统计年报》和 2001~2010 年《中国知识产权年鉴》（国家知识产权局主编，知识产权出版社出版），但由于二统计数据在部分年份存在不一致，故对有差异的数据作了合理取舍，这些取舍不影响本文将要论证的结论。具体地说，表 1-1 中 1985~2000 年数据来自国家知识产权局官方网站公布的《2000 年专利统计年报》，载 http：//www. sipo. gov. cn/ghfzs/zltjjb/jianbao/2000/nb/f/f5. html，2011 年 6 月 16 日访问。表 1-1 中 2001~2009 年的数据来自 2001~2010 年《中国知识产权年鉴》，但需要说明的是，由于该年鉴中 2008 年的专利行政执法数据与 2007 年的数据完全雷同，经实地调研询问有关专利行政管理部门的工作人员，他们也不能解释此差异，笔者将《中国知识产权年鉴》与《专利统计年报》的相关数据进行分析后认为，《中国知识产权年鉴》中 2008 年的数据与 2007 年的数据雷同，应当是 2008 年数据的编辑错误，故表 1-1 中 2008 年的数据来自 2008 年的《专利统计年报》。由于没有 2010 年相关数据的官方公布，故表 1-1 中 2010 年的数据来自于国家知识产权战略网 2011 年 5 月发布的《二〇一〇年中国知识产权保护状况》，载 http：//www. nipso. cn/onews. asp?id = 11394，2011 年 6 月 16 日访问。另外，为了与 2008 年《专利法》的新修改一致，表 1-1 中 2010 年的统计数据"728"为查处假冒专利行为的数据，即为查处冒称专利行为和假冒专利行为数据之和。

要是损害专利权主体的个人权利，还没有达到较严重的社会危害程度，即还没有足够严重地危及专利市场秩序或者社会公共利益时，专利行政管理部门一般不会采用行政查处这种主动出击的保护方式，它只会在利害关系人提出申请后用行政处理的方式进行保护。当然，行政查处和行政处理这种界限的划分不是绝对的，二者在一定程度上也会有交叉。例如，如果出现大规模的群体侵权和反复侵权，并且该类侵权行为危及专利市场秩序时，专利行政管理部门应当有权依职权加以查处。又如，行政查处假冒他人专利行为，可能就涉及了直接侵犯他人专利权的情形，等等。

通过上述分析，不难看出，专利行政保护的职能中，只有专利行政管理部门行政处理专利纠纷的职能与司法保护的职能重合，但司法保护能否完全替代专利行政保护的该项职能呢？笔者认为是否定的。这一方面是因为从表 1－1 中行政保护的执法实践看，专利行政管理部门行政处理专利纠纷在我国确实还有较大的需求与“市场”，另一方面是因为目前司法资源还并不足够充裕，完全担当此任务可能还确有困难。至于行政保护中专利行政管理部门行政查处专利违法行为的职能，则本来就不属于司法保护的职能范围，司法保护无法替代。

二、中国通过行政保护与司法保护处理专利案件情况之比较

如前所述，由于地方专利行政管理部门行政处理专利民事纠纷的职能与司法保护的职能类似，故本部分将二者的执法实践情况加以比较分析。表 1－2 列出了 1985～2010 年全国地方法院受理一审专利民事案件的统计数据。❶

通过表 1－1 和表 1－2 中的数据，可以将 1985～2010 年全国地方专利行政管理部门行政处理专利民事纠纷案件的数量（18 788件）与同期全国地方法院一审受理专利民事纠纷案件的数量（43 119件）进行比较。两相比较可以发现，同期全国地方专利行政管理部门受理的专利民事纠纷案件数量与全国地方法院一审受理的专利民事纠纷案件数量分别占二者总量的 30.35% 和 69.65%（见图 1－3）。由此可见，自我国首部《专利法》实施以来，我国专利民事纠纷行政处理制度在“定纷止争”和有效保护专利权人合法权利上发挥了巨大作用，几乎占处理全国专利民事纠纷案件总量的 1/3。

---

❶ 国家知识产权局主编：《中国知识产权年鉴（2004～2010）》，知识产权出版社；国家知识产权战略网：“2010 年中国知识产权保护状况”，载 http：//www.nipso.cn/onews.asp?id＝11394，2011 年 6 月 16 日访问。

表 1－2　1985～2010 年全国地方法院受理一审专利民事案件统计表

（件）

年份	专利民事纠纷	年份	专利民事纠纷
1985	6	1999	1 485
1986	10	2000	1 595
1987	46	2001	1 597
1988	79	2002	2 081
1989	130	2003	2 110
1990	178	2004	2 549
1991	330	2005	2 947
1992	503	2006	3 196
1993	680	2007	4 041
1994	833	2008	4 074
1995	1 051	2009	4 422
1996	1 184	2010	5 785
1997	1 045	合计	43 119
1998	1 162		

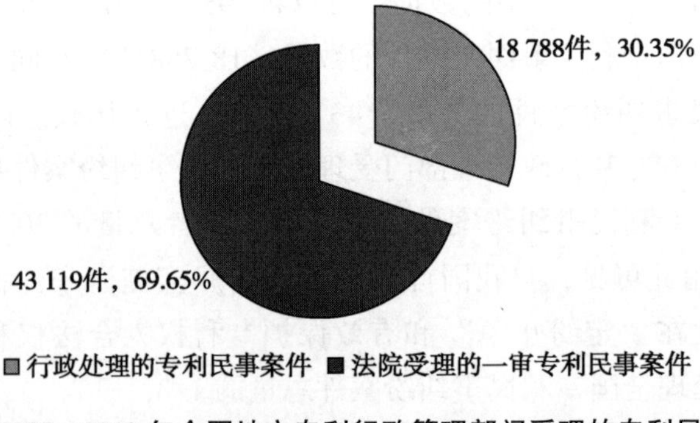

图 1－3　1985～2010 年全国地方专利行政管理部门受理的专利民事案件与地方法院一审受理的专利民事案件之比较

再将表 1－1 和表 1－2 中 2001～2010 年的相关数据进行趋势比较，并形成曲线图（见图1-4）。分析图1-4，不难发现，尽管从2001~2010年的相关数据看，全国地方法院一审受理的专利民事案件数量要多于同期全国地方专利行政管理部门受理的专利民事案件数量，并且司法受理的专利民事案件数量一直处于上升趋势，这种趋势在2007年和2010年还呈现出急剧增长的态势，但是，地方专利行政管理部门受理的专利民事案件数量在整体上依然保持了比较平稳的发展趋势，并没有出现因司法受理专利民事纠纷案件数量急剧上升而行政受理专利民事纠纷案件数量相应地急剧下降的情况。这一现象表明，我国专利行政保护制度受法院受理专利民事纠纷案件数量的多寡影响不大，专利行政保护制度在实践中依然发挥着独特作用，并且这种独特作用可能是司法保护难以完全替代的。

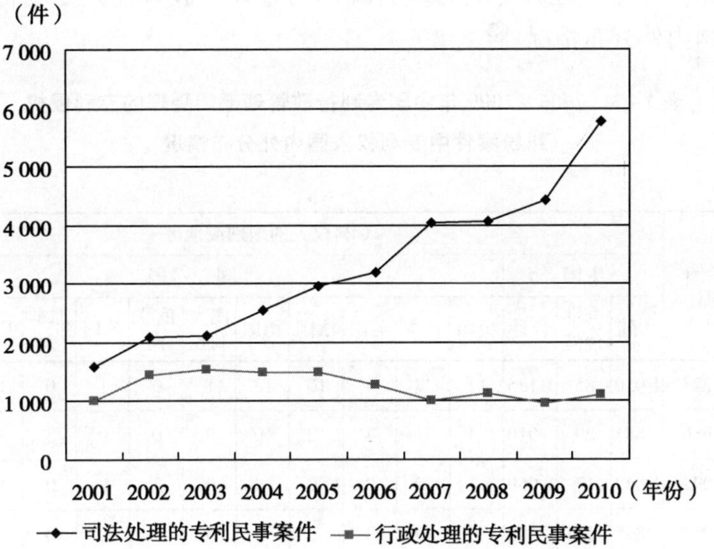

图1-4 2001~2010年全国地方专利行政管理部门受理的专利民事案件和全国地方法院一审受理的专利民事案件数量趋势比较

上述实证分析表明，尽管专利民事纠纷司法保护的主渠道作用在近几年来日显突出，但地方专利行政管理部门实际受理的专利民事纠纷数量依然在整体上保持平稳发展态势。这充分说明专利行政保护制度在我国依然存在一定的“市场”，并且这个“市场”并没有因为司法保护“市场”的扩大而相应地缩小。因此，笔者认为，只要我国国民对专利行政保护制度还有需求，我们就不应当人为地取消这一特色制度，就应当让它自然地长期存在和发展下去，直到“市场”完全将其抛弃为止。事实上，由于专利行政保护是一个在中国土生土长的制度，其产生与发展有特定的历史背景，❶ 因此，该制度完全退出历史舞台还有待时日，甚至根本就不会完全消失。

三、中国行政保护国内外专利权人情况之比较

针对一些学者提出的中国专利行政保护制度主要是保护了国外专利权人的权利，因此应当取消该制度的建议，本部分将对中国行政保护国内外专利权人的分布情况进行实证研究。表 1－3 列出了 2006～2009 年中国地方专利行政管理部门受理的专利侵权纠纷案件中专利权人国内外分布情况，❷ 表 1－4 列出了2006～2009 年中国地方专利行政管理部门查处的假冒他人专利行为案件中专利权人国内外分布情况。❸

表 1－3　2006～2009 年中国专利行政管理部门受理的专利侵权纠纷案件中专利权人国内外分布情况

（件）

年份	全国合计	专利权人的国别或地区													
		中国			外国										
		大陆	香港台湾	合计	美国	日本	英国	法国	德国	澳大利亚	俄罗斯	韩国	加拿大	其他	合计
2006	1 227	1 050	85	1 135	11	37	4	10	12	1	0	1	0	16	92
2007	986	881	29	910	4	41	4	2	0	9	0	9	3	4	76
2008	1 092	1 042	17	1 059	1	9	0	0	4	0	3	0	0	16	33
2009	937	895	13	908	9	9	0	3	2	0	0	0	0	6	29
合计	4 242	3 868	144	4 012	25	96	8	15	18	10	3	10	3	42	230

❶ 邓建志：《WTO 框架下中国知识产权行政保护》，知识产权出版社 2009 年版，第 152～165 页。

❷❸ 国家知识产权局：“专利统计年报（2006～2009）”，载 http：//www. sipo. gov. cn/tjxx/，2011 年 8 月 1 日访问。

表1-4 2006~2009年中国专利行政管理部门查处假冒他人专利案件中专利权人国内外分布情况

（件）

年份	全国合计	专利权人的国别或地区													
		中国			外国										
		大陆	香港台湾	合计	美国	日本	英国	法国	德国	澳大利亚	俄罗斯	韩国	加拿大	其他	合计
2006	33	31	1	32	0	1	0	0	0	0	0	0	0	0	1
2007	32	32	0	32	0	0	0	0	0	0	0	0	0	0	0
2008	59	59	0	59	0	0	0	0	0	0	0	0	0	0	0
2009	30	28	2	30	0	0	0	0	0	0	0	0	0	0	0
合计	154	150	3	153	0	1	0	0	0	0	0	0	0	0	1

比较表1-3和表1-4中的相关数据，可以很容易地发现，中国通过专利行政保护处理的专利侵权纠纷案件和假冒他人专利行为案件中保护中国专利权人的案件数量要远远大于保护外国专利权人的案件数量。例如，表1-3的数据表明，2006~2009年中国地方专利行政管理部门受理的专利侵权案件中涉及国内外专利权人的案件总数量为4 242件，其中专利权人国别为中国（包括香港和台湾地区）的案件数量为4 012件，专利权人国别为外国的案件数量为230件，二者所占国内外总量的比例分别为94.58%和5.42%（见图1-5）。又如，表1-4的数据表明，2006~2009年我国地方专利行政管理部门查处的假冒他人专利行为案件中涉及国内外专利权人的案件总数量为154件，其中专利权人国别为中国（包括香港和台湾地区）的案件数量为153件，专利权人国别为外国的案件数量只有1件，二者所占国内外总量的比例分别为99.35%和0.65%（见图1-6）。

上述分析表明，一些学者提出的中国专利行政保护制度主要保护的是外国专利权人利益的观点是没有事实根据的，相反，该制度保护的主要是中国专利权人的权利，其案件数量和比例占到了绝对优势。也就是说，中国专利行政保护制度存在和发展的主要动力还是本国国民的需求，其“市场”主要是“国内市场”，因此，该制度的“去与留”也应当依据中国国民实际需求的变化来进行调整，如果“国内市场”的需求继续占优势，则不应当轻言取消该特色制度，至少从目前的现状来看，如何进一步优化该制度才是当前应当重点考虑的问题。

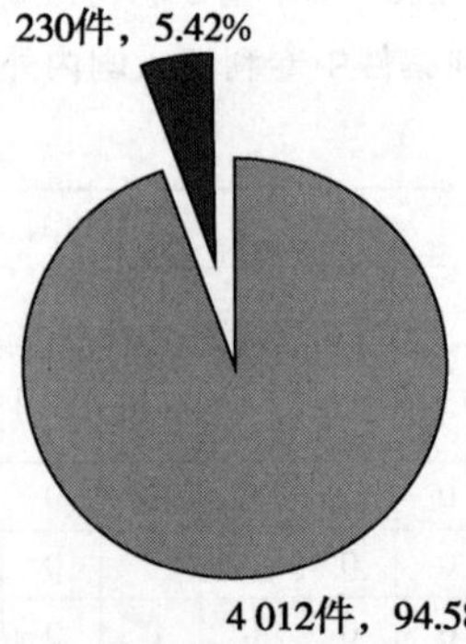

图1－5　2006～2009年中国地方专利行政管理部门受理的专利侵权纠纷案件国内外分布情况之比较

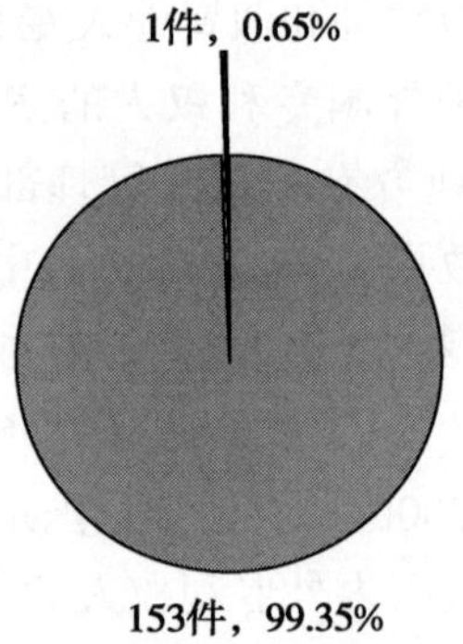

图1－6　2006～2009年中国地方专利行政管理部门查处的假冒他人专利行为案件国内外分布情况之比较

四、中国主要沿海省市行政保护国内外专利权人情况及其与全国情况之比较

我国幅员辽阔，各地区经济发展水平不平衡，在整体上呈现出东部沿海地区经济最发达、中部地区次之和西部地区最不发达的分布状况。与此相对应，与经济发展水平紧密相关的专利状况（如专利申请量、授权量和专利纠纷处理量等）也呈现出同样的特点。应当说东部沿海发达地区“今天”的现状就

是中西部地区“明天”或者“后天”迎头赶上的发展方向，因此，对我国沿海较发达省市行政保护国内外专利权人情况的现状进行研究，在一定程度上能够反映出我国更广阔的中西部地区今后对专利行政保护制度的发展需求。为此，本书选取经济发展水平和专利保护水平均走在全国前列的北京、天津、上海、江苏、浙江、福建、山东、广东等8个沿海省市专利行政管理部门处理专利侵权纠纷案件的情况（见表1-5）❶ 和行政查处假冒他人专利行为案件的情况（见表1-6）❷进行比较，并以此来论证说明若干年后假设全国各省市均达到沿海这些省市的专利保护状况后，中国行政保护国内外专利权人的情况以及中国国民对专利行政保护制度的需求状况。

表1-5　2006~2009年主要沿海省市专利行政管理部门受理的专利侵权纠纷案件中专利权人国内外分布情况与全国情况之比较

年份与专利权人国别 \ 类别		主要沿海省市										全国（件）
		北京（件）	天津（件）	上海（件）	江苏（件）	浙江（件）	福建（件）	山东（件）	广东（件）	合计（件）	占全国的比例（%）	
2006	中国	14	3	19	76	164	52	118	189	635	55.95	1 135
	外国	3	0	10	5	8	0	15	51	92	100	92
2007	中国	36	18	29	52	65	24	121	190	535	58.79	910
	外国	1	0	7	0	11	1	1	50	71	93.42	76
2008	中国	36	10	14	85	74	39	182	183	623	58.83	1 059
	外国	6	0	0	0	10	0	0	16	32	96.97	33
2009	中国	21	14	10	103	53	20	168	131	520	57.27	908
	外国	0	0	0	0	9	0	0	20	29	100	29
合计	中国	107	45	72	316	356	135	589	693	2 313	57.65	4 012
	外国	10	0	17	5	38	1	16	137	224	97.39	230

表1-5表明，2006~2009年这8个沿海省市专利行政管理部门受理的专利权人国别为中国的专利侵权纠纷案件数量为2 313件，而同期全国受理的该类专利侵权纠纷案件数量为4 012件，其占全国的比例为57.65%；这8个沿海

❶❷　国家知识产权局：“专利统计年报（2006~2009）”，载 http：//www.sipo.gov.cn/tjxx/，2011年8月1日访问。

省市专利行政管理部门同期受理的专利权人国别为外国的专利侵权纠纷案件数量为224件，而同期全国受理的该类专利侵权纠纷案件数量为230件，其占全国的比例为97.39%。另外，2006～2009年这8个沿海省市专利行政管理部门受理的专利侵权纠纷案件中，涉及中国专利权人的案件数量和涉及外国专利权人的案件数量占二者总量的比例分别为91.17%和8.83%（见图1-7）。

表1-6　2006～2009年主要沿海省市专利行政管理部门查处的假冒他人专利行为案件中专利权人国内外分布情况与全国情况之比较

年份与专利权人国别＼类别		主要沿海省市										全国（件）
		北京（件）	天津（件）	上海（件）	江苏（件）	浙江（件）	福建（件）	山东（件）	广东（件）	合计（件）	占全国的比例（%）	
2006	中国	0	5	0	1	0	3	6	9	24	75	32
	外国	0	0	0	0	0	0	0	0	0	0	1
2007	中国	0	0	0	0	0	0	12	2	14	43.75	32
	外国	0	0	0	0	0	0	0	0	0	0	0
2008	中国	0	0	0	0	0	0	3	46	49	83.05	59
	外国	0	0	0	0	0	0	0	0	0	0	0
2009	中国	0	0	0	0	3	0	0	3	6	20	30
	外国	0	0	0	0	0	0	0	0	0	0	0
合计	中国	0	5	0	1	3	3	21	60	93	60.78	153
	外国	0	0	0	1	0	0	0	0	1	100	1

表1-6表明，2006～2009年这8个沿海省市专利行政管理部门查处的专利权人国别为中国的假冒他人专利行为案件数量为93件，而同期全国行政查处的该类假冒他人专利行为案件数量为153件，其占全国的比例为60.78%；这8个沿海省市专利行政管理部门同期行政查处的专利权人国别为外国的假冒他人专利行为案件数量为1件，而同期全国行政查处的该类假冒他人专利行为案件数量也是1件，其占全国的比例为100%。另外，2006～2009年这8个沿海省市专利行政管理部门行政查处的假冒他人专利行为案件中，涉及中国专利权人的案件数量和涉及外国专利权人的案件数量占二者总量的比例分别为98.94%和1.06%（见图1-8）。

上述比较分析表明，2006～2009年中国地方专利行政管理部门受理或查

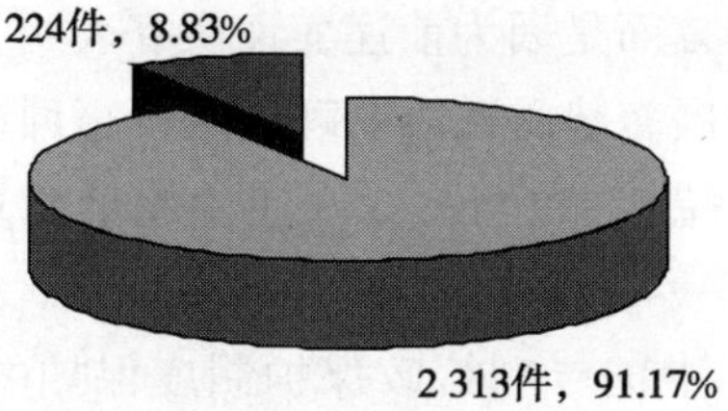

图 1－7　2006～2009 年 8 个主要沿海省市专利行政管理部门受理的专利侵权纠纷案件国内外分布情况之比较

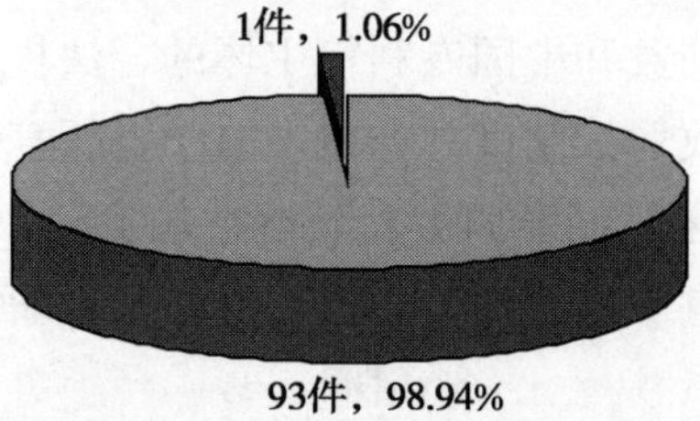

图 1－8　2006～2009 年 8 个主要沿海省市专利行政管理部门查处的假冒他人专利行为案件国内外分布情况之比较

处的涉及外国专利权人的专利案件几乎全部发生在这 8 个沿海省市，但是，即使是这样，与这些沿海省市专利行政管理部门同期受理或查处的涉及中国专利权人的专利案件数量相比，前者在数量上也少得多，甚至可以说是微不足道的。也就是说，纵然若干年以后中国中西部地区的经济发展水平和专利保护水平均达到现在沿海省市的发达程度，中国专利行政保护制度主要保护的仍然是中国专利权人的权利，该制度存在和发展的主要动力依然是中国国民的“国内市场”需求。我们在进一步调整和优化专利行政保护制度时，应当充分考虑这一情况。

五、结　　论

通过对中国专利行政保护制度的上述绩效研究，可以得出以下结论：

（1）中国专利行政保护制度在执法实践中绩效显著，作用巨大。

（2）与司法保护相比，中国专利行政保护制度具有独特的功能优势，法院不能完全替代。这一方面是因为前述实证研究表明，专利行政管理部门行政处理专利民事纠纷的发展态势受法院受理专利民事纠纷案件数量的多寡影响不大，另一方面是因为法院根本就不能替代专利行政管理部门对专利违法行为的行政查处职能。

（3）到目前为止，中国专利行政保护制度保护的主要是中国专利权人的权利，依然以保护中国国内专利权人的利益为核心内容，该制度存在和发展的主要动力仍然是中国国民的“国内市场”需求，并且这一现状在较长时间内都不会改变。因此，在对具有中国特色的专利行政保护制度进行进一步调整、优化或者取消时，应当以该制度是否还存在较大的国内“市场”，是否还在整体上主要维护中国国家利益和中国专利权主体的合法权利作为重要考量因素。

综上，中国专利行政保护制度并非像一些学者所言，是可有可无的，我们也不能人为地强制取消这一特色制度，该制度完全应当按照自己的发展轨迹在专利保护体系中继续占有一席之地，并长期存在和发展下去。

第四节　中国专利行政保护实证研究

——以第四次专利法修改为视角

一、问题提出

专利行政保护是一个涉及专利侵权纠纷行政处理、专利违法行为行政查处和专利纠纷行政调解等内容的具有中国特色的专利保护方式。对于专利行政保护，特别是其中的专利侵权纠纷行政处理，历来存在“去留之争”，并且这种争论在每次修改专利法时表现得尤其激烈。[1] 当前，我国正在进行《专利法》第四次修改，专利行政保护的去留问题再一次受到知识产权界的广泛关注与讨论。[2]

---

[1] 张耀明：“专利法修改中的几个问题”，载《知识产权研究（第十二卷）》，中国方正出版社2002年版，第43页。

[2] 例如，在国家知识产权局的网站上开辟了“加强专利行政执法”专题专栏，业界许多学者都参与了讨论；2016年6月在重庆召开的全国知识产权法年会上，还专门开展了“知识产权行政保护与司法保护”的专题研讨；近几年来相关学者在《知识产权》等刊物上针对此问题发表了许多观点不同的学术性论文；等等。

目前，本次专利法修改已经形成由国务院法制办公布的《专利法修订草案（送审稿）》❶（以下简称送审稿）。根据该送审稿，专利行政保护在整体上得到了进一步加强，具体表现为：送审稿保留了原有专利侵权纠纷行政处理职能，❷ 增加了对群体侵权、重复侵权等扰乱市场秩序的故意侵犯专利权行为的行政查处职能，❸ 强化了专利纠纷行政调解的效力❹等。对于专利纠纷行政调解效力的强化和原有行政查处假冒专利行为的职能，理论界争议不大，也不是本节探讨的重点，但对继续保留专利侵权纠纷行政处理与将行政查处的范围扩大至群体侵权与重复侵权行为，业界支持与反对的意见并存。❺ 应当说，这些支持或反对专利行政保护的理论探讨均有一定的合理性，但相互又都可以提出反驳对方的许多理由，因此，从理论探讨的视角，任何一方都难以彻底驳倒另一方。本节不准备针对相关观点一一反驳。

笔者认为，专利行政保护的"去与留"以及是否应当强化的问题，不应当仅仅依从学术理论上的某种观点，而应当从实证研究的视角，在综合考虑我国具体国情以及该保护方式是否有现实需要的基础上来作出回答。具体地说，本节将从专利行政保护的生长土壤、实践绩效与市场需求等几个方面进行研究分析。

---

❶ 载 www. sipo. gov. cn，2016 年 1 月 6 日访问。

❷ 2015 年 12 月公布的《专利法修订草案（送审稿）》第 60 条第 1 款及其他相关条款。

❸ 2015 年 12 月公布的《专利法修订草案（送审稿）》第 60 条第 2 款、第 66 条及其他相关条款。

❹ 2015 年 12 月公布的《专利法修订草案（送审稿）》第 61 条及其他相关条款。

❺ 支持专利行政保护的论文，如唐素琴、姚梦："专利权行政保护的正当性探析"，载《知识产权》2014 年第 3 期；王志超、饶波华："加强专利行政执法工作的思考与建议"，载《中国发明与专利》2015 年第 5 期；另外，国家知识产权局网站上的"加强专利行政执法"专栏刊登了许多学者支持专利行政保护的论文。反对专利行政保护的论文，如刘银良："论专利侵权纠纷行政处理的弊端：历史的选择与再选择"，载《知识产权》2016 年第 3 期；李永明、郑淑云、洪俊杰："论知识产权行政执法的限制——以知识产权最新修法为背景"，载《浙江大学学报（人文社会科学版）》2013 年第 5 期；另外，2016 年 6 月在重庆召开的全国知识产权法年会上有一些学者提出了反对专利行政保护制度的意见。

二、专利行政保护的生长土壤依然肥沃

在中国，专利制度作为一个整体是舶来品，但是，其中的专利行政保护，特别是专利侵权纠纷行政管理，则是一个土生土长的中国特色制度。该制度在中国存在与发展30余年，必定有适合其生长的深厚土壤。本次专利法修改讨论该制度的“去与留”，首先应当确定支撑该制度继续存在与发展的土壤是否依然存在。若存在，则应当保留，反之，则可考虑取消。

那么，支撑专利行政保护的土壤到底是什么呢？对该问题的回答可能见仁见智。笔者认为，中国强势行政与弱势司法的历史传统是支撑专利行政保护继续存在的基础土壤。综观中国社会的发展历程，不难看出“高度集权”和“官本位”是中国政治体制的重要特点，国家行政也因此而构成整个社会的绝对重心。在这种体制下，人们遇到纠纷或者权利受到侵犯总是习惯于找政府部门，而不是找法院，因此，法院在这种体制下的地位非常微弱。尽管这一状态在当代中国已经有了很多改变，但是，要彻底根除几千年来所遗留下的传统习惯与思维模式，还有待时日。❶

正是基于这种强行政、弱司法的历史传统，1984年《专利法》首次规定专利行政保护制度时，并没有遇到什么障碍，并且，按照当时的设计，专利管理机关❷主要是民事纠纷处理机关。❸ 根据1984年《专利法》，专利行政保护的重心是专利侵权纠纷行政处理，专利管理机关就专利侵权纠纷作出行政裁决，不仅有权责令停止侵权，而且可裁决损失赔偿。❹ 这实质上就是以行政机关来代替司法机关行使职权。显然，这样的职权设置在许多西方发达国家看来是很难想象的，因为它们根本就不具备产生专利侵权纠纷行政处理的土壤。

自2000年《专利法》开始，专利侵权纠纷行政处理职能开始弱化，专利违

---

❶ 张树义：“中国社会结构变迁的法学透视——行政法学背景分析”，中国政法大学出版社2002年版，第260~309页。

❷ 地方专利行政管理部门的名称在历次专利法的规定中并不相同，例如，1984年和1992年《专利法》中称为“专利管理机关”，2000年和2008年《专利法》中称为“管理专利工作的部门”，本次送审稿中称为“专利行政部门”。本书将根据具体情况采用相应的名称。

❸ 汤宗舜：《专利法解说（修订版）》，知识产权出版社2002年版，第340~341页。

❹ 1984年《专利法》第60条。

法行为行政查处职能开始强化，专利行政保护的重心也因此经历了由行政处理专利侵权纠纷向行政查处专利违法行为的转变。❶ 而专利侵权纠纷行政处理职能一直保留至今，本次送审稿也维持了现行专利法的相关规定。应当说，专利行政保护重心变化的路径正是强行政、弱司法历史传统在当今中国发展变化的反映。

当前，我国强行政、弱司法的历史传统虽有变化，但在整体上并没有发生根本改变，滋补着专利行政保护继续保留与发展的土壤依然肥沃，这是一个有目共睹的事实。因此，专利行政保护制度可以继续存在和发展下去。

三、专利行政保护的实践绩效更加显著

专利行政保护要不要保留与强化，一个重要的考量因素是该保护方式在实践中到底取得了什么样的绩效。若绩效显著，则不能轻言放弃，反之，则可在综合考虑其他相关因素的基础上再作决定。笔者曾对 1985 ~ 2010 年中国专利行政保护制度在实践中所取得的绩效进行过研究，并发现该制度在那个时期的绩效显著，作用巨大，因而得出了不宜轻言放弃专利行政保护制度的结论。❷ 几年过去了，专利行政保护在实践中所发挥作用的变化，仍然可以作为当前该制度“去与留”的重要考量依据。下面将对 2010 ~ 2014 年行政保护与司法保护处理专利案件的相关情况进行研究，并在此基础上来论证专利行政保护制度的“去与留”和“强化与弱化”问题。

1. 2010 ~ 2014 年通过行政保护处理专利案件的情况及分析

表 1 – 7 列出了 2010 ~ 2014 年全国管理专利工作的部门受理的专利执法案件情况。根据表 1 – 7，2010 ~ 2014 年，行政处理的专利民事纠纷案件总数为 18 177件，行政查处的假冒专利案件总数为 32 374件，二者合计为 50 551件。这些数据表明：（1）近几年来，中国专利行政保护制度在实践中发挥了巨大作用，绩效显著。相关调研数据显示，2010 ~ 2014 年，专利权人遭遇侵权的比例显著下降，国内侵权行为泛滥的状况开始扭转。❸ 应当说，这种成绩的获得，专利行政保护功不可没，该特色制度并非某些学者所言是可有可无，甚至

❶ 邓建志：“我国专利行政保护制度的发展路径”，载《知识产权》2012 年第 3 期。

❷ 邓建志：“中国专利行政保护制度绩效研究”，载《中国软科学》2012 年第 2 期。

❸ 国家知识产权局规划发展司、国家知识产权局知识产权发展研究中心：“2015 年中国专利调查数据报告”，第 30 页，载 http：//www. sipo. gov. cn/tjxx/yjcg/201607/t20160701_1277842. html，2016 年 7 月 2 日访问。

应予以取消的。(2) 表1-7的数据表明，自2011年起，行政查处假冒专利案件的数量开始超过行政处理专利民事纠纷案件的数量，并且之后每年的超过数量越来越大。这表明，我国专利行政保护的重心在实践中已真正实现了由行政处理专利民事纠纷转移到了行政查处专利违法行为。这一转变既与我国专利行政保护制度的发展路径相符，❶ 也与专利民事纠纷由司法保护主导的发展方向相吻合。❷ (3) 表1-7表明，专利行政保护特色制度涉及行政处理和行政查处两种保护方式，二者共同的目的都是维护专利市场秩序和社会公共利益，但实现该目的的方式有差异。行政处理主要通过依申请的形式采用“定纷止争”和直接保护专利权人权利的方式来实现该目的，而行政查处则通过依职权打击假冒专利行为和间接保护专利权人❸的方式来实现该目的。这两种保护方式中，行政查处职能不属于司法保护的范围，司法保护无法替代；行政处理专利民事纠纷与司法保护的职能有一定的重合，但不是完全重合，因为自2000年《专利法》起，管理专利工作的部门只能对是否侵犯专利权作出决定，不再拥有损害赔偿裁决权。笔者认为，送审稿继续保留现行专利法规定的行政处理职能是合理的，因为该行政处理职能是管理专利工作的部门进一步维护专利市场秩序和社会公共利益的基本前提。

表1-7　2010~2014年全国管理专利工作的部门受理的专利执法案件统计表

（件）

时间＼类别	行政处理的专利民事纠纷案件			行政查处的假冒专利案件
	专利侵权纠纷	其他纠纷	合计	
2010	1 077	18	1 095	728
2011	1 286	27	1 313	1 704
2012	2 225	268	2 493	2 512
2013	4 684	372	5 056	11 171
2014	7 671	549	8 220	16 259
合计	16 943	1 234	18 177	32 374

数据来源：http：//www. sipo. gov. cn/tjxx/，2016年7月4日访问。

❶ 邓建志：《WTO框架下中国知识产权行政保护》，知识产权出版社2009年版，第309页。

❷ 陶凯元：“充分发挥司法保护知识产权的主导作用”，载《求是》2016年第1期。

❸ 假冒专利行为包括假冒他人专利和冒称专利两种情形。管理专利工作的部门依职权打击假冒他人专利行为时，其是对专利权人的直接保护。

2．2010～2014 年通过行政保护与司法保护处理专利民事案件情况之比较

基于行政处理与司法保护在职能上的重合，可以通过表 1－8 将表 1－7 中 2010～2014 年管理专利工作的部门行政处理专利民事纠纷案件的数量与同期全国地方法院一审受理专利民事纠纷案件的数量进行比较。表 1－8 的数据表明：（1）从总体数量来看，2010～2014 年法院一审受理的专利民事纠纷案件数量为 42 127件，同期管理专利工作的部门行政处理的专利民事纠纷案件数量为 18 177件。不难看出，对于专利民事纠纷案件，司法保护占主导地位，而行政保护则处于补充地位。（2）从数量比例看，2010～2014 年，管理专利工作的部门行政处理专利民事纠纷案件的数量占同期行政处理和司法处理全部案件数量的 30.14%。该比例与 1985～2010 年管理专利工作的部门行政处理专利民事纠纷案件的比例 30.35%[1]高度接近。也就是说，近几年来，尽管司法保护的主导地位日益明显，但在整体比例上，行政处理专利民事纠纷案件数量的占比基本上没有受到影响。（3）从 2014 年的数据看，司法与行政处理专利民事纠纷案件的数量分别为 9 648件和 8 220件，其占比分别为 54% 和 46%。也就是说，2014 年，行政处理的案件数量只是略低于司法处理的案件数量，二者达到了基本持平的现状。

表 1－8　2010～2014 年全国管理专利工作的部门和地方法院一审受理专利民事案件数量之比较

（件）

类别 / 时间	法院一审受理的专利民事案件	管理专利工作的部门受理的专利民事案件
2010	5 785	1 095
2011	7 819	1 313
2012	9 680	2 493
2013	9 195	5 056
2014	9 648	8 220
合计	42 127	18 177

注：法院一审受理的专利民事案件数据来自于最高人民法院每年发布的《中国法院知识产权司法保护状况（2010～2014）》，载 http：//zscq. court. gov. cn/bhcg/，2016 年 7 月 4 日访问；管理专利工作的部门受理的专利民事案件数据来源：http：//www. sipo. gov. cn/tjxx/，2016 年 7 月 4 日访问。

[1] 邓建志："中国专利行政保护制度绩效研究"，载《中国软科学》2012 年第 2 期。

基于表1-8，进一步形成2010~2014年全国管理专利工作的部门和地方法院一审受理专利民事案件数量的趋势比较图（见图1-9）。图1-9表明：(1) 从发展现状看，2010~2014年，司法处理专利民事纠纷案件的数量在前三年（2010~2012）呈增加状态，但在后三年（2012~2014）则呈现出略微下降的平稳发展状态。与此不同的是，同期行政处理的专利民事纠纷案件数量则一直呈现出明显增加状态，特别是后三年（2012~2014）更是呈现出急剧增长的状态。(2) 从发展趋势看，近几年来，专利行政处理职能并没有因为司法保护的主导地位而受到影响，相反，其表现出相对独立的发展轨迹与规律，呈现出明显增长的发展趋势。

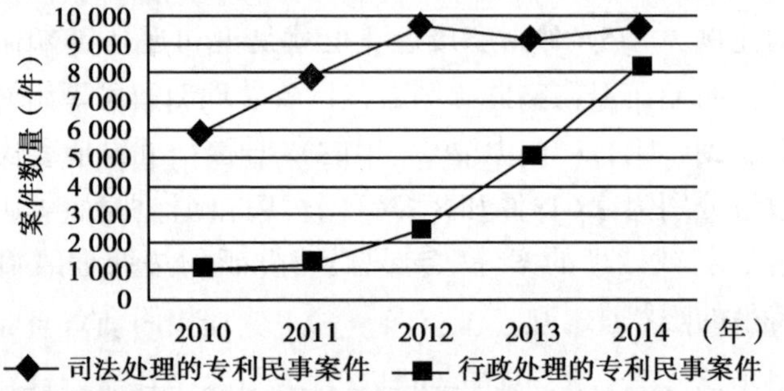

图1-9 2010~2014年全国管理专利工作的部门和地方法院一审受理专利民事案件数量的趋势比较

3. 小结

综上，与之前的相关研究结果相比，近几年来，专利行政保护在实践中的绩效更加显著，在保护专利市场秩序与社会公共利益方面所发挥的作用更加突出。同时，专利行政保护职能的行使表现出相对独立的发展规律，行政保护案件数量呈现明显增长的发展趋势，受司法保护的影响很小。有鉴于此，笔者认为，当前，专利行政保护的职能不仅不应当取消，而且应当考虑如何进一步强化与优化，以利于良好专利市场秩序的进一步形成。

四、专利行政保护的市场需求非常旺盛

专利行政保护要不要保留与强化，除了需要考虑如上所述的相关因素外，另一个重要的考虑因素是今后一段时期内选择该保护方式的市场需求是否旺盛。若期待的市场需求大，则应当保留，反之，则可以考虑取消。相关权威调

研数据表明，我国专利行政保护的期待市场需求非常旺盛。

2016年6月，国家知识产权局规划发展司和国家知识产权局知识产权发展研究中心联合发布《2015年中国专利调查数据报告》。❶ 该报告的实证数据显示，专利行政保护仍然是专利权人最期待的维权方式。根据该报告，在遭遇专利侵权时，企业、高校、科研单位和个人等不同类型的专利权人希望采用专利行政保护方式维权的比例最高：60.4%的专利权人希望管理专利工作的部门主动执法查处侵权行为，而选择向管理专利工作的部门举报的专利权人达到45.7%，远远超出其他维权方式的比例（见表1-9）。

表1-9 专利权人希望采取的维权方式

（%）

	企业	高校	科研单位	个人	总体
向专利管理机关举报，如拨打12330电话	44.6	48.8	40.3	46.6	45.7
直接去法院进行诉讼	23.0	23.9	21.5	25.3	24.3
希望专利管理机关主动执法查处侵权行为	62.8	57.1	58.4	58.6	60.4
无所谓	1.9	0.8	2.3	3.7	2.9
协商解决	29.2	37.3	34.8	23.6	26.2
其他	0.2	0.1	1.9	0.0	0.1
合计	161.8	168.0	159.3	157.8	159.6

注：该调查项有效数据量为：企业、高校、科研单位和个人分别为7 460个、437个、456个、543个，总计8 896个。本表因小数取舍而产生的误差均未作配平处理。本题为多选题，百分比之和超过100%。

资料来源：国家知识产权局规划发展司、国家知识产权局知识产权发展研究中心："2015年中国专利调查数据报告"，第27页，载 http://www.sipo.gov.cn/tjxx/yjcg/201607/t20160701_1277842.html，2016年7月2日访问。

另外，该报告还对2010~2014年专利权人希望采取的维权方式进行了比较（见表1-10）。根据表1-10，近几年来，如果遭遇专利侵权，专利权人期待选择行政保护与司法保护的比例均呈上升趋势，但选择行政保护方式的比例

❶ http://www.sipo.gov.cn/tjxx/yjcg/201607/t20160701_1277842.html，2016年7月2日访问。

远远高于选择司法保护的比例。

表 1-10　2010～2014 年专利权人希望采取的维权方式

（%）

	2010 年	2011 年	2012 年	2013 年	2014 年
向专利管理机关举报，如拨打 12330 电话	27.5	43.7	43.4	48.8	45.7
希望专利管理机关主动执法查处侵权行为	37.7	60.5	60.2	54.3	60.4
协商解决	22.2	40.2	39.5	31.0	26.2
直接去法院进行诉讼	11.6	19	16.3	21.6	24.3
无所谓	—	—	1.4	2.9	2.9

注：该调查项有效数据量为：2010 年总计 10 672个，2011 年总计 11 707个，2012 年总计 10 526个，2013 年总计 13 570个，2014 年总计 8 896个。本题是多选题，百分比之和超过 100%；已省略提及比例较少的选项。

资料来源：国家知识产权局规划发展司、国家知识产权局知识产权发展研究中心："2015 年中国专利调查数据报告"，第 31 页，载 http://www.sipo.gov.cn/tjxx/yjcg/201607/t20160701_1277842.html，2016 年 7 月 2 日访问。

上述实证调研数据表明，专利行政保护在当前及今后一段时间内，市场需求非常旺盛。若在本次专利法修改中，强行取消该制度，不仅不符合市场预期，而且可能会产生对专利侵权与违法行为打击不力的问题，并进而会破坏良好专利市场秩序的形成。

五、建　　议

基于上述研究，对于当前备受争议的专利行政保护制度，笔者提出以下建议。

第一，专利行政保护的"去与留""强化与弱化"，不能仅依从于学界的理论探讨与某种观点，而应当在综合考虑该制度在我国生长的土壤、在实践中取得的绩效、社会对该制度的市场需求等现实因素的基础上作出回答。

第二，基于本节的实证研究，本次专利法修改应当继续加强专利行政保护制度。具体可从送审稿已经体现的三个方面着手：继续保留专利民事纠纷行政处理制度，针对群体侵权和重复侵权等扰乱市场秩序的故意侵权行为加强专利行政查处和强化专利纠纷行政调解的效力。

第三，关于支持和完善送审稿第60条第2款❶的建议。在本次专利法修改中，有学者针对送审稿第60条第2款提出了强烈反对意见，认为该条款会让管理专利工作的部门“演变为勇敢的‘专利战士’，随时准备动用行政资源制止群体侵权、重复侵权等扰乱市场秩序的故意侵权行为”。❷笔者认为，大可不必如此恐慌。理由如下：首先，该规定并不是关于专利侵权纠纷行政处理职能的规定，而是关于行政查处职能的规定。对于管理专利工作的部门行政查处扰乱专利市场秩序的行为，理论界普遍予以支持，包括该学者也是支持的。该学者在同一文章中给出前后矛盾的观点，实质上是将专利行政保护制度的行政处理与行政查处职能混淆了。其次，管理专利工作的部门针对相关专利侵权行为行使行政处理职能是其进一步实施行政查处职能的前提，因为管理专利工作的部门行政查处假冒他人专利行为或送审稿第60条第2款所规定的扰乱市场秩序的侵权行为，必须建立在认定是否构成侵犯专利权的基础之上，否则，它不可能实施行政查处职能。最后，对于经行政或司法裁决认定为侵犯专利权且已生效的法律文件，若该侵权人置之不理，继续重复侵权，或发生群体侵权等严重扰乱专利市场秩序、破坏社会公共利益的行为，管理专利工作的部门不进行查处，这实质上是一种行政不作为的违法行为。基于这些理由，笔者整体上支持送审稿第60条第2款的规定。

当然，立法者赋予管理专利工作的部门主动查处送审稿第60条第2款所规定的专利侵权行为也应当谨慎。管理专利工作的部门主动查处该类侵权行为的理由应当是该侵权行为达到了比较严重地危害专利市场秩序和社会公共利益的程度，否则，不应当行使行政查处权。这也是管理专利工作的部门不对普通专利侵权行为进行行政查处的理由，尽管普通专利侵权行为也在一定程度上扰乱了专利市场秩序。因此，建议在送审稿第60条第2款规定中增加“严重”

---

❶ 2015年12月公布的《专利法修订草案（送审稿）》第60条第2款：“对群体侵权、重复侵权等扰乱市场秩序的故意侵犯专利权行为，专利行政部门可以依法查处，责令侵权人立即停止侵权行为，并可以没收侵权产品、专门用于制造侵权产品或者使用侵权方法的零部件、工具、模具、设备等。对重复侵犯专利权的行为，专利行政部门可以处以罚款，非法经营额五万元以上的，可以处非法经营额一倍以上五倍以下的罚款；没有非法经营额或者非法经营额五万元以下的，可以处二十五万元以下的罚款。”

❷ 刘银良：“论专利侵权纠纷行政处理的弊端：历史的选择与再选择”，载《知识产权》2016年第3期。

二字，即将“扰乱市场秩序”修改为“严重扰乱市场秩序”。至于什么是“严重扰乱市场秩序”的侵权行为，在专利法中没必要进行详细规定，可在今后修改专利法实施细则时就相关具体情形作出规定。

第五节　专利民事纠纷行政处理弱化及相关问题研究

专利民事纠纷行政处理是指管理专利工作的部门在法律的授权下依当事人申请居中解决专利民事纠纷的行为，主要包括行政裁决和行政调解两种处理方式。根据2000年《专利法》的规定，我国管理专利工作部门的这种行政处理权呈现出弱化趋势，由此也引发了一些问题。本部分对此进行研究，并从《专利法》第三次修改的视角提出一些对策和建议。

一、专利民事纠纷行政处理弱化的表现

从2000年《专利法》修改前后的不同规定可以比较出专利民事纠纷行政处理弱化的具体表现。

专利民事纠纷行政处理过去一直是我国专利行政管理机关的重要职能，甚至有学者明确指出，“按照原设计，专利管理机关主要是民事纠纷处理机关”，❶“起着一级法院的作用”。❷ 当时专利管理机关的这种地位主要体现在以下四个方面：(1) 在行政处理纠纷的范围上，它可以应当事人的请求处理内容广泛的专利民事纠纷，❸ 并拥有责令停止侵权、责令赔偿损失等行政裁决权。(2) 在处理专利民事纠纷的顺序上，当时《专利法》将专利管理机关置于人民法院之前。❹ 虽然这并不是关于行政处理前置原则的规定，但确实反映了当时设置行政处理专利民事纠纷制度的重要性，实践中，这一制度确实也起

---

❶ 汤宗舜：《专利法解说》，知识产权出版社2002年修订版，第340～341页。

❷ 吴宁燕、王燕红：“论专利行政执法的必要性和发展方向——我国立法与修法立足国情的考虑”，见国家知识产权局条法司编：《专利法研究（2003）》，知识产权出版社2003年版，第152页。

❸ 根据1989年12月4日起施行的《专利管理机关处理专利纠纷办法》第5条规定，这里的民事纠纷包括：专利侵权纠纷、专利赔偿纠纷、专利申请权纠纷、专利权属纠纷、发明专利申请临时保护期间的使用费等纠纷、其他可由专利管理机关处理的纠纷。

❹ 1984年和1992年《专利法》第60条。

到了很好地缓解人民法院审判压力的作用。❶（3）在行政处理的程序上，原中国专利局于1989年12月施行的《专利管理机关处理专利纠纷办法》引入了民事诉讼的许多重要原则，例如，在行政处理专利纠纷中遵循“不告不理”“调解”“合议”“回避”“当事人陈述意见”和“辩论的权利”等司法程序原则，专利管理机关实际上类似于按照民事审判的程序来处理专利民事纠纷。（4）在行政处理的法律效力上，管理专利工作的部门在一定范围内享有终局行政裁决权。例如，原来的《专利法》有这样的规定：“专利复审委员会对宣告实用新型和外观设计专利权无效的请求所作出的决定为终局决定。”❷可以说，这些规定使得现行《专利法》之前的专利管理机关事实上成为一个“过渡性的民事纠纷处理机构”，使得专利管理机关的行政处理与人民法院的审判在性质上基本相同，专利纠纷行政处理也就成为当时专利行政保护制度中最为核心的内容。

然而，在21世纪初我国《专利法》的第二次修改中，专利管理机关“主要处理民事纠纷”的地位发生了变化：专利民事纠纷行政处理职能明显弱化。这主要体现在：（1）行政处理的权力内容缩小。原《专利法》规定的有权责令侵权人停止侵权行为和赔偿损失❸修改为可以责令侵权人立即停止侵权行为，取消了对专利侵权赔偿纠纷的行政裁决权。❹通过这一修改，管理专利工作的部门原来行政处理范围广泛的行政裁决权只能局限于专利侵权纠纷，且其行政处理权限也缩小为认定是否构成侵权和责令停止侵权。实践中，管理专利工作的部门现在对专利民事纠纷的行政处理主要集中于行政调解。（2）行政处理的效力弱化。以行政调解为例来说，之前行政调解的效力较强，相关规章明确规定：“调解书经当事人签名或盖章、调处人员署名并加盖专利管理机关公章。调解书送达后，即具有法律效力”，❺而现在行政调解则基本不具约束

---

❶ 有关研究表明，1990年以前，专利管理部门受理的专利侵权案件多于人民法院。吴宁燕、王燕红：“论专利行政执法的必要性和发展方向——我国立法与修法立足国情的考虑”，见国家知识产权局条法司编：《专利法研究（2003）》，知识产权出版社2003年版，第153页。

❷ 1984年和1992年《专利法》第49条。

❸ 1984年和1992年《专利法》第60条。

❹ 《专利法》第57条。

❺ 1989年12月4日起施行的《专利管理机关处理专利纠纷办法》第22条。

力，相关规定是："当事人经调解达成协议的，应当制作调解协议书，由双方当事人签名或者盖章，并交管理专利工作的部门备案。"❶ 更为重要的是，包括行政调解和行政裁决在内的专利民事纠纷行政处理现在均不能很好地得到法院的应有尊重，当事人如果对行政处理结果不服提起诉讼，法院采用的基本上是推倒重来的全盘否定态度，这可以从法院的相关司法解释看出："人民法院受理的侵犯专利权纠纷案件，已经过管理专利工作的部门作出侵权或者不侵权认定的，人民法院仍应当就当事人的诉讼请求进行全面审查。"❷（3）从处理专利民事纠纷机构的顺序排列上看，现行《专利法》将管理专利工作的部门移到了人民法院之后。这一方面是为了突出人民法院解决纠纷的职能，另一方面意味着是对专利民事纠纷行政处理的明显弱化。（4）取消了对专利民事纠纷的终局行政裁决权。宣告专利无效的请求本质上是发生在平等主体之间的一种专利民事纠纷，现行《专利法》废除了管理专利工作的部门对这类民事纠纷的终局行政裁决权。❸

综上，21 世纪初关于《专利法》的这些修改表明专利民事纠纷行政处理职能明显弱化。

二、与专利民事纠纷行政处理弱化相关的问题

总的说来，对专利民事纠纷行政处理弱化的这些修改无可厚非，它实际上是"民事纠纷原则上应当通过司法程序解决"这一修法出发点的体现，❹ 并且，从长远来看，这也符合司法和行政的分工原则，使相关行政管理部门有更多的精力和资源用来维护知识产权管理秩序和社会公共利益，这无疑是正确的，也得到了一些学者的肯定。❺ 但是，专利民事纠纷行政处理弱化也引发了一些问题，以下作具体分析。

---

❶ 2001 年 12 月 17 日起施行的《专利行政执法办法》第 19 条。

❷ 2001 年 7 月 1 日起施行的《最高人民法院关于审理专利纠纷案件适用法律问题的若干规定》第 25 条。

❸ 《专利法》第 46 条。

❹ 国家知识产权局条法司："《中华人民共和国专利法》修改条文的逐条说明"，载国家知识产权局专利法研究所编：《专利法研究（2000 年）》，知识产权出版社 2001 年版，第 52 页。

❺ 汤宗舜："关于专利法第二次修改中几个规定的思考"，见国家知识产权局专利法研究所编：《专利法研究（2001）》，知识产权出版社 2000 年版，第 17 页。

(一) 较普遍地存在对专利行政处理弱化的误解

对于专利民事纠纷行政处理制度是否有必要存在,学界历来就有“去留之争”,❶ 再加上现行《专利法》对这一制度的弱化规定,故理论界和实务界都较普遍地存在全盘否定专利民事纠纷行政处理制度的误解。理论界的态度自不待言,实务界的误解主要体现在法院对知识产权行政处理结果实行推倒重来的全面审查制度❷和专利管理部门怠于行政处理两个方面。笔者认为,现行《专利法》虽然弱化了专利民事纠纷的行政处理,但是,其并非要全盘否定这一制度,也并不意味着要彻底消除管理专利工作的部门的行政处理职权。之所以这么说,主要理由是:首先,现行《专利法》仍然有专利民事纠纷行政处理的明确规定,并且在行政处理的具体方式上,也与以前《专利法》的历次规定相同,包括行政裁决和行政调解两种主要方式。❸ 其次,从弱化对象上看,现行《专利法》主要是弱化了管理专利工作的部门对纯民事性质纠纷的行政处理权,让这些民事纠纷原则上通过司法途径解决,但这绝不是要取消其对所有专利民事纠纷的行政处理权。事实上,法律仍然保留了管理专利工作的部门对那些与行政管理活动密切相关且适合行政解决的民事纠纷的行政处理权,❹ 这也符合多元化纠纷解决机制

---

❶ 邓建志、单晓光:“2010年上海世博会知识产权的行政保护”,载《法学》2006年第4期。

❷《最高人民法院关于审理商标案件有关管辖和法律适用范围问题的解释》(2001年12月25日通过)第10条;《最高人民法院关于审理专利纠纷案件适用法律问题的若干规定》(2001年6月19日通过)第25条;《最高人民法院关于审理著作权民事纠纷案件适用法律若干问题的解释》(2002年10月12日通过)第3条。

❸ 《专利法》第57条和《专利法实施细则》第79条。

❹ 《专利法》第41条、第45~46条、第54条、第57条等。

的原理。❶ 再次，从行政处理的方式上看，现行《专利法》弱化的主要是行政裁决，对于行政调解，管理专利工作的部门仍然可以对范围较广泛的专利民事纠纷行使调解职权。❷ 最后，实践中，行政处理仍然是解决专利民事纠纷的重要方式。这里，列出2002～2006年全国专利行政机关和初审法院受理专利民事纠纷案件的相关情况（见表1-11）。从中的统计数字可以看出，行政处理的专利民事纠纷数量超过了初审法院受理民事纠纷数量的2/3，达到70%左右。由此可见，我国专利民事纠纷行政处理制度在当前仍然发挥着巨大作用，这种作用也不可能在短期内被司法保护所替代，甚至不可能被完全替代。另外，上海市的一个调查研究数据显示：上海市民（或企业）在其知识产权受到侵犯时，41.5%的人首选行政保护途径来解决纠纷，其比例超过首选司法保护的40.1%。❸ 这一调查结果更是表明行政处理知识产权纠纷在我国经济最发达和知识产权保护意识最强的上海依然还起着举足轻重的作用，具有广阔发展前景。由此可以推断，在经济发展水平和知识产权保护意识均落后于上海的中

---

❶ 多元化纠纷解决机制是20世纪70年代以来在世界范围内兴起的一个研究新领域，其核心内容是在保持司法权威的同时，要积极发展各种非诉讼纠纷解决机制。近几年来，我国理论界和实务界均开始关注这一课题，并取得了一些成果。例如，理论界的研究成果主要有：范愉：《非诉讼纠纷解决机制研究》，中国人民大学出版社2000年版；王生长：《仲裁与调解相结合的理论与实务》，法律出版社2001年版；范愉：《非诉讼程序（ADR）教程》，中国人民大学出版社2002年版；何兵：《现代社会的纠纷解决》，法律出版社2003年版；［日］棚濑孝雄著，王亚新译：《纠纷的解决与审判制度》，中国政法大学出版社2004年版；沈恒斌主编：《多元化纠纷解决机制原理与实务》，厦门大学出版社2005年版；［日］小岛武司、伊藤真编，丁捷译：《诉讼外纠纷解决法》，中国政法大学出版社2005年版；范愉主编：《多元化纠纷解决机制》，厦门大学出版社2005年版等。另外，还出现了一些专门性纠纷解决的研究成果，如王灿发主编：《环境纠纷处理的理论与实践》，中国政法大学出版社2002年版；徐昕：《论私力救济》，中国政法大学出版社2003年版；［日］高见泽磨著，何勤华等译：《现代中国的纠纷与法》，法律出版社2003年版；齐树洁、林建文主编：《环境纠纷解决机制研究》，厦门大学出版社2005年版；张树义主编：《纠纷的行政解决机制研究——以行政裁决为中心》，中国政法大学出版社2006年版等。此外，在实践中，我国一些地方也开始明确ADR的地位，例如，厦门市人大常委会于2005年10月26日通过的《关于完善多元化纠纷解决机制的决定》就是我国第一个以地方立法的形式对纠纷解决机制进行规范的法律文件。

❷ 《专利法》第57条和《专利法实施细则》第79条。

❸ "2007年上海市民知识产权认知度调查报告"，载http：//www.sipa.gov.cn/zscq/node1/node11/userobject1ai5530.html，2007年6月7日访问。

国其他地区，其知识产权纠纷行政处理制度所拥有的市场可能会更加广阔。

表 1－11　2002～2006 年全国专利行政机关和初审法院受理的专利民事纠纷统计表

（件）

类别 年份	行政处理的专利民事纠纷 *	初审法院受理的专利民事纠纷 **
2002	1 399	2 081
2003	1 448	2 110
2004	1 414	2 549
2005	1 419	—
2006	1 270	3 196
合计	6 950	9 936

注：＊2002～2004 年的数据来自《中国知识产权年鉴》（2003，2004，2005）；2005 年的数据来自中国网：http：//www. china. com. cn/chinese/zhuanti/zhshchq/1221313. htm，2006 年 6 月 26 日访问；2006 年的数据来自中国知识产权保护网：http：//doc. ipr. gov. cn/ipr/doc/info/ArticleList. jsp?col_ no = 10，2007 年 6 月 26 日访问。

＊＊2002～2004 年的数据来自国家知识产权局：《中国知识产权年鉴（2005）》，知识产权出版社 2005 年版，第 309 页；2006 年的数据来自中国保护知识产权网：http：//doc. ipr. gov. cn/ipr/doc/info/Article. jsp?a_ no = 53708&col_ no = 10&dir = 200702，2007 年 6 月 26 日访问。

综上，全盘否定专利民事纠纷行政处理的态度是对《专利法》关于这一制度规定的一种误解，也与当前的客观情况不符。

（二）2000 年《专利法》对专利民事纠纷行政处理制度的定位不准确

行政处理制度是行政权介入民事法律关系，并对平等民事主体间纠纷居中加以解决的一种纠纷解决机制。如何通过行政途径有效解决专利民事纠纷应该是这一制度的基本定位。但是，笔者认为，现行《专利法》并没有很好地体现这一定位，也就是说，现在的专利民事纠纷行政处理制度主要不是为了有效解决专利民事纠纷，以降低各种纠纷解决成本和为当事人提供便利，而是在很大程度上为了实现专利管理部门的特定意志而作为一种行政管理秩序的工具存在。具体说来，这种定位不准在专利纠纷行政裁决上体现得更加突出。例如，2000 年《专利法》第 57 条规定：对于侵犯专利权的纠纷，“管理专利工作的部门处理时，认定侵权行为成立的，可以责令侵权人立即停止侵权行为，当事人不服的，可以自收到处理通知之日起 15 日内依照《中华人民共和国行政诉讼法》向人民法院起诉；侵权人期满不起诉又不停止侵权行为的，管理专利工作的部门可以申请人民法院强制执行”。笔者认为，法律的这一规定实际上是将专利民事纠纷行政裁决定位于行政管理和行政监督上，而不是有效地解决民事纠纷：它缺少认定侵权的程序性规定，强调的只是侵权认定结果，至于这一“结果”是如何被认定出来的，《专利法》并无明确要求。毫无疑问，法律的这一规定体现了行政裁决主要是作为一种维护专利行政管理秩序的工具而存在，即使其客观上也起到了解决民事纠纷的效果，在某种意义上，这也只是一种“副产品”，因为缺少法定规范程序的处理结果是不可能让当事人口服心服的，有效解决纠纷也就无从谈起。

基于专利民事纠纷行政处理的定位不准又会产生其他一些问题。这主要表现在以下三个方面：（1）当事人向知识产权行政管理部门提出的民事纠纷不能得到及时解决。因为当事人不服行政处理结果而提起的行政诉讼一般只解决行政行为的合法性问题，并不涉及原当事人之间的民事纠纷，因此，除了法院作出维持判决的情形外，如果原当事人想要彻底解决当初的民事纠纷，仍需等待再次行政裁决，或者向人民法院单独就原民事纠纷提起诉讼，或者通过其他途径解决。更为重要的是，将行政裁决定性为具体行政行为，意味着该行政裁决在诉讼期间也必须继续执行，故当事人在原来民事纠纷并未有效解决的基础上，又不得不先解决行政裁决的“确定力”问题。这些都不利于知识产权民事纠纷的及时解决。（2）知识产权行政管理部门在行政诉讼中的被告地位与在行政裁决中的中立第三人地位相矛盾。知识产权行政处理与司法审判在性质上具有相似性，二者均是居中解决纠纷，但是，一旦当事人不服行政裁决向法院提起行政诉讼后，行政管理部门作为被告就必须为自己作出的行政行为进行辩解，也就不可避免地要偏向于原民事纠纷当事人的某一方并为之辩护，原中立第三人的地位当然也不可能继续保持。其实，英国著名大法官丹宁勋爵曾有过一段精辟的论述：“任何以法官在行使其审判权时的言行对法官进行的起诉都是不成立的。……这倒不是因为法官有任何犯错误和办错事的特权，而是因为他应该能够完全独立地履行职责而无需瞻前顾后。……绝不能弄得法官一边用颤动的手指翻动法书，一边自问：‘假如我这样做，我要负赔偿损害的责任吗？’”❶ 虽然丹宁在这里是针对法官而言的，但是，它同样适应于居中解决纠

❶ ［英］丹宁著，刘庸安等译：《法律的正当程序》，法律出版社 1999 年版，第 70 ~ 72 页。

纷的所有裁判者，作为专利民事纠纷行政处理裁判者和调解人的相关行政机关当然也不例外。(3) 专利民事纠纷的解决途径会由于当事人最初的不同选择而相差悬殊。根据我国现行《专利法》，当事人解决民事纠纷的途径主要有三：协商解决。直接寻求司法救济。先请求行政处理，不服可再寻求司法救济。如果某个纠纷适合于行政处理，当事人也选择了行政处理的途径，但之后又对行政处理结果不服，则将这个纠纷再诉诸法院就会在司法管辖和适用诉讼法律方面与当初直接选择司法保护相差很大，并且法院对经过行政处理的案件仍然要进行全面的审查。这不仅会使当事人最初希望通过行政处理途径高效、快捷、低成本地解决纠纷的目的不能实现，而且会适得其反，久而久之，法院的全面审查制度也会使行政处理的相关资源闲置，行政处理的作用也就不能得到充分发挥。

(三) 专利民事纠纷行政处理法律效力太弱的问题

这一问题突出表现在行政处理与司法不相衔接和专利行政管理部门自己弱化行政调解的效力两个方面。前者主要体现在行政处理的结果不能很好地得到法院的尊重，对于已经过行政处理的案件，法院基本上采用的是推倒重来，全盘否定的态度。法院的相关司法解释明确规定："人民法院受理的侵犯专利权纠纷案件，已经过管理专利工作的部门作出侵权或不侵权认定的，人民法院仍应当就当事人的诉讼请求进行全面审查。"❶ 笔者认为，司法解释的这一规定反映出行政处理和司法处理二者不相衔接和缺乏协调的问题，这不仅造成行政处理资源的浪费，而且极大地损伤了管理专利的工作部门的积极性。也正是因为法院对民事纠纷行政处理的这种全盘否定的态度，知识产权行政管理部门只好最终选择彻底弱化行政处理权，而法院也逃脱不了积案沉沉的命运，❷ 这当然也不利于及时、高效、低成本地保护当事人的合法权利。

后者主要体现在专利行政管理部门在不同时期对行政调解法律效力的不同规定上。较早的《专利管理机关处理专利纠纷办法》❸ 第 22 条对专利纠纷行政调解的效力是这样规定的："经专利管理机关调解达成协议的，应制作调解书。……调解书经当事人签名或盖章、调处人员署名并加盖专利管理机关公

❶ 《最高人民法院关于审理专利纠纷案件适用法律问题的若干规定》(2001 年 6 月 19 日通过) 第 25 条。

❷ 何兵：《现代社会的纠纷解决》，法律出版社 2003 年版，第 44 页。

❸ 1989 年 12 月 4 日由国家专利局颁布施行。

章。调解书送达后，即具有法律效力。”而现在的《专利行政执法办法》[1]对行政调解效力的规定是：“当事人经调解达成协议的，应当制作调解协议书，由双方当事人签名或者盖章，并交管理专利工作的部门备案。”[2]比较这两个规定可以发现，现在的专利行政调解效力大大减弱：不仅行政调解人员的作用减小，而且没有“调解书送达后，即具有法律效力”的明确规定，取而代之的是“交管理专利工作的部门备案”。显然，专利行政管理部门的这两个规章是其对不同时期专利行政调解的一种理解和解释，具有一定的法律效力。笔者认为，现行《专利行政执法办法》对行政调解效力的修改规定反映出其对《专利法》弱化专利民事纠纷行政处理的一种误解——实际上，弱化专利民事纠纷行政处理针对的主要是行政裁决，而并不包括行政调解。专利行政管理部门自身对行政调解法律效力的新规定使得本来就举步维艰的行政处理更是雪上加霜。

（四）专利行政部门怠于行政处理和法院成为“第一道防线”的问题

这一问题是上述诸问题在实践中的集中表现。实地调研表明，近年来专利行政机关已极大程度地丧失了对民事纠纷进行行政处理的积极性，即使有关当事人向其提出行政处理请求，也怠于处理，尽可能地将其推到法院了之，使许多适合于行政处理的民事纠纷丧失了行政调解或者行政裁决的机会，另一方面也加重了法院的负担，造成司法资源紧张。其实，修改后的《专利法》之所以要弱化专利民事纠纷行政处理，其本意应该主要是基于以下两点：（1）尽量减少知识产权行政管理部门对纯民事纠纷的行政裁决权，让这些纠纷原则上通过司法解决，但是，这并不是要绝对取消专利行政管理部门对所有专利民事纠纷的行政处理权，事实上，法律仍然保留了一些民事纠纷行政处理权即是很好的体现；（2）法院并不需要也不可能成为所有纠纷解决的“第一道防线”，其只要成为解决纠纷的“最后一道防线”即可。因此，当前知识产权行政管理部门怠于行政处理专利民事纠纷，将之全部推到法院的作法并不符合立法本意，客观上也造成相关行政资源闲置，司法资源紧张，于相关权利当事人也并无裨益。

---

[1] 2001年12月17日由国家知识产权局颁布施行。

[2] 《专利行政执法办法》第19条。

三、对策与建议

针对上述知识产权行政处理弱化中的相关问题，再结合我国《专利法》第三次修改工作，❶ 笔者认为，可以在这次专利法的修改中采取如下对策和建议来完善专利民事纠纷行政处理制度。

第一，要纠正认识上的误区，消除对专利民事纠纷行政处理弱化的误解。特别是相关行政执法人员要充分认识到行政处理虽然从整体上呈现出弱化趋势，但是现行《专利法》仍然赋予了管理专利工作的部门有限的行政裁决权和较广泛的行政调解权，行政处理仍然是一种解决相关专利民事纠纷的重要手段，那种全盘否定行政处理的误解必然会导致实践中的消极处理，甚至行政不作为的违法结果。这种误解和消极行政处理的结果，从行政机关的视角看，是对依法行政基本原则的违反；从当事人的视角看，不利于其权利的及时保护；从理论上看，也与多元化纠纷解决机制原理和行政保护优势理论等相违背。

第二，《专利法》对于专利民事纠纷行政裁决的规定应定位于有效解决民事纠纷。专利民事纠纷经过行政裁决后，如果当事人对行政裁决不服，就会在当事人和管理专利工作的部门之间形成双重法律关系：原来的民事法律关系和新增的行政法律关系。围绕这双重法律关系，当事人对两种争议的态度可能表现为三种情况：（1）重民事争议，轻行政争议。这类情形的主要特点是当事人之间原来的民事纠纷并没有因为行政处理而解决，但其仍然希望解决此纠纷；对于行政裁决权的行使，当事人并没有很大的异议，其对行政处理的不满主要体现在行政处理的结果上。因此，这类纠纷本质上主要还是民事争议，当事人通过对原民事纠纷提起民事诉讼即可解决，至于对行政裁决结果不满意的问题可以通过法院附带审查的方式加以判决解决，完全没有必要坚持走先行政诉讼然后再民事诉讼的途径，这样只会使问题复杂化和增加相关成本，不利于当事人原民事纠纷及时有效的解决。（2）重行政争议，轻民事争议。这类纠

❶ 国家知识产权局已于2005年4月启动《专利法》第三次修改的准备工作；于2006年7月形成《中华人民共和国专利修订草案（征求意见稿）》，并向社会各界公开征求意见；于2006年12月27日国家知识产权局在全面整理吸纳各种意见后形成《中华人民共和国专利法修订草案（送审稿）》并上报国务院审议；《专利法》第三次修改2008年获得通过。参见“在线访谈：专利法第三次修改进展情况介绍”，载www. sipo. gov. cn，2007年1月20日访问。

纷的主要特点是原民事争议简单或者争议标的不大，但当事人认为行政裁决过程有严重违法行为或其他明显不公正的情形出现，因此，不仅当事人原本希望通过行政途径迅速解决民事纠纷的目的没有实现，而且增加了必须向行政机关讨回公道的新纠纷。这类纠纷本质上主要是行政争议，采用行政诉讼的办法解决较妥，至于原来的民事纠纷可以附带解决。一般说来，这类纠纷在现实中不会很多。（3）民事争议和行政争议并重。这类纠纷的特点是当事人既要求解决民事纠纷又要求解决行政纠纷。如何有效解决这两类纠纷，法律可以赋予当事人自由选择民事诉讼、行政诉讼抑或其他法律途径的权利。应当说，上述三类纠纷若要获得有效解决，均在一定程度上依赖于法律的明确规定。但是，现行《专利法》并没有对如何有效解决这些纠纷作出明确规定，只规定“当事人对行政裁决不服的，可以提起行政诉讼，侵权人期满不起诉又不停止侵权行为的，管理专利工作的部门可以申请人民法院强制执行”。这种规定主要着眼于行政管理和行政监督，只是将行政裁决作为一种有效管理专利秩序的工具，并没有将其定位于当事人纠纷的有效解决。在这种思路的指导下，前述三类纠纷难以及时有效地通过行政处理途径获得解决，这当然与设立专利民事纠纷行政处理制度的初衷相违背。笔者建议在《专利法》的第三次修改中要很好地体现将行政处理定位于有效解决专利民事纠纷的基本思想，具体可以针对上述三种情形作出不同规定。

第三，建议加强专利行政管理部门进行专利行政调解的法律效力。行政调解是行政处理的重要方式和内容，特别是在行政裁决受到弱化以后，行政调解在专利民事纠纷行政处理中的地位显得更加突出。而现行《专利行政执法办法》对行政调解效力的弱化规定实际上是对专利行政处理弱化的一种误解，也与人民调解等其他类型的调解在近年来效力不断强化的新趋势不符，专利行政调解的效力问题成为有效解决专利民事纠纷的一大障碍。笔者认为，专利行政管理部门应当在如何加强行政调解的效力上进行研究，并进一步作出强化规定。至少可以从以下几个方面着手：（1）可以将专利行政调解的效力恢复到以前的《专利管理机关处理专利纠纷办法》中相关规定的水平。（2）可以借鉴相关司法解释对人民调解效力的有关规定。❶（3）可以考虑借鉴《墨西哥联邦版权法》中关于版权行政调解的相关规定。例如，墨西哥版权局在版权纠纷行政调解中对拒不参加行政调解的当事人有罚款权，在行政调解中享有一些积极促成调解协议的其他权力，更为重要的是，版权行政调解协议经当事人双方和墨西哥国家版权局签字后，将被视为既决事项（res judicata）并具有强制执行力。❷

第四，相关规定应当使法院更加尊重专利民事纠纷行政处理的结果，形成司法处理和行政处理的良性互补关系。❸ 具体可以从以下三个方面采取措施：首先，在立法上树立行政裁决者不被追诉的原则。行政裁决是一种准司法性质的行为，行政机关在其中充当的是裁判者，而不是管理者，因此，对行政裁决不服提起的诉讼仍应当在原当事人之间进行，处于裁判者地位的行政机关不应当演变为被告，最多以第三人的身份出现较妥。其次，法院必须改变全盘否定行政处理结果的态度。最高人民法院可以考虑对2001年6月通过的《最高人民法院关于审理专利纠纷案件适用法律问题的若干规定》第25条作出修改，具体可以借鉴2002年9月通过的《最高人民法院关于审理涉及人民调解协议的民事案件的若干规定》第1条对人民调解法律效力的规定，赋予专利民事纠纷行政调解协议以合同的法律效力，并规定当事人不得随意变更或者解除协议。再次，全面理解司法最终解决原则。这一原则的核心内涵是指法院对各种纠纷的解决拥有最终裁决权，同时，这一原则也意味着法院并不需要也不可能成为解决所有纠纷的“第一道防线”，因此，对于那些适合行政处理的专利民事纠纷，法院完全应当从有效解决纠纷的角度积极支持专利行政管理部门的行政裁决权，形成司法和行政优势互补的和谐关系。

第五，管理专利工作的部门应当积极行使行政处理权。当前专利行政管理

❶ 《最高人民法院关于审理涉及人民调解协议的民事案件的若干规定》（2002年9月5日通过）第1条：“经人民调解委员会调解达成的、有民事权利义务内容，并由双方当事人签字或者盖章的调解协议，具有民事合同性质。当事人应当按照约定履行自己的义务，不得擅自变更或者解除调解协议。”

❷ Mexico Federal Law on Copyright (as amended in 1996), Art. 218.

❸ 2007年1月11日通过的《最高人民法院关于全面加强知识产权审判工作为建设创新型国家提供司法保障的意见》第9条和第21条均有积极构建这种良性互补关系的指导性规定。

部门怠于行政处理主要是前述问题在实践中的集中表现。笔者建议管理专利工作的部门在受理相关专利民事纠纷后，要充分发挥其主观能动性，及时有效地解决纠纷，而不要将之推到法院，使法院成为“第一道防线”。

第六节　中国专利行政保护制度的发展路径

我国《专利法》历次文本均明确规定了专利行政管理部门行政裁决专利民事纠纷、行政查处专利违法行为和行政调解专利纠纷的职能，这些职能就是人们通常所讲的具有中国特色的专利行政保护制度的内容。理论界对专利行政保护制度历来存在“去留之争”，并且这种争论在每次修改《专利法》时表现得尤其激烈。理论界的争论必然最终反映在《专利法》的历次修改之中，本部分将以此为视角，具体分析专利行政保护制度在《专利法》历次文本中的修改变化，并分析指出该特色制度内容重心的历史变迁和今后进一步发展的合理方向，从而论证并回答我国专利行政保护制度的基本发展路径。

一、《专利法》历次文本关于专利行政保护制度的规定

新中国成立后，我国《专利法》首次制定于 1984 年，之后经历了 1992 年、2000 年和 2008 年三次修改，目前共形成四个法律文本。《专利法》的四个文本中均有关于专利行政管理部门行政处理专利民事纠纷、行政查处专利违法行为和行政调解专利纠纷的规定（见表 1－12）。

表 1－12　《专利法》历次文本关于专利行政保护制度的规定

类别	1984 年《专利法》	1992 年《专利法》	2000 年《专利法》	2008 年《专利法》
对行政裁决专利民事纠纷的规定	第 60 条	第 60 条（无修改）	第 57 条（有修改）	第 60 条和第 61 条（有修改）
对行政查处专利违法行为的规定	第 63 条	第 63 条（有修改）	第 58 条和第 59 条（有修改）	第 63 条和第 64 条（有修改）
对行政调解专利纠纷的规定	第 60 条	第 60 条（无修改）	第 57 条（有修改）	第 60 条和第 61 条（有修改）

通过比较分析表 1－12 所列条款的规定及其修改，可以发现历次《专利法》关于专利行政保护制度的立法规定具有以下两方面的特征。

第一，从形式上看，历次《专利法》对专利行政保护制度规定的条款修

改频率很高。从表1－12可以看出，除了1992年第一次修改《专利法》时没有对1984年《专利法》的第60条进行修改外，其他条款在每一次修改《专利法》时都有变动。这主要是因为理论界对我国专利行政保护制度的“去留之争”比较激烈，并且这种争论一般在每次修改《专利法》时表现得尤为突出，有学者甚至认为其成了2000年第二次修改《专利法》时“争论最多、争议最大的问题”。❶ 其实，从《专利法》第三次修改过程来看，关于专利行政保护制度条款修改的争议也异常激烈。例如，国家知识产权局于2006年7月31日公开发布的《中华人民共和国专利法修订草案》征求意见稿中，涉及专利行政保护规定的修改条款就多达7条，并且其中有4条是新增内容。❷ 另外，专利行政保护制度的完善问题还被列为第三次《专利法》修改的重点问题。❸

第二，从内容上看，经过《专利法》的历次修改，特别是以2000年的第二次修改为标志，我国专利行政保护制度的内容重心开始发生改变：专利行政管理部门的行政保护职能从主要裁决专利民事纠纷转移到了主要查处专利违法行为和调解专利纠纷。也就是说，在专利行政保护的具体内容上，专利行政管理部门的行政裁决职能经历了由强变弱、行政查处职能和行政调解职能则经历了由弱变强的发展变化。

关于专利行政保护制度重心的上述转变，可以通过比较《专利法》历次文本及相应的行政法规和规章的修改变化获得论证支持。

二、专利行政管理部门的行政裁决职能由强变弱

2000年第二次修改《专利法》之前，行政裁决专利民事纠纷一直是我国专利管理机关的重要职能，甚至有学者明确指出，“按照原设计，专利管理机

---

❶ 张耀明：“专利法修改中的几个问题”，见《知识产权研究（第十二卷）》，中国方正出版社2002年版，第43页。

❷ 邓建志：《WTO框架下中国知识产权行政保护》，知识产权出版社2009年版，第337～340页。

❸ 国家知识产权局条法司编：《〈专利法〉第三次修改导读》，知识产权出版社2009年版，第95页。

关主要是民事纠纷处理机关”,❶“起着一级法院的作用”。❷ 当时专利行政管理机关的这种地位主要体现在以下四个方面：（1）在行政裁决纠纷的范围上，它可以应当事人的请求处理内容广泛的专利民事纠纷,❸ 并拥有责令停止侵权、责令赔偿损失等行政裁决权。（2）在处理专利民事纠纷的顺序上，1984年和1992年《专利法》均将专利管理机关置于人民法院之前。❹ 虽然这并不是关于行政处理前置原则的规定，但确实反映了当时设置专利管理机关行政裁决专利民事纠纷制度的重要性。实践中，这一制度确实也起到了很好地缓解人民法院审判压力的作用。❺（3）在行政裁决的程序上，引入了与司法保护相近似的纠纷处理程序原则。原中国专利局于1989年12月施行的《专利管理机关处理专利纠纷办法》引入了民事诉讼的许多重要原则，例如，在行政处理专利纠纷中遵循“不告不理”“调解”“合议”“回避”“当事人陈述意见”和“辩论的权利”等司法程序原则，专利管理机关实际上类似于按照民事审判的程序来处理专利民事纠纷。（4）在行政裁决的法律效力上，国家专利复审委员会在一定范围内享有终局行政裁决权。❻ 例如，2000年之前的《专利法》曾这样规定：“专利复审委员会对宣告实用新型和外观设计专利权无效的请求所作出的决定为终局决定。”❼

可以说，1984年和1992年《专利法》关于行政保护职能的上述规定，使

---

❶ 汤宗舜：《专利法解说》，知识产权出版社2002年修订版，第340~341页。

❷ 吴宁燕、王燕红：“论专利行政执法的必要性和发展方向——我国立法与修法立足国情的考虑”，见国家知识产权局条法司编：《专利法研究（2003）》，知识产权出版社2003年版，第152页。

❸ 根据1989年12月4日起施行的《专利管理机关处理专利纠纷办法》第5条规定，这里的民事纠纷包括：专利侵权纠纷、专利赔偿纠纷、专利申请权纠纷、专利权属纠纷、发明专利申请临时保护期间的使用费等纠纷、其他可由专利管理机关处理的纠纷。

❹ 1984年和1992年《专利法》第60条。

❺ 有关研究表明，1990年以前，专利管理部门受理的专利侵权案件多于人民法院。吴宁燕、王燕红：“论专利行政执法的必要性和发展方向——我国立法与修法立足国情的考虑”，见国家知识产权局条法司编：《专利法研究（2003）》，知识产权出版社2003年版，第153页。

❻ 此处的国家专利复审委员会不属于本书重点探讨的专利行政管理部门，但2000年《专利法》之前其对相关专利权属纠纷享有终局行政裁决权，同样属于具有中国特色的专利行政保护规定，故在此处一并加以探讨。

❼ 1984年和1992年《专利法》第43条和第49条。

专利管理机关在2000年前事实上成为一个“过渡性的民事纠纷处理机构”,❶使得专利管理机关的行政裁决与人民法院的审判在性质上基本相同，行政裁决专利纠纷也就成了当时专利行政保护制度中最为核心的内容，即重心。

而在经过2000年《专利法》的第二次修改后，专利行政管理部门“主要处理民事纠纷”的地位发生了变化：专利民事纠纷行政裁决职能明显弱化。这主要体现在：（1）管理专利工作的部门行政裁决专利民事纠纷的权力和范围缩小。原《专利法》规定的“有权责令侵权人停止侵权行为和赔偿损失”❷被修改为“可以责令侵权人立即停止侵权行为”，并取消了对专利侵权赔偿纠纷的行政裁决权。❸通过这一修改，专利行政管理部门原来处理范围广泛的行政裁决权只能局限于专利侵权纠纷，且其行政处理权限也缩小为认定是否构成侵权和责令停止侵权。（2）从处理专利民事纠纷机构的顺序排列上看，2000年和2008年《专利法》均将管理专利工作的部门移到了人民法院之后。这一方面是为了突出人民法院解决专利纠纷的职能，另一方面也意味着是对专利民事纠纷行政裁决职能的明显弱化。（3）法院加大了对管理专利工作的部门行政裁决专利民事纠纷的监督力度。当事人如果对管理专利工作的部门行政裁决专利民事纠纷的结果不服提起诉讼，法院采用的基本上是推倒重来的全盘否定态度。❹（4）国家专利复审委员会行政裁决决定的效力弱化。2000年《专利法》取消了之前《专利法》第43条和第49条关于专利复审委员会终局行政裁决权的规定。❺（5）2008年《专利法》沿袭了2000年《专利法》对管理专利工作的部门行政裁决专利民事纠纷职能的规定，基本上没有新的修改。

综上，2000年《专利法》关于专利民事纠纷行政裁决职能的这些修改及2008年《专利法》沿袭之前规定的现状表明：以2000年《专利法》的修改为标志，我国专利行政管理部门行政裁决专利民事纠纷的职能经历了由强到弱的发展变化。

---

❶ 汤宗舜：《专利法解说》，知识产权出版社2002年修订版，第32页。

❷ 1984年和1992年《专利法》第60条。

❸ 2000年《专利法》第57条。

❹ 2001年7月1日起施行的《最高人民法院关于审理专利纠纷案件适用法律问题的若干规定》第25条。

❺ 2000年《专利法》第46条。

三、专利行政管理部门的行政查处职能由弱变强

与前述管理专利工作的部门行政处理专利民事纠纷的职能明显弱化不同，其行政查处专利违法行为的职能以2000年和2008年《专利法》的两次修改为标志，呈现出明显强化的趋势。下面将对表1-12中与专利行政查处相关条款的具体内容进行比较研究，从而论证专利行政管理部门行政查处专利违法行为的职能由弱变强的观点。

（一）1984年《专利法》关于专利管理机关行政查处专利违法行为的规定

1984年《专利法》关于专利管理机关行政查处职能的规定比较简单，只在其第63条规定："假冒他人专利的，依照本法第60条的规定处理；情节严重的，对直接责任人员比照《刑法》第127条的规定追究刑事责任。"根据此规定，当时的《专利法》并没有赋予专利管理机关对假冒他人专利违法行为实施行政处罚权，而是对情节轻微的，按专利侵权论处，即适应第60条行政处理专利侵权纠纷的规定。并且，当时的《专利法》所涉及的专利违法行为仅仅是指假冒他人专利的行为，并没有包括冒称专利等其他专利违法行为。甚至有学者还认为，该条所规定的假冒他人专利行为的范围也有严格限制，即假冒他人专利的行为必须同时也是侵犯他人专利权的行为；如果行为只是未经专利权人许可而使用其专利标记或者专利号，并没有实际实施其专利，则不构成假冒他人专利的行为。❶

由此可见，1984年《专利法》关于专利管理机关行政查处专利违法行为职能的规定是非常有限和不完善的，与其前述关于行政裁决专利纠纷的职能相比，明显处于弱势和次要的地位。

（二）1992年《专利法》强化专利管理机关行政查处职能的表现

1992年《专利法》对专利管理机关的行政查处职能也规定在第63条。该条第1款完全保留了1984年《专利法》第63条的规定，但增加了第2款："将非专利产品冒称专利产品的或者将非专利方法冒称专利方法的，由专利管理机关责令停止冒称行为，公开更正，并处以罚款。"另外，1993年1月1日起施行的《专利法实施细则》第78条对该新增的第2款作出了进一步的补充规定。

通过将1992年《专利法》与1984年《专利法》的相关规定进行比较，

❶ 国家知识产权局：《新专利法详解》，知识产权出版社2001年版，第330页。

不难看出，1992 年《专利法》及其《专利法实施细则》从两个方面强化了专利管理机关行政查处专利违法行为的职能：（1）扩大了行政查处专利违法行为的范围，由 1984 年《专利法》所规定的假冒他人专利行为扩大为 1992 年《专利法》所规定的假冒他人专利行为和冒称专利行为。（2）明确规定了专利管理机关对冒称专利违法行为的行政处罚权。

（三）2000 年《专利法》明显强化管理专利工作的部门行政查处职能的表现

2000 年《专利法》在第 58 条和第 59 条分别规定了管理专利工作的部门对假冒专利违法行为和冒称专利违法行为的行政查处职能。这些规定进一步强化了管理专利工作的部门的行政查处职能，其主要表现在以下三个方面。

第一，2000 年《专利法》第 58 条所规定的假冒他人专利行为的范围扩大，即在继续保留 1992 年《专利法》规定的假冒他人专利行为必须同时也是侵犯他人专利权行为的基础上，将其扩大为 2002 年《专利法实施细则》第 84 条所规定的范围。❶

第二，1992 年《专利法》没有规定对假冒他人专利行为的行政责任，但是 2000 年《专利法》第 58 条增加规定了对假冒专利行为的以下行政责任：假冒他人专利的，由管理专利工作的部门责令改正并予公告，没收违法所得，可以并处违法所得 3 倍以下的罚款，没有违法所得的，可以处 5 万元以下的罚款。

第三，针对冒称专利的违法行为，2000 年《专利法》第 59 条增加了上限为 5 万元的罚款数额的规定。

（四）2008 年《专利法》进一步强化管理专利工作的部门行政查处职能的表现

2008 年《专利法》第 63 ~ 64 条对管理专利工作的部门行政查处专利违法行为的职能作出了规定。其行政查处职能进一步强化的具体表现如下。

第一，进一步扩大了行政查处专利违法行为的范围。2008 年《专利法》

---

❶ 2002 年《专利法实施细则》第 84 条："下列行为属于假冒他人专利的行为：（一）未经许可，在其制造或者销售的产品、产品的包装上标注他人的专利号；（二）未经许可，在广告或者其他宣传材料中使用他人的专利号，使人将所涉及的技术误认为是他人的专利技术；（三）未经许可，在合同中使用他人的专利号，使人将合同涉及的技术误认为是他人的专利技术；（四）伪造或者变造他人的专利证书、专利文件或者专利申请文件。"

第63条将2000年《专利法》第58条规定的“假冒他人专利行为”和第59条规定的“冒称专利行为”合并，统一规定为“假冒专利行为”。但是，“假冒专利行为”的具体含义并不是原来两类行为的简单叠加，而是将其扩充到了几乎是以专利名义欺骗公众并使公众造成混淆的所有专利违法行为，并且，2010年2月1日起施行的《专利法实施细则》第84条对假冒专利行为的具体内涵与外延进一步作出了明确规定。❶

第二，进一步提高了对假冒专利行为的行政处罚力度。根据2008年《专利法》第63条的规定，在有违法所得的情况下，管理专利工作的部门有权对包括冒称专利行为在内的所有假冒专利行为没收违法所得，可以并处没收违法所得4倍以下的罚款；在没有违法所得的情况下，可以处20万元以下的罚款。与此相比，2000年《专利法》第58～59条所规定的相应行政处罚力度要小得多。

第三，新增第64条，赋予管理专利工作的部门查处假冒专利行为必要的行政执法手段。❷ 在以前的三个《专利法》文本中，1984年《专利法》根本就没有规定专利管理机关对假冒专利违法行为的行政处罚权，只有从1992年

---

❶ 2010年2月1日起施行的《专利法实施细则》第84条规定：“下列行为属于《专利法》第六十三条规定的假冒专利的行为：（一）在未被授予专利权的产品或者其包装上标注专利标识，专利权被宣告无效后或者终止后继续在产品或者其包装上标注专利标识，或者未经许可在产品或者产品包装上标注他人的专利号；（二）销售第（一）项所述产品；（三）在产品说明书等材料中将未被授予专利权的技术或者设计称为专利技术或者专利设计，将专利申请称为专利，或者未经许可使用他人的专利号，使公众将所涉及的技术或者设计误认为是专利技术或者专利设计；（四）伪造或者变造专利证书、专利文件或者专利申请文件；（五）其他使公众混淆，将未被授予专利权的技术或者设计误认为是专利技术或者专利设计的行为。专利权终止前依法在专利产品、依照专利方法直接获得的产品或者其包装上标注专利标识，在专利权终止后许诺销售、销售该产品的，不属于假冒专利行为。销售不知道是假冒专利的产品，并且能够证明该产品合法来源的，由管理专利工作的部门责令停止销售，但免除罚款的处罚。”

❷ 2008年《专利法》第64条规定：“管理专利工作的部门根据已经取得的证据，对涉嫌假冒专利行为进行查处时，可以询问有关当事人，调查与涉嫌违法行为有关的情况；对当事人涉嫌违法行为的场所实施现场检查；查阅、复制与涉嫌违法行为有关的合同、发票、账簿以及其他有关资料；检查与涉嫌违法行为有关的产品，对有证据证明是假冒专利的产品，可以查封或者扣押。管理专利工作的部门依法行使前款规定的职权时，当事人应当予以协助、配合，不得拒绝、阻挠。”

《专利法》开始，才赋予专利行政管理部门对假冒专利违法行为的行政处罚职权，但并没有规定专利行政管理部门行使行政处罚职权时所必需的行政执法手段，这严重影响了专利行政保护制度的有效开展。2008 年《专利法》新增第 64 条，对管理专利工作的部门行政查处假冒专利行为所需要的调查取证手段以及当事人的配合义务作出了明确规定。

第四，2009 年《专利法实施细则》第 80 条增加规定了国务院专利行政部门应当对管理专利工作的部门查处假冒专利行为进行业务指导。而 2001 年《专利法实施细则》第 80 条只规定了国务院专利行政部门应当对管理专利工作的部门处理和调解专利纠纷进行业务指导，并没有明确规定其对查处假冒专利行为进行业务指导。

综上，经过《专利法》的历次修改，特别是经过 2000 年和 2008 年对《专利法》的两次修改后，我国专利行政管理部门行政查处假冒专利违法行为的职能出现了由弱变强的显著变化。可以认为，行政查处职能成为当前我国专利行政保护制度中最为核心的内容，即重心。也就是说，到目前为止，我国专利行政保护制度已经经历了由过去的以“行政裁决专利民事纠纷”为重心到现在的以“行政查处假冒专利违法行为”为重心的发展变化。

四、专利行政管理部门的行政调解职能由弱渐强

行政调解也是具有中国特色的专利行政保护制度的内容。它是指在专利民事纠纷当事人双方自愿并提出请求的前提下，由专利行政管理部门居中主持，促使当事人友好协商，互谅互让，达成协议，从而解决专利纠纷的方法和活动。尽管行政调解本质上是一种解决纠纷的活动，但客观上也能起到有效保护专利权主体合法权利的作用。

我国《专利法》的历次文本以及与其相适应的《专利法实施细则》均有关于专利行政管理部门行政调解专利纠纷的规定。表 1－13❶ 列出了不同时期的《专利法》及《专利法实施细则》关于行政调解专利纠纷范围的规定。

❶ 表 1－13 中历次《专利法》及其《专利法实施细则》有关行政调解专利纠纷范围的规定主要涉及以下条款：1984 年《专利法》第 60 条及其 1984 年《专利法实施细则》第 77 条；1992 年《专利法》第 60 条及其 1992 年《专利法实施细则》第 77 条；2000 年《专利法》第 57 条及其 2001 年《专利法实施细则》第 79 条；2008 年《专利法》第 60 条及其 2009 年《专利法实施细则》第 85 条。

表1-13 历次《专利法》及其《实施细则》关于行政调解专利纠纷范围的规定

1984年《专利法》及其《实施细则》的规定	1992年《专利法》及其《实施细则》的规定	2000年《专利法》及其2001年《实施细则》的规定	2008年《专利法》及其2009年《实施细则》的规定
(1) 专利侵权纠纷； (2) 在发明专利申请公布后专利权授予前使用发明而未支付适当费用的纠纷； (3) 上述有关发明专利申请的规定，准用于实用新型或者外观设计专利申请	(1) 专利侵权纠纷； (2) 在发明专利申请公布后专利权授予前使用发明而未支付适当费用的纠纷； (3) 是否属于职务发明创造的纠纷以及对职务发明创造是否提出专利申请有争议的纠纷； (4) 职务发明的发明人、设计人的奖励和报酬纠纷	(1) 专利侵权纠纷； (2) 在发明专利申请公布后专利权授予前使用发明而未支付适当费用的纠纷； (3) 专利申请权和专利权归属纠纷； (4) 发明人、设计人资格纠纷； (5) 职务发明的发明人、设计人的奖励和报酬纠纷	(1) 专利侵权纠纷； (2) 在发明专利申请公布后专利权授予前使用发明而未支付适当费用的纠纷； (3) 专利申请权和专利权归属纠纷； (4) 发明人、设计人资格纠纷； (5) 职务发明创造的发明人、设计人的奖励和报酬纠纷； (6) 其他专利纠纷

比较表1-13中的内容，不难发现，专利行政管理部门行政调解的专利纠纷范围在每一次修改《专利法》及《专利法实施细则》时均有增加，呈现出明显扩大的趋势，特别是2009年《专利法实施细则》第85条以列举加概括的方式，增加了专利行政管理部门可以行政调解“其他专利纠纷”这样的兜底性规定，更是使行政调解的范围呈现出前所未有的扩大趋势。专利行政调解的范围在历次专利法律法规修改中不断扩大的事实表明：作为我国专利行政保护特色制度重要内容之一的专利行政调解职能呈现出由弱变强的趋势，其将会在维护专利权人的权利中发挥出越来越重要的独特作用。

五、专利行政保护制度发展路径的原因分析

具有中国特色的专利行政保护制度自1984年专利法首次确立及之后呈现出上述发展路径，这并不是偶然的，而是诸多因素相互作用的结果。以下从实践与理论两个层面进行原因分析。

（一）实践层面的原因分析

总的说来，中国专利行政保护制度的确立和制度重心的转移均是与当时特定的客观实践相适用的。

专利行政保护制度在1984年《专利法》中首次确立时，并没有经历什么

争论就比较顺利地得以建立，❶ 这其实是当时客观实践的反映与要求。当时，我国的改革开放才起步，如何有效保护包括专利在内的知识产权成为我国融入国际社会必须跨越的一道门槛，而综观我国首部专利法的起草过程，尽管争论激烈，但争论的焦点主要在于要不要专利制度，而并没有深入到争论是否要设置专利行政保护制度。事实上，当首部专利法的起草工作进行到第二十四次易稿时，专利侵权纠纷的行政处理制度才由全国人大常委会补充进来，其理由也很简单：（1）考虑到该项工作是专业性很强的工作，以先由专利行政主管部门处理为宜；❷（2）当时司法薄弱，法院不具备这样的审判力量。❸ 因此，按照这样的制度设计，专利行政保护制度以行政裁决专利民事纠纷为重心就完全符合当时的客观实践。

1984 年专利法通过后，人们争论的焦点开始从“要不要专利制度”这一宏观层面的问题转入更加具体和细节的微观层面问题。专利行政保护制度属于后者。该制度确立后，学界对这一中国特色制度“去与留”的争论基本没有停止过，并且这种争论在每次修改专利法时表现得尤其激烈，甚至成为《专利法》第二次修改时“争论最多、争议最大的问题”。❹ 与这种理论上的争论相对应的是，当时我国的相关实践情况也发生了一些变化。（1）与1984 年首次确立专利行政保护制度的情况相比，到 2000 年第二次修改专利法时，我国的司法审判力量不断增强，法院逐渐取代专利行政管理部门成为解决专利民事纠纷的主要渠道。（2）TRIPS 协议在肯定知识产权行政保护制度的同时，也对这一制度设定了许多限制。例如，其第 41 条第 4 款规定了司法审查原则，要求知识产权行政终局决定必须有机会获得司法复审等，而当时我国专利行政保护制度中规定的终局行政裁决制度明显与 TRIPS 协议的规定相违背。（3）由于人们的知识产权意识不强，假冒专利等专利违法行为不断增多，其对专利市

---

❶ 赵元果编著：《中国专利法的孕育与诞生》，知识产权出版社 2003 年版，第 284 页。

❷ 吴宁燕、王燕红：“论专利行政执法的必要性和发展方向——我国立法与修法立足国情的考虑”，见国家知识产权局条法司编：《专利法研究（2003）》，知识产权出版社 2003 年版，第 151 页。

❸ 汤宗舜：《专利法解说》，知识产权出版社 2002 年修订版，第 340 ~ 341 页。

❹ 张耀明：“专利法修改中的几个问题”，见《知识产权研究（第十二卷）》，中国方正出版社 2002 年版，第 43 页。

场秩序的危害程度不断增大，因此，实践中，专利行政管理部门的行政查处职能显得越来越突出和重要。正是基于这些实践情况，2000 年专利法的第二次修改合理地弱化了专利行政管理部门的行政裁决职能，强化了行政查处职能，使得专利行政保护制度的重心出现了第一次转移：由“行政裁决”转向“行政查处”。2008 年，第三次修改后的专利法更是进一步强化了专利行政管理部门的行政查处职能。笔者认为，从目前专利违法行为频频出现且屡禁不止的现状来看，我国专利行政保护制度的此种重心状态可能还会在较长时间内持续存在。

（二）理论层面的原因分析

尽管理论界对专利行政保护制度存在去留之争，但是，如前所述，专利行政保护制度在法律实践中已经经历了由过去的以行政裁决为重心到现在的以行政查处为重心，这是一个客观事实，并且，它将来应当朝着以提供优质行政服务为基本理念和重心的方向进一步发展。其理论方面的依据主要表现在以下几个方面。

1. 专利行政保护制度的自身优势是其产生、存在和发展的基础因素

具体地说，该制度的优势主要体现在以下几个方面：（1）行政保护程序相对简便，具有便民、高效和低成本的特点。与司法保护相比，专利行政保护侧重于追求效率，以“效率优先，兼顾公正”作为基本理念，因此，运用该制度处理个案时具有立案迅速、处理纠纷的程序相对简便、结案快、方便权利人、效率高和成本低等优势和特点。（2）专利行政管理部门能够依职权主动打击专利违法行为，具有主动性特点。这一特点是遵循“不告不理”基本原则的司法保护所没有的。（3）专利行政管理部门的专业优势能够得到发挥。专利权保护必然涉及大量专业技术问题，与擅长法律的司法机关相比，专利行政管理部门具有较强的专业技术优势，因此，法律赋予专利行政管理部门行政保护的职能，能够使其专业人才优势得到充分发挥，这也是我国当初建立专利行政保护制度的一个重要理由。（4）专利民事权利的行政保护在我国有着深厚的群众基础。传统文化必然会对当前的法律制度产生较大影响。[1] 在我国传统文化里，民众请求行政长官“为民作主”向来是权利救济的重要方式。这

[1] 卢乐云：“本土法治资源视野下的初查制度根基探源”，载《湖南师范大学社会科学学报》2010 年第 1 期。

种沿袭几千年的传统表明专利行政保护制度在我国民众中存在深厚的群众基础，这也是导致专利行政保护特色制度在我国生生不息、不断发展的深层次原因。(5) 专利行政保护与司法保护在功能上能够实现优势互补。❶

2. 专利权兼具公权性质的本质是专利行政保护制度存在和发展的内在条件

专利权是一种与其他民事权利并不完全相同，兼具公权性质的私权，并且在现代社会中其公权化倾向越来越明显。❷ 与普通民事权利相比，专利权兼具公权性质的一面使得政府对专利权的介入因素不断增加，专利权的保护也就并非纯粹是权利人个人的事情，它需要专利行政管理部门承担更多的保护职责。因此，专利权兼具公权性质的属性不仅为我国实行专利行政保护制度，特别是实施行政查处制度，提供了内在条件，构成促成专利行政保护特色制度不断发展与强化的重要因素，而且为我国专利行政保护制度的重心由“行政裁决”向“行政查处”转移提供了理论依据。

3. ADR 热潮为专利行政保护制度提供了理论支持

ADR（Alternative Dispute Resolution）是指一切诉讼外纠纷解决方式的总称。当前，积极发展各种非诉讼纠纷解决机制（ADR）已经成为一种世界性的时代潮流。❸ 我国对 ADR 的探索不只是表现在学者们的理论研究上，在实践中也有了切实的尝试。例如，厦门市人大常委会于 2005 年 10 月通过的《关于完善多元化纠纷解决机制的决定》就是我国第一个以地方立法的形式对纠纷解决机制进行规范的法律文件。❹ 很明显，发端于 20 世纪后半叶的国际 ADR 热潮已经波及我国，特别是 ADR 热潮所表明的“诉讼方式（也就是司法保护方式）在很多情况下并不是解决纠纷的唯一选择或者最佳选择的理念”对我国专利行政保护制度的存在与发展产生了具有理论支持意义的影响。

---

❶ 邓建志：《WTO 框架下中国知识产权行政保护》，知识产权出版社 2009 年版，第 52 ~ 54 页。

❷ 冯晓青、刘淑华：“试论知识产权的私权属性及其公权化趋向”，载《中国法学》2004 年第 1 期；李永明、吕益林：“论知识产权之公权性质——对‘知识产权属于私权的补充’”，载《民商法学》2004 年第 9 期。

❸ 范愉：《多元化纠纷解决机制》，厦门大学出版社 2005 年第 2 版，第 1 ~ 3 页。

❹ 范愉：“多元化纠纷解决机制与和谐社会的构建”，载《厦门日报》2005 年 11 月 7 日第 14 版。

4. 行政调解职能的强化预示着专利行政保护制度今后的发展趋势

从本质上讲，行政调解不是准司法性质的行政裁决行为，也不是行政查处行为，而是为专利纠纷当事人提供的一种行政服务。因此，从这个角度讲，我国专利法经过历次修改之后，不断扩大行政调解的范围，反映出专利行政保护制度今后的发展趋势将是以为民众提供优质行政服务作为基本理念和发展方向。这一理念和方向不仅与我国当前建设服务型政府的大趋势相吻合，也是研究相关国家的知识产权行政保护制度之后的重要启示。[1]

六、结　语

综上，通过对中国《专利法》四个文本关于专利行政保护制度修改内容的比较研究与原因分析，可以论证并得出以下结论：

第一，自1984年首部《专利法》起，中国专利行政保护制度作为一个法定制度一直存在和发展着，并且将长期存在和发展下去。

第二，自1992年第一次修改《专利法》起，我国专利行政保护制度的具体内容在历次修改中都有变化。其变化趋势是：专利行政管理部门行政裁决专利民事纠纷的职能呈现出由强到弱的变化趋势；专利行政管理部门行政查处假冒专利违法行为的职能和行政调解专利纠纷的职能呈现出由弱到强的变化趋势。

第三，以2000年《专利法》的修改为标志，我国专利行政保护制度的内容重心已经发生第一次转移：由过去的以行政裁决专利纠纷为重心转移到现在的以行政查处专利违法行为为重心。

第四，从长期发展趋势来看，我国专利行政保护制度可以遵循以下发展路径：过去的以行政裁决专利纠纷为重心——现在的以行政查处假冒专利等违法行为为重心——将来的以提供优质行政服务为基本理念和重心。

---

[1] 邓建志：《WTO框架下中国知识产权行政保护》，知识产权出版社2009年版，第150页。

第二章 商标篇

第一节 商标侵权使用中商标价值增殖利益之归属*

一、问题提出

2012年发生在唯冠科技（深圳）有限公司（以下简称“深圳唯冠”）与苹果公司之间的“IPAD”商标纠纷案无疑是近几年来知识产权领域的重磅事件。❶ 这场蛇象之战虽以和解落幕，但其潜在的法律问题值得深思。如果争议双方和解失败而不得不通过诉讼途径解决纷争，则苹果公司败诉风险甚大，因为根据我国现行《商标法》的规定，❷ IPAD商标权由注册商标权人深圳唯冠拥有。但是，此时的IPAD商标，在经过侵权人苹果公司连续多年的商标使用

* 本节作者为邓建志、雍彬。

❶ 2009年苹果公司以3.5万英镑对价通过关联公司与台湾唯冠签署了包括深圳唯冠“IPAD”商标在内的商标转让协议。但因台湾唯冠与深圳唯冠各为独立法人，前者并未取得后者关于商标售卖的授权，且苹果公司的关联公司在签订书面商标转让协议后，并未按我国《商标法》第42条规定办理转让申请手续，以致虽然苹果公司在大陆范围多年大张旗鼓售卖IPAD标示产品，但案发时，在大陆范围内深圳唯冠仍是IPAD商标注册人。资料来源：http：//news. china. com. cn/rollnews/2012－07/03/content_14957818. htm，2012年7月12日访问。

❷ 我国《商标法（2013年修改）》第3条规定：“商标注册人享有商标专用权。”

与品牌经营后，已在商标价值❶上实现了巨额增殖。❷ 由此，双方将面临一个问题，即由侵权商标使用人苹果公司创造的 IPAD 商标价值的增殖部分权益应当归属于谁？若由商标权人深圳唯冠享有，则对商标价值的真正创造者苹果公司显属不公；若由商标侵权人苹果公司享有，那么其作为侵权人享有该权益是否具有正当性？其法理依据又是什么？也就是说，IPAD 商标案提出了本书将要研究的如下问题：基于侵权行为而使商标权人❸与商标使用人（侵权人）❹非为同一主体时，因后者的努力经营与使用使该商标价值发生了巨额增殖，那么该商标使用人（侵权人）能否享有其创造的商标价值增殖权益？

对于此问题，我国 2013 年新修改的《商标法》并没有规定，理论界也基本上没有专门研究，甚至连商标价值增殖权益的创造者（商标侵权使用人）除了发出“为他人作嫁衣裳”的叹息外，也并没有充分意识到自己是否能够分享此增殖权益。❺ 而实践中出现此情况时，所面临的客观现状是，商标权人往往基于拥有商标权的先天优势和便利，“理所当然”地占有了这一部分由他人创造的增殖权益。显然，这一现状有悖于法之公平原则和市场经济之良性规则。本书将在探讨基于侵权使用产生的商标价值增殖情形及其权益归属差异的

---

❶ 严格地说，是商标权而非商标产生价值，作为市场交易标的的是商标权，市场主体创造或交易商标，实质在于获得隐藏其中的商标权益，但考虑到商标价值之称呼已成为习惯，一般与商标权价值不作严格区分。故如无特别说明，本书所称商标价值，即为商标权价值。

❷ 此处采用“增殖”而不是“增值”一词，是因为作为专业术语，表述市场经济活动中价值增加之意，用“增殖”一词更为妥当，也更能真实、全面地反映商标价值形成的本质及过程。关于“增殖”与“增值”含义的区别，经济学与语言学领域对此有较为深入的分析，可以参考靳共元：“再论‘增值与增殖’——兼谈我国的彩票业及其他经济错位”，见中国《资本论》研究会第七届年会暨第 12 次学术会议交流论文；韩朝华：“‘增值’与‘增殖’”，载《经济学茶座》2013 年第 11 期。

❸ 即商标法中的“注册商标专用权人”或“商标注册人”；在 IPAD 商标案中是指“深圳唯冠”。

❹ 在 IPAD 商标案中侵权使用人（侵权人）是“苹果公司”。

❺ 近年来，在商标权人与商标使用人分离的情形下，出现了一些经商标使用人长期使用与经营该商标而使商标价值巨额增加的案例，例如，除本书探讨的 IPAD 商标案外，另一个典型案例是王老吉商标案。但是，公开报道显示，这些商标使用人均没有提出过分享其创造的商标增殖权益的诉求，这在一定程度上表明，商标使用人及其诉讼代理人并没有意识到此种权利诉求的存在。

基础上，分析指出故意侵权的商标使用人无权享有其创造的商标增殖权益，但是，过失侵权或善意侵权的商标使用人享有该权益具有正当性和法理依据，并在此基础上提出完善我国《商标法》的具体措施与建议。

二、基于侵权产生的商标价值增殖及权益归属情形

根据侵权人使用商标时的主观状态，商标侵权大体上可分为故意侵权、过失侵权和善意侵权三类。由此，基于侵权产生的商标价值增殖情形也可相应地分为基于故意侵权产生的商标价值增殖、基于过失侵权产生的商标价值增殖和基于善意侵权产生的商标价值增殖三类。但是，对于不同类型的侵权行为所产生的商标价值增殖权益，其应当归属于谁，不宜一概而论，要具体问题具体分析。

（一）基于故意侵权产生的商标价值增殖及其权益归属

故意侵权使用商标是指商标使用人明知自己未取得商标权人许可而从事商标使用的行为。在此情形下，商标使用人（故意侵权人）的目的是赚取通过生产或销售带有该商标的产品或服务所带来的直接利润，其不会也不可能追求通过使用该商标而实现该商标价值增殖，从而分享该增殖权益的目标。这主要是因为对于故意侵权商标使用人来说，他非常清楚自己的商标使用行为具有以下特点：(1) 所使用的商标不属于自己；(2) 使用该商标没有获得商标权人许可，属于侵权行为；(3) 故意侵权使用他人商标的行为每时每刻都面临遭受法律惩罚❶的极大风险。基于此，故意侵权的商标使用人不可能在侵权使用商标的过程中进行商标经营、管理及相关投入，故通过该商标使用行为使商标价值增殖的情况不会出现或极少发生。另外，即使发生了商标价值增殖的情形，由于商标故意侵权人的主观恶性，根据侵权责任的一般原理和《商标法》的明确规定，❷ 其获得的任何收益也不应受到法律保护。因此，商标使用人无权享有基于故意侵权产生的商标价值增殖权益，该权益归属于商标权人，并不存在争议。

---

❶ 这里的法律惩罚包括商标侵权民事赔偿与相关行政处罚等。

❷ 《商标法》第63条中对恶意侵犯商标专用权行为作出了特别规定："对恶意侵犯商标专用权，情节严重的，可以在按照上述方法确定数额的一倍以上三倍以下确定赔偿数额。"

（二）基于过失侵权产生的商标价值增殖及其权益归属

过失侵权使用商标是指商标使用人误以为已获得该商标的专用权或商标使用权，而使用、经营该商标，但因某些非本人意愿因素并未获得合法使用商标的权利。与前述故意侵权使用商标不同的是，过失侵权人使用商标时，很可能存在以下情况，即他并不知道自己使用商标的行为具有违法性，而是误以为所使用的商标是自己的商标或经过合法授权的商标，因此，商标过失侵权使用人有可能花费较大的投入来经营和管理商标，打造品牌，从而使商标价值产生巨大增殖。一般说来，出现此种情形时，往往具有以下特点：（1）侵权人存在主观过失，即误以为自己是合法的商标权人或商标使用人；（2）该主观过失的发生非商标使用人（侵权人）本意，而系疏忽大意或过于自信行为造成；（3）过失侵权人在经营和管理商标上有长时间的较大投入，并使商标价值增殖。

尽管过失侵权使用商标并使该商标价值出现较大增殖的现象并不太多，但确有发生，前述 IPAD 商标案就是一个典型个案。另外，在过失状态下，商标权人与商标使用人签订的商标转让协议或商标许可使用协议条款存在瑕疵，被法院依法认定无效或予以撤销的情况下，在签订协议时至被认定为无效或撤销期间，也可能因过失侵权人（商标使用人）的使用而使商标价值发生增殖。例如，企业甲将其商标 A 转让给企业乙，并签订了转让协议，但在到商标局办理变更手续前，甲又与丙签订商标许可使用协议，将此商标授权丙独家使用（甲、丙因故未办理商标使用许可合同备案），期限 10 年。之后，甲、乙办理了商标转让手续，但不知情的丙继续使用该商标，并凭借自身产品实力及完善的营销体系，使 A 商标逐渐成为知名品牌，其商标价值迅速提高。若干年后，乙发现丙一直在侵权使用此商标，要求其停止使用该商标，并对其商标侵权行为提起诉讼。此纠纷中丙因未按商标法规定办理备案，存在过失，但这并不影响商标许可使用协议的效力；丙虽客观上侵犯了乙的商标权，但其权利基础存在瑕疵并不能理所当然地剥夺丙享有其创造的商标价值的权益。在此案中，丙作为商标过失侵权人（商标使用人）应当承担相应的商标侵权民事赔偿责任与行政处罚责任并无多大争议，[1] 但不能因此否定其付出努力所创造的商标价

[1] 《商标法》第 63 条："侵犯商标专用权的赔偿数额，按照权利人因被侵权所受到的实际损失确定；实际损失难以确定的，可以按照侵权人因侵权所获得的利益确定；权利人的损失或者侵权人获得的利益难以确定的，参照该商标许可使用费的倍数合理确定。"该条款中，并未排除过失侵权类型。

值。在商标价值增殖权益的分享体系里，商标使用人（过失侵权人）能否分享该增殖权益，《商标法》语焉不详，理论界很少有研究，因此，基于过失侵权产生的商标价值增殖权益归属问题成为本书重点研究的内容。

（三）基于善意侵权产生的商标价值增殖及其权益归属

善意侵权使用商标是指在不知情的状态下销售或者使用了侵犯他人商标权的产品的行为。善意侵权人在使用商标时，其主观上并没有侵权的故意和过失，只是在客观上侵犯了他人的注册商标权。[1] 一般说来，商标善意侵权人的销售或使用行为难以推动商标价值产生增殖，或其增殖可以忽略不计。这主要是因为善意侵权人与前述故意侵权人使用商标有以下相似之处。(1) 其使用商标的目的具有相似性，即通过销售带有某商标的产品而获得直接利润；(2) 其非常清楚地知道所使用的商标并不属于自己，因其并没有获得商标权人的直接授权或许可而使用该商标。另外，善意侵权使用商标的行为通常在小范围内进行，善意侵权人不会也不可能对该商标本身的经营与管理进行较大投入，从而使该商标价值出现较大增殖。即使经善意侵权人之行为使商标价值发生了增殖，结合过失侵权人之论述，举重以明轻，善意侵权商标使用人当然有权要求享有其创造的商标价值，即基于善意侵权产生的商标价值增殖权益不应归属于商标权人，而应归属于商标使用人，也不会有争议。

综上所述，三类基于侵权使用产生的商标价值增殖情形中，基于恶意侵权和善意侵权产生商标价值增殖的可能性不大，即使产生了增殖，在恶意侵权中，该增殖权益应当归属于商标权人，而不能归属于商标侵权使用人；而在善意侵权中，则恰恰相反，应当归属于商标权人。这两种情形一则发生概率甚小，二则也无太大争议，故无须作进一步论述。但是，基于过失侵权产生的商标价值增殖权益应当归属于商标权人还是过失侵权商标使用人，则是一个需要从理论上予以论证分析的问题。

三、过失侵权商标使用人享有商标增殖权益的法理依据

过失侵权商标使用人能够享有其创造的商标价值增殖权益，其法理依据主

[1] 例如，我国《商标法》第64条第2款规定：“销售不知道是侵犯注册商标专用权的商品，能证明该商品是自己合法取得并说明提供者的，不承担赔偿责任。”此条款中所涉及的行为就是善意侵权使用商标的行为。

要表现为该商标侵权行为可以适应不真正无因管理中的误信管理理论。

（一）侵权使用商标行为具有不真正无因管理的属性

不真正无因管理，亦称准无因管理，是指为了自身而非他人的利益，管理人管理他人事务之行为。不真正无因管理除了欠缺无因管理的主观要件外，二者的另外一个重要区别是：无因管理主要是基于保护管理人权益和社会公序良俗之考量，将“干涉他人之事”的不当行为合法化；而不真正无因管理的本质是非法行为，是为保障受害人（本人）的合法权益而设立的法律制度。不真正无因管理出现的基础原因是，传统的民事法律制度在解决使用或处分他人之物所生溢价如何归属的问题上面临困境，❶ 即对该溢价部分的处理适用侵权法、合同法或不当得利制度等均不能有效解决。❷

目前，我国民事法律并没有确立不真正无因管理制度来规制前述溢价问题，但是，一些国家或地区，如德国、瑞士和我国台湾地区等，在立法中均明确了不真正无因管理制度，其他一些国家，如法国、日本、美国等也采取了类似于不真正无因管理的法律措施，调整处分他人之物所生溢价产生的法律关系，以平衡权利人与管理人之间的权益关系。

侵权使用商标致商标价值发生增殖的行为，其本质为非法处分他人之物，并产生了增殖收益，具有不真正无因管理的属性。易言之，基于侵权使用产生商标价值增殖的现象是不真正无因管理制度在知识产权领域的一种具体表现，因此，在探讨解决基于侵权使用商标所产生的商标价值增殖权益归属问题时，可以借鉴不真正无因管理制度的合理内核。

（二）过失侵权使用商标之行为可纳入不真正无因管理中的误信管理

笔者认为，根据管理人主观状态不同，不真正无因管理可以分为恶意管理

❶ 如果处分他人之物时没有发生溢价，那么适用侵权法全面赔偿原则或合同法损害赔偿规则就可以保护好本人的权益。

❷ 例如，甲的一个画家朋友乙在出国之前，将其一幅价值10万元的画作（经过专业评估）交由甲保管，后甲不幸病故，甲之子丙误以为该画作为甲之遗物，遂运用自己所学营销专业知识将画作变卖得15万元（假设该画作本身价值未发生变化）。乙归国知晓后，与丙协商要求返还该画作，未果，向丙索赔15万元，此时若将15万元全部返还于乙，对付出努力的不知情人丙而言则明显不公平。若进一步假设，甲、乙当时存在保管合同关系，约定乙支付一定保管费用，甲却在保管期间故意将画作变卖得15万元，在第三人善意取得该画作情况下，乙无论依据合同法、还是侵权法、或不当得利规定，对甲额外得利的5万元均无充分请求权，但若纵容甲得此5万元，则有违法之公平公正原则。

与误信管理两种类型。恶意管理是指管理人明知道非自己之事务，却为了自己的利益而管理该事务的不真正无因管理行为。在恶意管理中，管理人以取得管理效果为目的，主观上为自己而管理，客观上将管理利益归属于自己，并极有可能对权利人造成损害。恶意管理是最典型、最常见的不真正无因管理行为，但它并不是不真正无因管理的全部内容。遗憾的是，一些国家的法律及其学者在探讨不真正无因管理制度时，直接将恶意管理等同于不真正无因管理，不再考虑其他情形。另外，我国学界普遍将恶意管理称之为“不法管理”。笔者认为此称谓并不妥当，因为不真正无因管理本质上是侵权行为，是一种不法行为，如将“恶意管理”称之为不法管理，不能与其他类型的不真正无因管理（如后述的误信管理）很好地区分开来。采用恶意管理称谓，不仅可以体现此类不真正无因管理行为的最大特点，即“不该为而故意为之”的主观状态，也利于与其他类型的不真正无因管理行为相区分。

误信管理是指管理人误以为其所管理的事务为自己事务并加以管理的不真正无因管理行为。如前文所述案例中，丙变卖继承画作行为即属于误信管理，因为丙在变卖画作时并不知该画作系他人所有，误以为是继承而来，即使是其未尽审查物品来源之义务，也只是一种过失，并不存在故意之状态。产生误信管理之缘由或因本人过失、或因管理人过失、或二人均有过失、抑或二人均无过失。一般说来，产生误信的不同原因对应着不同的法律关系，管理人由此承担的法律责任也不尽相同。

基于对不真正无因管理的上述分类，不难看出，过失侵权使用商标之行为属于不真正无因管理中的误信管理。

（三）误信管理的法律效力

如前文所述，本书研究的重点是探讨基于过失侵权引起的商标价值增殖权益之归属问题，而过失侵权使用商标之行为可归入不真正无因管理中的误信管理，因此，解决该归属问题，可以从不真正无因管理中有关误信管理的法律效力理论获得支持。

我国法律并未确立不真正无因管理制度，更无其法律效力的规定。但是，一些国家的立法对此有明确规定。例如，德国是确立不真正无因管理制度的典型国家，《德国民法典》把这种形式的债的发生原因称为“无委任的事务管理”，并在该法典的第 687 条第 2 款作出了明确规定。❶ 有学者分析指出，在德国法中，不真正无因管理行为主要遵循两种处理路径：（1）运用民事特别法——知识产权法来调整知识产权侵权领域产生的该类纠纷。具体的调整操作方法是，将知识产权侵权案件中，侵权人因侵权行为产生的各种利益，包括被侵权客体本身的价值及其所产生的溢价收益，全部纳入知识产权权利人可得向侵权人请求赔偿的范围。（2）对于其他非知识产权领域的该类纠纷，类推适用无因管理制度中管理人对于本人的返还义务，即规定所谓的不真正无因管理制度而达到与前一种路径相同的规范效果，管理人有权请求本人支付管理中产生的必要费用，乃至有益费用。❷ 受德国法影响，瑞士❸和我国台湾地区❹也对不真正无因管理制度作出了类似规定。

比较上述国家或地区有关不真正无因管理制度的规定，不难看出，它们存在以下共同特征：普遍将不真正无因管理等同于或仅仅局限于恶意管理，并认为本人在所得利益范围内对管理人负有支付必要管理费用的义务。笔者认为，上述国家或地区的法律对不真正无因管理中的恶意管理与误信管理不作区分，势必会在一定程度上产生不合理的法律后果。例如，在恶意管理中赋予管理人必要费用请求权，显然有鼓励侵权之虞，因为恶意管理人将原物及收益返还于本人，本人再支付恶意管理人必要的管理费用，恶意管理人似乎并未为自己的错误行为付出任何代价。更严重问题在于，处分他人之物而产生溢价的情形属于极少数，更多是使处分之物发生价值减损，损害了本人的合法权益及正常的市场秩序，为了维护恶意管理人所谓的劳动成本——必要管理费用，而让本人权益与市场秩序处于不可预测的风险之下，这显然是荒唐的。又如在误信管理

❶ 《德国民法典》第 687 条第 2 款规定：“某人虽知道自己无权将他人的事务当作自己的来对待却这样做的，本人可以主张基于第 677 条、第 678 条、第 681 条、第 682 条而发生的请求权。本人主张这些请求权的，依照第 684 条第 1 句对管理人负有义务。”陈卫佐译：《德国民法典》，法律出版社 2006 年第二版，第 274 页。

❷ 龙渊智：《不真正无因管理研究》，中国政法大学博士学位论文 2010 年，第 8 页。

❸ 《瑞士债法典》第 423 条规定：“管理人非为本人利益而实施行为的，本人有权取得对方行为所获得利益。本人只需在所得利益的范围内对管理人给予赔偿。”吴兆祥、石佳友、孙淑妍译：《瑞士债法典》，法律出版社 2002 年版，第 135 页。

❹ 现行“台湾地区民法典”第 177 条规定：“管理事务不合于前条之规定时，本人仍得享有因管理所得之利益，而本人所负前条第一项对于管理人之义务，以其所得之利益为限。前项规定，于管理人明知为他人之事务，而为自己之利益管理之者，准用之。”

行为中，将基于过失处分他人之物产生的收益返还于本人，于真正的价值创造者——管理人而言，则是不公正的，明显损害了只存在过失瑕疵过错的管理人的权益。

笔者认为，上述国家或地区有关不真正无因管理行为法律效力的规定，特别是其将不真正无因管理等同于恶意管理的做法并不合理，因此建议在规定不正直无因管理的法律效力时，应当区分恶意管理行为和误信管理行为，并分别规定之。具体论述如下。

在恶意管理行为发生时，恶意管理人显然是为了获得不法权益。针对这一行为，应当予以惩戒，应当将本物价值返还于本人，管理中产生溢价的，溢价部分一并返还，这在已确立不真正无因管理制度国家的立法中与理论界均无争议。尚有异议的是此种情形本人是否有义务支付管理人必要的管理费用。笔者认为，恶意管理人无权获得必要费用，即使在其管理产生溢价的情况下亦是如此，否则，不仅违背“任何人都不得从自己的错误行为中获利”之法谚，而且有诱发恶意侵权行为的社会道德风险。应该清楚地意识到，恶意管理人在实施管理行为之初就积极追求，至少放纵侵权恶果发生，此时，侵权人应当受到惩罚，其侵权所得均不应得到支持，侵权中的“付出”也应是自食恶果。

与恶意管理不同，在发生误信管理行为时，侵权并非误信管理人的本意，相反，它恰恰是误信管理人所要避免的，只是因为疏忽大意或过于自信才导致侵权的发生，因此，该行为的目的显然不是为了获得不法权益。同时，不应当忽视误信管理人为此付出的巨大努力。日本著名法学家我妻荣认为处理他人事务而获得的超出一般的、合理的和意料之外的利益，管理人不将此利益返还给本人符合公平原则，因为这里的管理人可能具备特殊的才能和遇上了极好的机会。❶ 因此，误信管理人在返还原物之后，如果其误信管理行为造成本人权益的损害，在赔偿因其过失而处分他人之物所致本人遭受的损失之后，其创造的其他溢价，法律应当予以认可与保护，即此种情形中，误信管理人应当将本物价值返还于本人，管理中产生溢价的，管理人有权要求享有。反之，本人拒不归还溢价的，则构成不当得利。另外，导致误信管理行为的原因也比较复杂，本人与管理人的过失皆有可能，若是由本人过失所致误信管理，则基于误信管

❶ ［日］我妻荣著，于敏译：《我妻荣民法讲义——债法各论（下卷一）》，中国法制出版社 2008 年版，第 37～38 页。

理他人之物所生溢价归属于该误信管理人更是理所当然。

（四）误信管理理论在商标过失侵权行为中的适用

在商标权人与商标使用人分离情形下，商标使用人未经商标权人许可，过失侵权使用商标致商标价值发生增殖的行为，与不真正无因管理中的误信管理在本质上是一致的，相互具有内在契合性，因此，在解决基于过失侵权而产生的商标价值增殖权益归属问题时，可以将误信管理理论适用到该行为。具体说来，在过失侵权情况下，商标侵权行为属于误信管理，侵权人并非有意为之，只是出于懈怠或过于自信，其对市场秩序危害并不太大。过失侵权人在承担法律规定的责任，即赔偿因其过失行为对商标权人造成的损害后，其创造的权益应当受到保护，商标价值发生增殖的，其有权要求享有。否则，商标权人占有该增殖权益的，则为不当得利。

持有异议者可能会认为，商标过失侵权人作为过错方理应受到惩罚，认可过失侵权人拥有这部分价值有放纵侵权违法行为之嫌，况且商标权人为无过错方，拥有商标专有权，其对商标有控制、使用、收益、处分的权利，故商标权人享有这部分价值更为妥当。异议者的理由看似充分，实则不然，理由如下。

众所周知，民事惩罚的目的不外有三：其一为特别预防。通过民事赔偿及必要的惩罚性赔偿、行政处罚等措施加大侵权人的违法成本，使侵权人切实认识到所犯之错，令其不敢再犯。其二为填补原则。此项为特别预防引申而出，受害人因侵权遭受的损失应该得到相应的民事赔偿，以尽可能使受害人恢复到所受损害之前状态，但一般应遵循双方（侵权人与受害人）均不能从侵权行为中获益的原则。其三为一般预防。通过上述两种措施，不仅对受害人的损失进行了相应赔偿，也加大了侵权人的违法成本，这些均可对其他人产生足够的警示，让人意识到这种侵权是没有益处的，即使短暂收益，与所受惩罚而言，也是得不偿失的，从而在社会范围内达到一般预防之目的。除此之外的惩罚，笔者认为都是多余且不正当的，毕竟惩罚只是手段，而不是目的，不能为了惩罚而惩罚。

根据上述民事惩罚理论，商标使用人因过失侵权当然应该受到惩罚，法律不仅规定其要付出相应民事赔偿的代价，而且面临相应的行政罚款，这些都是惩罚的必要目的，以使过失侵权行为中的商标使用人引起高度注意和提高审查能力，避免在以后的商标使用行为中再出现类似的错误。但过失侵权人使用过程中创造的商标价值不应在惩罚范围内，这种额外的惩罚显然于惩罚目的而言是没有任何益处的，甚至可能是有害的。一是不利于鼓励经营者在市场经济活动中创造品牌，二是可能会出现商标权人纵容过失侵犯商标权行为的现象，因为商标权人即使发现自己的商标被侵害，但由于过失侵权人（商标使用人）的行为对其商标价值提高有利，便缺乏积极维权的动力，因而消极地放纵这一行为。

那么，会不会发生如异议者所言放纵商标侵权，或变相放纵大公司侵权使用小公司商标的事情发生呢？答案显然是否定的。小公司侵权使用大公司的商标并使之增殖的情形发生概率极小，几乎是不可能的，因为提高商标的价值不仅需要一定的时间保证，而且意味着巨大的财力、物力、人力的投入，这些都并非小公司所能承受的，也不是它侵权使用商标的目的，它更多的是一种为了短期经济利益的纯粹商标侵权，即故意侵权。另外，大公司一般也不会主动或故意侵权使用小公司的商标。经验表明：发生此种情形一般是商标权人与商标使用人签订商标转让或许可使用协议时，协议存在瑕疵，导致协议无效；抑或商标使用人对当地的法律法规不熟悉。无论如何，这些都不是商标权人与商标使用人的本意，因此，通常情况下并不会出现大公司恶意侵犯小公司商标，倚强凌弱之局面。

综上，过失侵权使用他人商标并使该商标价值增殖的行为确有可能发生，且一般是某些客观原因所致。在此情形下，依法对过失侵权人予以相应法律惩罚后，也应当尊重其创造的增殖价值权益，而不是任意剥夺。依据不真正无因管理中误信管理行为处理规则，过失侵权商标使用人有权要求享有其创造的商标价值增殖权益，如果商标权人占有该部分增殖价值，则构成不当得利。

四、商标权人占有他人创造的商标增殖权益构成不当得利——以 IPAD 商标案为例

在前文详细论证商标过失侵权使用人有权享有其创造的商标价值增殖权益具有法理依据的基础上，下面，再以 IPAD 商标案为例，实证分析商标权人无权享有过失侵权人所创造的商标增殖权益。其法律依据是不当得利制度。[1]

在 IPAD 商标案中，如果法院判决苹果公司败诉，深圳唯冠继续拥有 IPAD

[1] 我国《民法通则》第 92 条规定：“没有合法根据，取得不当利益，造成他人损失的，应当将取得的不当利益返还受损失的人。”

商标大陆范围内的专有权，则意味着，几年来，苹果公司在大陆范围内销售标有 IPAD 商标产品的行为属于不真正无因管理中的误信管理行为。那么苹果公司应当按照《商标法》规定赔偿深圳唯冠所受损失，但是 IPAD 商标价值增殖部分于深圳唯冠而言则属不当得利，深圳唯冠无权占有苹果公司创造的 IPAD 商标价值增殖权益部分，其应当由该增殖价值的真正创造者苹果公司享有。对此，可以把不当得利构成要件理论❶适用于 IPAD 商标案，以证其义。

第一，是一方取得利益。深圳唯冠因此受有利益是显而易见的，该利益即为 IPAD 商标价值增殖部分。2009 年台湾唯冠将欧盟等 10 个国家和地区（含大陆范围）的 IPAD 商标以不到 40 万元人民币价格卖给 IP 公司，❷ 可见当时深圳唯冠拥有的 IPAD 商标价值肯定不会超过 40 万元。而据相关分析，IPAD 商标案尚在诉讼阶段之时，IPAD 商标就已被估值千万美元。❸ 另外，深圳唯冠与苹果公司最终以 6000 万美元达成和解协议，也有力地证明深圳唯冠拥有的 IPAD 商标价值不菲，与往昔相比，发生了巨大增殖。虽然商标价值具有相对不确定性特点，但在某一具体时间段内进行估值是可行的。如本案，在判决时委托专业评估公司，给大陆范围内 IPAD 商标价值进行无形资产评估，可确定其价值，然后由深圳唯冠举证 IPAD 商标价值原始价值部分，再由法官斟酌之间差价，得出大陆范围内 IPAD 商标价值增殖部分，故深圳唯冠受有利益是可以确定的。

第二，是致他方受到损失。IPAD 商标案中，若法院判决苹果公司侵权，深圳唯冠继续拥有 IPAD 商标，则苹果公司受到损失似乎是不言而明的，因为大陆范围内 IPAD 商标价值增殖部分本是苹果公司持续投入、努力经营而产生的。事实上，IPAD 商标价值增殖部分正是其每一个售出产品中社会必要劳动时间部分转化累积而形成的，失去这部分社会必要劳动时间创造的价值，于苹果公司而言表现为直接损失。针对异议者所言这是苹果公司侵权在先，所受损失是“自作自受”，因而无所谓损失。此观点难以成立，因为认定受损方是否

---

❶ 构成不当得利一般应具备以下四个要件：一方取得利益；另一方受到损失；该损益之间具有因果关系；以及取得利益没有法律上的原因。

❷ IP 公司是苹果公司设立的关联公司。

❸ 深圳唯冠与苹果公司尚在处理关于 IPAD 商标权属争议期间，大陆范围内的 IPAD 商标就多次被传出要被拍卖，且经业内人士预估拍卖价将在千万美元级别。载 http://bbs.vc52.cn/thread-155262-1-1.html，2013 年 4 月 24 日访问。

利益受损并不考虑其主观状态，只要客观上一方受有利益而导致另一方遭受损失，则可以认为构成“致他方受到损失”这一要件。

第三，是损益之间具有因果关系。显然，在IPAD商标案中，对于大陆范围内IPAD商标价值增殖部分，深圳唯冠占有该增殖权益，即为苹果公司所遭受的损失，两者存在直接因果关系。

第四，是无法律上的原因。在IPAD商标案中，此要件就是指深圳唯冠取得IPAD商标价值增殖部分无合法依据。虽然深圳唯冠在大陆范围内拥有IPAD商标权，对IPAD商标有控制、使用、收益、处分的权利，但是，众所周知，IPAD商标价值增殖权益并不是由商标权人深圳唯冠努力经营使用该商标而产生的，而是由苹果公司创造的。“谁创造价值，谁就享有权益”，这是市场经济的一般规律，也是常识，因此，苹果公司享有该增殖权益理应得到尊重，深圳唯冠享有该增殖权益并无法律依据。

由此可见，在IPAD商标案中，苹果公司虽然应当对自己过失侵犯深圳唯冠IPAD商标权的行为承担相应的民事赔偿和行政处罚责任，但是，深圳唯冠占有由苹果公司创造的IPAD商标增殖权益构成不当得利，应当予以返还。也就是说，经商标过失侵权使用人经营与使用而使该商标价值发生增殖的，其有权以不当得利为诉由，要求享有其创造的商标价值增殖权益。

五、完善侵权所致商标增殖权益归属的建议

基于上述研究，笔者提出以下建议，以求解决基于侵权产生的商标价值增殖权益归属问题。

（一）侵权所致商标价值增殖权益的不同归属

基于侵权使用商标而产生商标价值增殖的行为，可在理论上适用不真正无因管理制度。在确定商标使用人（侵权人）能否享有其创造的商标价值增殖权益时，应视侵权人的主观状态而确定。对于故意侵权，基于该侵权行为的主观恶性，因此，故意侵权商标使用人无权要求享有该增殖权益，该增殖权益应当归属于商标权人；对于过失侵权，则基于误信管理理论，商标使用人（过失侵权人）有权享有其创造的商标增殖权益，商标权人占有该增殖权益的，构成不当得利，应当予以返还；对于善意侵权，通过该使用行为致商标价值增殖的可能性极小，一般不会发生增殖权益归属问题，若万一确实发生了，则该商标增殖权益应当归属于善意侵权商标使用人。

当然，由于商标价值（包括增殖部分）不可能脱离商标而单独存在，商标过失侵权使用人一般难以直接享有其创造的增殖权益，其可以根据自己创造商标价值增殖量的大小，要求商标权人给予相应的补偿。

（二）在商标法中确立商标过失侵权使用人诉求商标价值增殖权益的条款

我国商标法可以增加保护和支持商标过失侵权使用人享有其创造的商标价值增殖权益诉求的条款，建议在《商标法》第七部分“注册商标专用权的保护”中增加相应条文，并可表述为：

在注册商标权人与商标使用人相分离时，商标使用人因过失侵权而长期经营和使用该商标，并使该商标价值发生增殖的，对该增殖权益，注册商标权人应当给予使用人相应补偿，但注册商标使用人恶意侵犯商标专用权的除外。

确定前款规定的补偿数额时，可以考虑商标使用期限、商标价值增殖量、商标使用人对商标价值增殖的贡献以及商标使用人的主观状态等合理因素综合确定。

由此，在过失侵权情形下，商标使用人即取得享有商标价值增殖权益的诉权依据。

（三）商标过失侵权使用人主张商标价值增殖权益的条件与举证责任

当然，商标过失侵权使用人主张享有商标价值增殖权益应当具备相应的条件并承担相应的举证责任，以下几个因素值得司法部门予以重点考量。

首先，商标使用人应举证证明所涉商标的确发生增殖，且达到较大增量。商标使用人可以聘请专业的评估公司综合各种因素，采取符合商标增殖实际的评估方法，尽可能确定相对客观的增殖，以供法院参考。若涉案商标达到著名商标或驰名商标的标准，如有必要，商标使用人还可以申请法院予以认定。需要说明的是，商标使用人举证的商标价值增殖部分必须达到较大数额，方能向法院提起不当得利之诉。因为，不仅法院审理认定此类较为复杂的案件颇为耗时，而且商标使用人评估商标价值、到最后进行商标价值分割均需一定费用，因此为一般的价值增殖部分进行诉讼是不经济的，对商标权人也是不公平的。当然，较大数额如何界定，值得进一步探讨。

其次，商标使用人应举证证明所涉商标价值增殖部分为其创造。合理、健康的市场经济鼓励市场主体创造价值和享有自己所创造价值的权益，同时尽可能地抵制不劳而获的行为。商标作为价值的载体，只有经过持续不断地长期使用与努力经营，才有可能发生增殖。商标使用过程中付出的劳动理应得到尊重，各国商标法律规范普遍规定对长期闲置不用的商标，可以依法申请撤销，以避免资源的闲置浪费。基于此，商标使用人应尽可能地举证证明其对涉事商标进行了长期、有效的经营和使用，包括对商标依附的商品或服务的基本投入、公开对外宣传等行为。

再次，商标使用人应举证排除恶意侵犯商标权。如前文所述，在商标侵权损害赔偿纠纷中，如果证据表明商标使用人是故意侵权，则应适用不真正无因管理中恶意管理的规定，其创造的商标价值增殖部分应当属于商标权人。例如，在商标使用人侵权使用商标权伊始，商标权人就提出过具有法律意义的异议，但商标使用人仍坚持使用商标的；商标权人举报到商标行政部门，相关部门没有及时立案调查或怠于职责不予立案等，都可以认定商标使用人使用他人商标之行为为故意侵权。

第二节 我国实行驰名商标双重认定标准的构想研究*

一、问题提出

2005年入春以来，我国发生了一系列的产品❶质量事件。例如，肯德基和麦当劳中含有苏丹红，雀巢碘超标，光明牛奶中出现“早产奶”和“回产奶”，高露洁牙膏含有致癌物质，宝洁SK－II化妆品含有特氟龙的问题，等等。❷其中大部分产品就是标示有驰名商标的产品。这一连串驰名商标产品事件给我们提出了这样的疑问：到底是什么原因使得一直让公众信服的驰名商标出现了危机呢？本节试图从我国驰名商标认定标准的角度进行分析。

所谓驰名商标认定标准是指相关部门在认定某商标是否驰名时所遵循的原

---

* 本节作者为邓建志、单晓光、陈杨。

❶ 这里的产品包括商品和服务两个方面。

❷ 载http：//cn. biz. yahoo. com/special/guangmingniunai/，2005年7月12日访问。

则和法律依据。综观TRIPS等国际条约❶和我国商标法等法律法规❷的相关规定，可以发现，目前的主流观点是实行"驰名商标单一认定标准模式"，即"知名度"是相关部门认定某商标是否驰名的唯一原则和依据，其他考虑因素基本上都是围绕这一原则和依据展开的。笔者认为，上述一连串的驰名商标事件对此单一认定标准模式提出了质疑，在驰名商标认定标准上应该有所突破。在仔细研读相关国际条约和法律法规后，笔者发现，虽然各个条约和法律法规对驰名商标认定标准的具体规定并不完全一致，但均有如下共同特点：它们基本上都是采用一种开放式的形式来规定驰名商标的认定标准，以明示或暗示的方法规定所列出的驰名商标认定标准只是一个指导方针，并非主管机关认定驰名商标的前提条件。这就为怎样确定驰名商标认定标准留下了广阔的余地。鉴于此，笔者在本书中提出要用产品质量和知名度并重的"驰名商标双重认定标准模式"来取代现行单一认定标准模式，以求得问题的解决。

具体说来，本节首先对上述驰名商标事件的法律原因作出了分析，然后，对我国应实行驰名商标双重认定标准的必要性和可行性以及我国法律应提高驰名商标产品质量标准的问题进行详细论证，并在上述分析论证的基础上，提出几点建议。

二、驰名商标产品问题出现的法律原因分析

面对驰名商标产品问题事件的接踵而来，笔者认为这与我国现行驰名商标保护制度不完善有密切关系，以下从三个方面进行原因分析。

（一）在强调驰名商标特殊保护和强势保护的同时忽视了对它的规制

我国对驰名商标保护的探索性实践始于1985年加入《保护工业产权巴黎公约》。之后，这一制度相继在1996年8月制定的《驰名商标认定和管理暂行

❶ TRIPS协议第16条第2款，载郑成思：《WTO知识产权协议逐条讲解》，中国方正出版社2001年版，第200页；保护工业产权巴黎联盟大会和世界知识产权组织大会1999年9月29日通过的《关于驰名商标保护规定的联合建议》和卡塔赫那协定1993年修订文本的第84条，见黄晖：《驰名商标和著名商标的法律保护》，法律出版社2001年版，第487页和第255页；《北美自由贸易区协定》第1708条，见郑成思：《知识产权法（第二版）》，法律出版社2003年第2版，第185页，等等。

❷ 《中华人民共和国商标法》第14条和《驰名商标认定和保护规定》第3条，见中国政法大学知识产权法教研室编：《知识产权法律法规汇编》，机械工业出版社2004年版，第91页和第115页。

规定》、2001 年 10 月修改的《中华人民共和国商标法》、2002 年 8 月发布的《中华人民共和国商标法实施条例》以及 2003 年 4 月公布的《驰名商标认定和保护规定》等法律法规中得到明确规定。综观这一历程，可以发现，中国驰名商标保护制度在经过 20 年的发展后，从无到有，日趋完善，不仅基本形成与普通商标相区别的特殊保护制度，而且形成普通商标无与伦比的强势保护。保护与规制是一对孪生兄弟，二者相伴而生。然而，纵观上述法律规定，却找不到规制驰名商标的特殊权利限制条款。也就是说，驰名商标在享有上述特殊权利保护的同时，却并没有受到比普通商标更多的规制。相反，根据《商标法》的相关规定，似乎还可以推断出驰名商标享有比普通商标更少的规制。❶

综上，中国 20 年的驰名商标制度建设过程，有过分强调驰名商标保护之实，却忽视了对驰名商标的规制。这不能不说是一种立法和执法理念上的失误。应该说这一失误是导致近年来一系列驰名商标产品事件的重要原因。

（二）驰名商标权利人的权利和义务失衡

在法理学上有一个重要的原则，那就是权利和义务具有一致性，二者必须保持平衡。该原则表明，不存在绝对不受限制的权利，权利总归有一个适度的范围和限度，超越这个范围和限度，就有可能对他人的权利构成威胁或者损害，也就不能为法律所保护，甚至可能招致法律的禁止或者制裁；同时，权利人所享有的权利和应履行的义务从整体上看应当保持平衡，不能出现畸轻畸重。将这一原则运用到我国现行驰名商标保护制度，就会发现驰名商标权利人享有比非驰名商标权利人更多的权利，却并没有承担更多的义务，甚至所承担的义务还少于非驰名商标权利人。这一切表明在驰名商标权利人的身上出现了

❶ 例如，根据《商标法》第 48 条规定，使用未在中国注册但已在中国使用的驰名商标，如果违反了该条“粗制滥造，以次充好，欺骗消费者”的规定，则除了会受到工商行政管理部门的制止、限期改正、通报或者罚款的处罚外，并不会被“禁止使用”。再根据《商标法》第 41 条第 2 款的规定，该未注册商标仍然可以对抗相关注册商标，即它在一定程度上还享有商标专用权的特殊保护。与此形成对比的是，根据《商标法》第 45 条规定，使用注册商标，如果“粗制滥造，以次充好，欺骗消费者”的，最重处罚可以达到由商标局撤销其注册商标，这也就意味着注册商标权利人可能会失去注册商标专用权的保护。通过上述比较，不难发现同样是商品“粗制滥造，以次充好，欺骗消费者”，普通的注册商标可能会受到更严厉的规制，失去商标专用权的保护，而未在中国注册但已在中国使用的驰名商标所受到的规制要轻松得多，仍然可以对抗注册商标，享有商标专用权的保护。

较为严重的权利和义务失衡。

一旦出现这种失衡，驰名商标权利人就能够很容易地对他人的权利造成损害，因而出现本节开头的那一系列驰名商标事件也就不足为奇了。

（三）驰名商标权利人和相关社会公众之间出现利益失衡

从本质上讲，驰名商标制度应该是一种实现驰名商标权利人和相关社会公众之间利益平衡的机制——特别强调二者之间利益的平衡，这才应是驰名商标制度的核心。然而，从上面的分析可以看出，我国目前的驰名商标制度偏离了这一本质。再加上驰名商标权利人和相关社会公众之间的信息不对称而使得后者更加处于弱势地位，这样，社会公众利益受损就很难避免。

因此，笔者认为，在我国现行驰名商标保护制度框架中，出现了驰名商标权利人和相关社会公众之间的利益失衡。这种失衡也是导致一系列驰名商标事件的重要原因。

三、我国确立驰名商标双重认定标准的必要性分析

驰名商标要受到法律的特殊保护，有一个前提条件，那就是该商标要达到法律所规定的驰名商标认定标准。从相关法律规定❶来看，我国目前实行的是“驰名商标单一认定标准模式”，即相关部门在认定某商标是否驰名时仅考虑“知名度”这一单一原则和依据。笔者认为，这种单一标准模式存在严重不足，非常有必要用双重认定标准模式来替代它。以下就此作出分析。

第一，评价某标准是否合理，必须考虑该标准能否如实反映驰名商标的本质特征。驰名商标本质特征应包括知名度和使用该商标的产品质量两个方面。❷ 如果说商标在相关公众中享有一定范围的知名度只是该商标能否驰名的最基本的“量”的标准，那么产品质量优异应该是隐藏在这一基本标准之下更深层次的必不可少的“质”的要求。认定驰名商标应该体现这种“量”和“质”的统一，而不应让二者分离。然而，我国现行的驰名商标单一认定标准模式并没有实现二者的统一，这不能不说是一个重大缺陷。

---

❶ 《中华人民共和国商标法》第 14 条和《驰名商标认定和保护规定》第 3 条，见中国政法大学知识产权法教研室编：《知识产权法律法规汇编》，机械工业出版社 2004 年版，第 91 页和第 115 页。

❷ 王治军、姜建兴：“论驰名商标的法律保护问题”，载《知识产权保护：技术与创新管理》2004 年第 25 卷第 6 期。

第二，质量平平的产品却要获得驰名商标的扩大保护和特殊保护，这本身就是问题。商标驰名的方式有多种，可以因质量取胜而驰名，也可以因广告取胜而驰名，等等。如果是前者获得驰名商标的特殊保护，那本无可厚非。但是在当前市场经济条件下，某些企业并不注重产品质量，而主要是通过所谓的广告策略来塑造"闻名遐迩却质量平平"的品牌，这样的商标在现行单一认定标准模式下，是很有可能通过认定而获得驰名商标特殊保护的。很明显，这一现象与驰名商标制度应特别强调驰名商标权利人和相关社会公众之间利益的平衡这一核心目标和本质特征不一致。况且，质量平平的产品出现质量问题的概率很高，而一旦出现质量问题，它给相关社会公众所带来的损害也会由于其驰名而比其他非驰名商标产品更为巨大。因此，把质量标准纳入驰名商标认定因素中非常有必要。

第三，我国的这种单一标准模式主要是在与相关国际条约规定❶保持一致的接轨呼声中被西方发达国家拉着走的大背景下产生的，再加上如前文所述，我国在驰名商标制度的发展过程中，片面强调驰名商标保护而忽视了对它的规制，这就不可避免地形成现行的单一认定标准模式。而客观上，各个国家均有自己不同的国情，不可能只是把相关国际条约的规定原封不动地搬过来就万事大吉了。2005 年以来所发生的一系列驰名商标产品问题事件就是我国目前的特定国情，它凸显单一认定标准模式的不足，促使我们重新思考我国现行的驰名商标认定标准——必须在不违背相关国际规定的基础上有所突破。更进一步地，这一系列事件明确表明了把质量因素纳入驰名商标认定标准的必要性和紧迫性。

有鉴于此，为了使驰名商标权利人本身的权利和义务一致，也为了使驰名商标权利人和相关社会公众之间的利益得以平衡，我国确立产品质量与知名度并重驰名商标双重认定标准模式非常必要，也非常紧迫。

---

❶ TRIPS 协议第 16 条第 2 款，见郑成思：《WTO 知识产权协议逐条讲解》，中国方正出版社 2001 年版，第 200 页；保护工业产权巴黎联盟大会和世界知识产权组织大会 1999 年 9 月 29 日通过的《关于驰名商标保护规定的联合建议》和《卡塔赫那协定》1993 年修订文本的第 84 条，见黄晖：《驰名商标和著名商标的法律保护》，法律出版社 2001 年版，第 487 页和第 255 页；《北美自由贸易区协定》第 1708 条，见郑成思：《知识产权法》，法律出版社 2003 年第二版，第 185 页，等等。

四、我国确立驰名商标双重认定标准的可行性分析

前文对质量因素能够作为驰名商标认定标准的必要性进行了分析。其实，质量因素能够作为驰名商标认定标准不仅是必要的，而且是可行的。这里将从以下几个方面找到其依据。

第一，产品质量是驰名商标本身所内含的应有之义。虽然《巴黎公约》和TRIPS协议等相关国际条约并没有给驰名商标下一个定义，但是，我国现行的《驰名商标认定和保护规定》第2条对此有明确规定："驰名商标是指在中国为相关公众广为知晓并享有较高声誉的商标。"❶ 如果说"公众广为知晓"是对驰名商标在知名度方面的"量"的要求的话，那么，"享有较高声誉"则意味着用驰名商标标示的产品必须品质优良，是对驰名商标在"质"方面的要求。因此，从我国法律对驰名商标所下的定义来看，它综合了"知名度"和"产品质量"两个方面的标准。有的学者甚至明确指出，"使用商标的商品质量优异，这是驰名商标的本质特征"。❷ 既然如此，我国相关部门在规定驰名商标的认定标准时又怎能对质量因素视而不见呢？

第二，质量优异也是我国《商标法》立法宗旨的体现。《商标法》第1条规定："为了加强商标管理，保护商标专用权，促使生产、经营者保证商品和服务质量，维护商标信誉，以保障消费者和生产、经营者的利益，促进社会主义市场经济的发展，特制定本法。"❸ 该条非常明确地指出，促使生产者和经营者保证产品质量是商标法的立法目的之一。作为在现代生产和生活中扮演着不可替代的巨大作用的驰名商标厂商特别需要保证产品质量肯定是不言而喻的。那么，一个商标为了能够获得法律的特殊保护而被认定为驰名商标之时，又怎能仅仅考虑它的知名度而视质量因素于不顾呢？为什么非要等到驰名商标产品出了问题之后，再来依靠《消费者权益保护法》或者《产品质量法》等来做无可奈何的事后救济呢？又为什么不能很好地抓住驰名商标认定这一机会，将驰名商标产品质量问题防患于未然呢？当然，仅仅依靠这道屏障并不能

---

❶ 中国政法大学知识产权法教研室编：《知识产权法律法规汇编》，机械工业出版社2004年版，第114页。

❷ 焦冶："建立和完善驰名商标的法律保护制度"，载《当代法学》2002年第4期。

❸ 中国政法大学知识产权法教研室编：《知识产权法律法规汇编》，机械工业出版社2004年版，第88页。

解决所有的质量问题，但至少又多了一层防患，广大社会公众的权利又多了一层保障。更何况，这样做对平衡驰名商标权人的权利和义务也是大有裨益的。

第三，我国现行驰名商标认定标准中暗含着质量因素。《商标法》第14条规定："认定驰名商标应当考虑下列因素：……（二）该商标使用的持续时间……（五）该商标驰名的其他因素。"❶ 应该说从上述两项中可以推断出其中暗含着质量因素。并且，从全国人民代表大会常务委员会法制工作委员会主编的《中华人民共和国商标法释义》来看，如果把质量因素作为驰名商标认定标准也是有可能的。该《商标法释义》解释《商标法》第十四条第五项为："此项规定具有相当弹性，既可以弥补前四项规定留下的空白，也可以为今后增补新的认定因素提供充足的空间。"❷

第四，将质量因素纳入驰名商标认定标准符合相关国际保护的要求。首先，1999年9月，保护工业产权巴黎联盟大会和世界知识产权组织大会通过的《关于驰名商标保护规定的联合建议》对驰名商标认定标准持一种完全开放式的态度："（a）在确定某商标是否为驰名商标时，主管机关应对能据以就该商标驰名作出推理的任何情况予以考虑……（c）以上因素是用来帮助主管机关确定商标是否为驰名商标的指导方针，而非作出这一确定的前提条件。"❸ 其次，国际商标协会已于1996年9月18日通过"驰名商标保护议案"，该决议在确定某一商标是否驰名时的相关标准中就明确规定了"在当地或国际上获得的质量形象"。❹ 这些国际保护规定不仅为我国确立驰名商标双重认定标准模式的可行性分析提供了重要依据，而且是我国确立双重认定标准模式获得国际认可的重要佐证。

第五，从可操作层面看，把质量因素纳入驰名商标认定标准也是可行的。提出把质量因素作为驰名商标的认定标准后，也许有人会提出疑问：在我国驰名商标是分别由商标法和工商总局来作出规范与管理的，而产品质量则是分别由产品质量法和国家质检总局来规范与管理，那么，如何才能实现此二者，特别是工商总局与国家质检总局之间的协调呢？笔者认为，对于商标法与产品质

---

❶ 中国政法大学知识产权法教研室编：《知识产权法律法规汇编》，机械工业出版社2004年版，第91页。

❷ 卞耀武主编：《中华人民共和国商标法释义》，法律出版社2002年版，第61页。

❸ 黄晖：《驰名商标和著名商标法律保护》，法律出版社2001年版，第488页。

❹ 焦冶："建立和完善驰名商标的法律保护制度"，载《当代法学》2002年第4期。

量法的协调，可以由全国人大常委会修改法律时作出统一规定加以解决。而对于两部门职能的协调问题，可以这样解决：（1）法律可以要求权利人提出驰名商标认定请求时必须对该商标所标示的产品已符合驰名商标质量认定标准进行举证；（2）加强工商总局与国家质检总局间的相关信息交流，完善它们间的协作机制；（3）更进一步地，可以进行中国驰名商标制度与中国名牌管理制度之间的一体化管理问题研究，使上述疑问从根本上得到彻底解决。

总之，从上面的分析可以看出，将质量因素作为认定驰名商标的标准不仅是必要的，也是可行的。

五、我国法律应提高驰名商标产品的质量要求

前文论证了把产品质量作为驰名商标认定标准的必要性和可行性，这里需要进一步论证：在质量标准上，驰名商标产品比非驰名商标产品应受到更为严厉的规制。

第一，从本节第二部分的分析可以看出，驰名商标在我国受到的是一种特殊保护和强势保护，相关立法和执法也主要是从保护驰名商标权利人的角度来进行的，而对广大社会公众利益的保护有弱化和淡忘之嫌。有的学者甚至用“密不透风”来形容我国现行法律对驰名商标的保护程度。[1] 这就使得本来就处于弱势地位的社会公众更是处于雪上加霜的境地。因此，无论是从权衡驰名商标权利人本身权利和义务的角度，还是从平衡驰名商标权利人和社会公众利益的角度，法律要求驰名商标产品必须比非驰名商标产品有更为严格的质量标准，从而使之受到更为严厉的规制均合乎法理。

第二，更为严格的质量标准能够促进驰名商标更加驰名。一般说来，实施驰名商标战略的厂商都会有一个较长远的计划。而要使驰名商标和驰名商标产品经久不衰，除了用大量的广告宣传等手段保持商标和产品的知名度外，质量取胜也很重要，甚至更加关键。所谓“酒好不怕巷子深”说的就是这个道理。相反，如果只是片面地强调广告驰名而不能在质量上保持领先的产品到底能走多远，也许是个值得探讨的问题。因此，要求驰名商标产品达到更高的质量标准，从长远来看，这是有利于驰名商标权利人的，而对广大的社会公众来说，

[1] 郭宝明：“驰名商标保护中的新问题”，载 www. law - lib. com，2005 年 7 月 8 日访问。

更是获得了一层强有力的权利保障。有了这样的双赢，为什么不能对驰名商标产品作出高质量要求的规定呢？

第三，从社会公众获得救济的现状看，如本节开头所说的那些驰名商标产品一旦出现质量问题，社会公众主要是从相关法律上获得亡羊补牢式的事后救济。但是，如果提高了认定驰名商标的法定质量标准，则质量问题出现的概率也会大大减少，社会公众也就更大程度地获得了一层事前救济。

第四，提高驰名商标产品的法定质量标准有法律依据可循。一方面，它符合我国《商标法》促进生产者和经营者不断改善产品质量的立法宗旨。另一方面，它也符合《中华人民共和国产品质量法》的规定。该法第 6 条规定："国家……鼓励企业产品质量达到并且超过行业标准、国家标准和国际标准。"很明显，要求驰名商标产品有更高的质量标准，与《产品质量法》所倡导的立法精神一致。并且，如果作为享有法律特殊保护的驰名商标产品都不能率先超过相关质量标准，难道我们还能企求有更多的非驰名商标产品达到超质量标准的要求吗？更何况如上文分析所指出，高质量的要求对于驰名商标权利人而言，并不仅仅意味着是义务，从长远来看，对他们还是非常有利的。

六、几点建议

基于上文分析，笔者特提出如下建议。

第一，要在立法和执法理念上强化驰名商标规制意识，不能只是片面地强调驰名商标特殊保护而忽视与之相对的广大社会公众这一弱势群体的合法权利。

第二，鉴于我国现行驰名商标单一认定标准模式存在严重不足和驰名商标双重认定标准的必要性与可行性分析，笔者建议在我国《商标法》第 14 条中明确增加产品质量因素，用驰名商标双重认定标准模式取代单一认定标准模式。

第三，相关法律应明确规定驰名商标产品比非驰名商标产品有更高的质量要求，这对驰名商标权利人和社会公众来说是一种双赢。

只有这样，才有可能根除本节开头那一系列事件的重演，才有可能确保我国的驰名商标长盛不衰；也只有这样，广大社会公众才有可能获得更多的权利保障，从而真正实现驰名商标权利人和社会公众的利益平衡。

第三节　驰名商标和中国名牌统一管理研究

驰名商标和中国名牌是高度相关的一对概念，二者经常同时标注在同一个产品或者服务上，关系如此密切，以至于在许多场合，很多人就将它们当作等同概念加以运用。与此相矛盾的是，根据我国相关法律法规或部门规章的规定，二者分别由国家工商行政管理总局和国家质量监督检验检疫总局来监督管理，分属于不同的管理体系。其实，无论是驰名商标还是中国名牌，其认定或评定标准都涉及产品或者服务的“知名度”和“质量”两个方面，目前的相关规定也无非是围绕这两个方面来作出。因此，非常有必要改变当前的分散管理模式，实现驰名商标和中国名牌的统一管理。本节首先概述二者的分散管理现状，然后对分散管理存在的问题和能够实行统一管理的原因进行分析，并基于这些分析，提出一些建议。

一、驰名商标和中国名牌分散管理现状

驰名商标和中国名牌在我国法律中均没有统一的定义，但与之相对应的部门规章对二者作出了界定。《驰名商标认定和保护规定》❶ 第 2 条这样界定驰名商标：“驰名商标是指在中国为相关公众广为知晓并享有较高声誉的商标。”中国名牌的含义可以通过《中国名牌产品管理办法》❷ 对中国名牌产品的界定来认识，该办法第 2 条规定：“中国名牌产品是指实物质量达到国际同类产品先进水平、在国内同类产品中处于领先地位、市场占有率和知名度居行业前列、用户满意程度高、具有较强市场竞争力的产品。”这里虽然不是对中国名牌直接作出界定，但可以认为名牌就是标注在这些产品上的标识或者商标。也有学者这样界定名牌：“名牌是指经过长期努力为消费者所接受的、具有较高知名度和美誉度、超群的市场表现力以及巨额信誉价值的品牌或商标。”❸ 很明显，该定义也是依据《中国名牌产品管理办法》的规定作出的。

❶ 该规定由国家工商行政管理总局于 2003 年 4 月 17 日发布。

❷ 该办法由国家质量监督检验检疫总局于 2001 年 12 月 29 日发布。

❸ 胡税根：“中国名牌发展的政府政策问题研究”，载《政治学研究》2003 年第 4 期。

通过比较二概念，可以发现，驰名商标和中国名牌虽有区别，❶ 但是，二者其实在很大程度上具有同一性，具有如下共同特征：“高知名度”和所标示产品的“高质量要求”构成它们得以产生的核心标准，至于其他的“声誉”“市场占有率”“满意度”等因素，都可以从“高知名度”和“高质量要求”中推断出来；某一个标识要成为驰名商标或者中国名牌，都必定要达到上述因素所提出的相关要求。鉴于此，笔者认为驰名商标和中国名牌本质上概念内涵相同。

然而，驰名商标和中国名牌在中国实行的是分散管理模式，即驰名商标由国家工商行政管理总局来管理，中国名牌则由国家质检总局来管理，且二者认定或评定的机构、依据、程序、标准和享受的权利等都有较大差异（见表2－1）。这种分散管理模式与上述同质性事实产生了矛盾。

表2－1 驰名商标和中国名牌分散管理模式

比较项目	驰名商标	中国名牌
主管部门	国家工商行政管理总局	国家质量监督检验检疫总局
认定/评定机构	商标局、商标评审委员会、人民法院	中国名牌战略推进委员会
认定/评定依据	《商标法》《商标法实施条例》《驰名商标认定和保护规定》	《产品质量法》《质量振兴纲要》《中国名牌产品管理办法》*
认定/评定程序	主动申请，个案认定，司法终局，被动保护	主动申请，批量评定，主动保护
认定/评定标准	侧重于“知名度”，暗含“产品质量”	侧重于“产品质量”，包括“知名度”
享受的权利	包括普通商标专用权和特殊保护权。后者主要规定在《商标法》第13条、第41条，《商标法实施条例》第5条、第45条、第53条，《驰名商标认定和保护规定》第14条等	包括中国名牌三年有效、中国名牌标注权、产品免检权、优先列入打假范围等。规定在《中国名牌产品管理办法》第23～25条

注：*有学者认为中国名牌制度存在的法律依据不足，这一问题将在下文探讨。

资料来源：本表根据《商标法》《商标法实施条例》《驰名商标认定和保护规定》《产品质量法》《质量振兴纲要》《中国名牌产品管理办法》《最高人民法院关于审理商标民事纠纷案件适用法律若干问题的解释》等相关规定整理。

❶ 它们的区别主要体现在驰名商标更侧重于从“知名度”角度进行界定，而名牌更侧重于从“产品质量”角度进行界定；驰名商标制度重在保护，而中国名牌制度重在奖励；等等。

二、驰名商标和中国名牌分散管理存在的问题

驰名商标、中国名牌本质上的同一性与二者分散管理之间必然会产生矛盾，这些矛盾具体表现为理论和实践中存在的问题。以下对这些问题进行分析。

（一）分散管理造成理论和实践中的混乱

从理论上看，驰名商标和中国名牌同属于品牌的范畴，而创品牌可能更多地与知识产权管理与保护有关，因此，将它们列入知识产权的范畴比较合理。现在的问题是，只有驰名商标与此相符，而中国名牌则属于产品质量管理体系的范畴，对它进行规范的主要依据也不是知识产权法，而是《产品质量法》《质量振兴纲要》和《中国名牌产品管理办法》。

正是这种理论上的不合理划分，导致实践中的混乱。从企业角度而言，它们不仅要争创驰名商标，还要花很大精力来打造中国名牌，特别是中国名牌制度的推进本身就存在政府设租、企业寻租之嫌，❶ 因此，企业打造名牌的主要精力并不是集中于改进生产技术、改善产品质量和提高顾客满意度等方面，而是花费在所谓的“外交攻关”上，❷ 这不仅会造成企业大量资源的浪费，而且很不利于整个社会公平竞争环境的形成。从消费者的角度而言，如果你走到大街上，就会发现很多产品同时标注了“中国驰名商标”和“中国名牌”的字眼，因此就会产生这样的疑问：驰名商标和中国名牌难道还不一样吗？二者到底有什么区别？是否只标注了其中之一的产品就要差些呢？等等。❸ 这些问题的提出反映出驰名商标和中国名牌的“双轨制”模式在消费者中引起了混乱，甚至可能影响到他们的消费选择。

（二）管理成本高

驰名商标和中国名牌分散管理，不可避免地要求国家工商总局和国家质检总局按照两套不同的组织体系和组织程序来处理相关事情，行政管理成本大大提高。同时，企业为了获得“质同而形不同”的两种称谓，也不得不分两次

---

❶ “聚集中国名牌评选”，载《工商行政管理》2004 年第 18 期。

❷ “专家质疑中国名牌评选，称涉嫌违反行政许可法”，载《商品与质量》2004 年第 38 期。

❸ 诸如此类的问题都是笔者和朋友们走在上海大街上看到相关产品或招牌上的标注时，他们在不同场合提出来的疑问。

提出申请，花费更多的资源来积极参与两个机构组织的认定或评定过程，企业管理成本也不得不成倍增加。

（三）行政管理效率低

一方面，上面的行政管理成本高必然会导致行政管理效率低下。另一方面，分散管理表面上看来似乎是两机构分别从知名度和质量角度对相关品牌作出行政管理，实际上由于协调不够或者相互推诿责任，有时会出现管理上的空白，或者两机构为了不断扩张自己的权力，造成重复管理，甚至权力冲突，这些都会造成行政管理低下。

（四）分散管理造成两部门协调沟通机制存在严重缺陷

比较驰名商标和中国名牌的相关规定，可以发现中国名牌的相关规定实际上重蹈了驰名商标以前不足的覆辙。例如，《中国名牌产品管理办法》规定，中国名牌是每年评定一次，证书有效期为三年等，这些规定实际上与我国驰名商标相关规定修改前的“批量认定，主动保护”方式如出一辙。而实践证明，这种认定方式产生了许多弊端：（1）违背了驰名商标保护的宗旨；（2）主动认定模式不能解决驰名商标时间性和空间性方面的问题；（3）主动认定存在较多的主观因素，且不可避免地存在疏漏。[1] 另外，这种认定方式还有一个重要不足：造成企业竞争地位上的不平等，且这种方式也在一定程度上造成消费者的误解，误导市场。[2] 正是由于这些缺陷，新修改的《商标法实施条例》和《驰名商标认定和保护规定》以及《最高人民法院关于审理商标民事纠纷案件适用法律若干问题的解释》均确立了我国驰名商标“个案认定、被动保护”的认定方式，即在发生了纠纷时，有关当事人可以向相关机构[3]申请认定驰名商标，认定一旦成立，当事人就可以此为依据获得法律所规定的驰名商标特殊保护；本次认定的法律效力仅仅对于本案有效，除了可以作为下次维权时驰名商标曾经受保护记录的证据外，不能针对第三者，不能针对市场竞争者，也不能针对以后的任何纠纷；当发生新的争议时，当事人还必须再次提供构成驰名商标的证据材料，由认定机关再次予以认定。[4] 应该说“个案认定、被动保

---

[1] 张东辉：“驰名商标的法律保护”，载《经济论坛》2004 年第 2 期。

[2] 李冰冰：“关于驰名商标认定方式的思考”，载《当代法学》2003 年第 3 期。

[3] 目前我国能够认定驰名商标的机构有商标局、商标评审委员会和人民法院。

[4] 宫士友、陈列萍：“我国驰名商标保护制度的重要改革”，载《科技与法律》2002 年第 3 期。

护”原则与国际通行的做法相一致，❶ 也基本上克服了“批量认定，主动保护”方式下存在的诸多弊端与不足。非常遗憾的是，由于驰名商标和中国名牌分散管理模式的存在，“个案认定、被动保护”方式并没有为《中国名牌管理办法》所采纳，“每年批量评定，且一经认定三年有效”的方式依然活跃在中国名牌评定的舞台，这就造成许多企业为了能评上中国名牌，不惜花重金到有关部门展开所谓的“外交活动”，形成“政府设租、企业寻租”的不正当竞争环境。这种情况非常不利于企业的发展和我国综合国力的增强。

（五）与国际惯例不符

相关研究表明，国外的品牌管理也涉及“知名度”和“产品质量”两个方面，但很少有如我国所采用的驰名商标和名牌“双轨制”模式，大多是实行单一的驰名商标认定模式。也很少有政府质量管理机构来进行名牌评定，它们的评定工作大多是由权威的民间中介机构来行使，与我国的由政府机构来评定有很大区别。

三、驰名商标和中国名牌能够实现统一管理

（一）中国名牌制度受到质疑

驰名商标制度是我国改革开放以来不断加强知识产权保护，与驰名商标国际保护不断接轨的过程中形成的，目前，该制度已基本达到国际保护的水平。与此形成对比的是，中国名牌管理制度则是我国土生土长的制度，它的形成也有其特定的历史背景：在国家质检总局“中国名牌”之前，国内市场上曾经出现过各种机构乱评比、乱排序现象，如“中国公认名牌”“全国销量第一”“某某博览会金奖”等，对此，国家工商行政管理局专门发出禁止通知进行整顿，在所有的民间评比被指责为混淆视听后，国家质检总局的“中国名牌”出现了。❷ 这里可以看出驰名商标制度和中国名牌制度产生的背景有很大的差别，前者是借鉴国外长期积累的经验而形成的，后者则更大程度上是为取代民间评比而出现的，其合理性、合法性均有待验证。

事实上，国家质检总局自 2001 年开始一年一度的“中国名牌”评比活动

---

❶ 《保护工业产权巴黎华约》第 6 条之 2，见中国政法大学知识产权法教研室编：《知识产权法律法规汇编》，机械工业出版社 2004 年版，第 69 页。

❷ 张天增：“名牌之忧——对‘中国名牌’的一点看法”，载《中华商标》2004 年第 3 期。

以来，许多学者就纷纷从不同的角度提出了质疑：（1）政府在市场经济中的作用应该是为市场主体提供公平竞争的环境，而国家质检总局授权中国名牌战略推进委员会进行的中国名牌评比认证工作，不可避免地带有官方色彩，这样，中国名牌就把整个市场划分为“名牌”和“非名牌”两个部分，因此，中国名牌为市场主体提供的是一个不公平的竞争环境，政府是否应该反思在其中所扮演的角色呢？（2）中国名牌评选问题多。如，评选目录变动导致乐凯出局，有企业拿着上百万重金到北京“公关”等，甚至有学者在接受媒体采访时更是直言不讳地指出：“实际上，这是不折不扣的政府设租、企业寻租行为。”❶ 另外，根据《中国名牌管理办法》第24条规定，“中国名牌产品在有效期内，免于各级政府部门的质量监督检查”，这里的问题是名牌产品凭什么就可以免检？对此，学者们也有明确的反对意见：政府监督应该是普遍的监督，不要因为它有名牌称号就不去监督它——没评上名牌的，天天检查，评上了名牌的，尤其是政府组织评定的名牌，就三年都不检，这是不公平，这实质上属于不正当竞争。❷（3）一些法学家更是从根本上否定了政府的中国名牌评定制度，认为国家质检总局对名牌的评定根本就没有“准生证”。❸ 对此，中国名牌战略推进委员会负责人解释说，中国名牌评选依据的是《产品质量法》和《质量振兴纲要》。但我国《行政许可法》明确规定，只有法律、行政法规和地方性法规才有权力设定行政许可，而《产品质量法》中并没有提及“中国名牌”，《质量振兴纲要》也不是法律或行政法规，因此，国家质检总局的“中国名牌”评定权就很明显地存在私自设置之嫌。总之，上述理由足以动摇中国名牌制度存在的合理根基。

（二）驰名商标制度和中国名牌制度具有同质性

除了从本节第一部分对驰名商标与中国名牌的概念比较中可以看到二者具有同质性外，还可从相关法律法规认定驰名商标或者中国名牌所考虑的因素中得到证实。《商标法》第14条和《驰名商标认定和保护规定》第3条对认定驰名商标应当考虑的因素做出了明确规定，虽然这些因素主要是围绕“知名度”来设立的，但其中也暗含着质量因素的规定。并且，鉴于近年来我国发

❶ “政府该不该参与名牌评选”，载《中国知识产权报》2004年9月7日。

❷ “专家质疑中国名牌评选，称涉嫌违反行政许可法”，载《商品与质量》2004年第38期。

❸ “‘中国名牌’出笼质疑：名牌究竟该由谁来评”，载《中国工商》2004年第9期。

生的一系列驰名商标事件，已有人提出要在我国驰名商标的认定因素中明确增加产品质量标准，实行“知名度”和“产品质量”并重的驰名商标双重认定标准模式。[1] 查看《中国名牌产品管理办法》的相关规定发现，中国名牌的评定条件也主要是围绕“知名度”和“产品质量”来规定的，除了“使用国(境)外商标的”不能参与评定中国名牌外，其他条件基本上与驰名商标的认定因素相吻合，或者只是将“知名度”和“产品质量”两个因素更加细化罢了。因此，笔者认为驰名商标和中国名牌二者具有同质性，完全有可能实行统一管理。

(三) 机构重组的问题能够得到解决

驰名商标和中国名牌统一管理的一个重大障碍就是行政机构权力重新配置的问题。虽然法治政府要求权力与责任并存，且权力越大则意味着责任也越大，二者成正比例关系，但在当前我国法治还不是非常完善的状态下，部门权力之争还存在一定的市场，因此，就有可能存在各部门对于手中的权力并不愿意“拱手相让”，或者即使让出来了，也还存在由于各部门职能分工不同而如何相互协调与配合的问题。不过，笔者认为，在驰名商标与中国名牌统一管理过程中，如何配置国家工商总局与质检总局权力的问题，完全可以通过国务院重新配置机构权力的途径来得到解决，毕竟两部门都是国务院的直属职能机构，重新配置权力的难度不会太大。

四、几点建议

基于上述分析，提出以下几点建议。

第一，鉴于国家质检总局名下的中国名牌评定制度存在诸多问题，特别是法律依据不足的问题，建议取消该部门评定中国名牌的权力。

第二，可以考虑将中国名牌制度与驰名商标制度合二为一，实行统一管理。这主要是由于二者具有同质性所决定，也是借鉴西方发达国家的经验与成果、与国际接轨的需要。

第三，现行驰名商标制度中的认定标准可以借鉴中国名牌管理制度中“产品质量要求”的强制规定，形成“知名度”与“产品质量”并重的驰名商

[1] 邓建志、单晓光、陈杨：“我国实行驰名商标双重认定标准的构想研究”，载《电子知识产权》2005 年第 11 期。

标双重认定标准模式。这是驰名商标和中国名牌管理制度能够真正合二为一的坚实基础。

第四，统一管理模式方面，由于国家工商行政管理总局具有管理商标与其他品牌的天然优势，建议由它来作为主管部门来统一管理驰名商标与中国名牌的相关工作，涉及产品质量方面的具体工作由国家质检总局协助配合进行。

第四节 我国驰名商标管理制度中若干问题研究

一、问题提出

近年来，我国发生了一系列的驰名商标产品问题事件，笔者认为，这一连串事件的出现，并不是偶然的。本节试图从我国驰名商标管理制度的角度，分析这一系列事件背后隐藏的较深层次的法律原因，查找其中存在的问题，并提出解决这些问题的建议。

二、雀巢碘超标等事件凸显我国驰名商标管理制度中存在的问题

面对驰名商标产品问题事件的接踵而来，笔者认为这与我国现行驰名商标管理制度的不完善有密切联系，以下从三个方面进行原因分析。

（一）在强调驰名商标特殊保护和强势保护的同时忽视了对它的规制

我国对驰名商标保护的探索性实践始于1985年加入《保护工业产权巴黎公约》。之后，这一制度相继在1996年8月制定的《驰名商标认定和管理暂行规定》、2001年10月修改的《中华人民共和国商标法》、2002年8月发布的《中华人民共和国商标法实施条例》以及2003年4月公布的《驰名商标认定和保护规定》等法律法规中得到明确规定。综观这一历程，可以发现，中国驰名商标保护制度在经历了20年的发展后，从无到有，日趋完善，不仅基本形成与普通商标相区别的特殊保护制度，而且形成普通商标无与伦比的强势保护。

保护与规制是一对孪生兄弟，二者相伴而生。然而，纵观上述法律规定，却找不到规制驰名商标的特殊权利限制条款。也就是说，驰名商标在享有上述特殊权利保护的同时，却并没有受到比普通商标更多的规制。相反，根据《商标法》的相关规定，似乎还可以推断出驰名商标享有比普通商标更少的规

制。例如，根据《商标法》第48条规定，使用未在中国注册但已在中国使用的驰名商标，如果违反了该条“粗制滥造，以次充好，欺骗消费者”的规定，则除了会受到工商行政管理部门的制止、限期改正、通报或者罚款的处罚外，并不会被“禁止使用”。再根据《商标法》第41条第2款的规定，该未注册商标仍然可以对抗相关注册商标，即它在一定程度上还享有商标专用权的特殊保护。与此形成对比的是，根据《商标法》第45条规定，使用注册商标，如果“粗制滥造，以次充好，欺骗消费者”的，最重处罚可以达到由商标局撤销其注册商标，这也就意味着注册商标权利人可能会失去注册商标专用权的保护。通过上述比较，不难发现同样是商品“粗制滥造，以次充好，欺骗消费者”，普通的注册商标可能会受到更严厉的规制，失去商标专用权的保护，而未在中国注册但已在中国使用的驰名商标所受到的规制却要轻松得多，仍然可以对抗注册商标，享有商标专用权的保护。

综上，笔者认为，中国20年的驰名商标制度建设过程，有过分强调驰名商标保护之嫌，却忽视了对驰名商标的规制。这不能不说是一种立法和执法理念上的失误。应该说这一失误也是导致近来一系列驰名商标产品事件的重要原因。

（二）驰名商标权利人的权利和义务失衡

在法理学上有一个重要的原则，那就是权利和义务具有一致性，二者必须保持平衡。该原则表明，不存在绝对不受限制的权利，权利总归有一个适度的范围和限度，超越这个范围和限度，就有可能对他人的权利构成威胁或者损害，也就不能为法律所保护，甚至可能招致法律的禁止或者制裁；同时，权利人所享有的权利和应履行的义务从整体上看应当保持平衡，不能出现畸轻畸重。将这一原则运用到我国现行与驰名商标有关的法律法规，就会发现驰名商标权利人享有比非驰名商标权利人更多的权利，却并没有承担更多的义务，甚至所承担的义务还少于非驰名商标权利人。这一切表明在驰名商标权利人的身上出现了较为严重的权利和义务失衡。

一旦出现这种失衡，驰名商标权利人就能够很容易地对他人的权利造成损害，因而出现本节开头的那一系列驰名商标事件也就不足为奇了。

（三）驰名商标权利人和相关社会公众之间出现利益失衡

从本质上讲，驰名商标制度应该是一种实现驰名商标权利人和相关社会公众之间利益平衡的机制——特别强调二者之间利益的平衡，这才应是驰名商标制度的核心。然而，从上面的分析可以看出，我国目前的驰名商标制度偏离了这一本质。再加上驰名商标权利人和相关社会公众之间的信息不对称而使得后者更加处于弱势地位，这样，社会公众利益受损就很难避免。

因此，笔者认为，在我国现行驰名商标保护制度框架中，出现了驰名商标权利人和相关社会公众之间的利益失衡。这种失衡也是导致一系列驰名商标事件的重要原因。

三、质量因素应成为我国认定驰名商标的重要标准

驰名商标要受到法律的特殊保护，其前提条件是该商标要达到法律所规定的驰名商标认定标准。从我国现行相关法律规定来看，这一标准就是商标必须在相关公众中达到一定的知名度，即遵循“驰名商标单一认定标准模式”。近年来频频发生的驰名商标产品问题事件清楚地表明，我国现行的“驰名商标单一认定标准模式”出现了危机。有鉴于此，笔者认为，我国应实行“驰名商标双重认定标准模式”，即质量因素要像知名度一样成为驰名商标的认定标准。

实行双重认定标准的主要理由有：（1）质量要素是驰名商标本身所内含的应有之义。试想，质量平平甚至低下的产品又怎能被冠之以驰名商标而受到法律的特殊保护呢？（2）质量要素也是我国《商标法》立法宗旨的体现。这一点在我国《商标法》第1条中有明确规定。（3）我国现行的驰名商标认定标准中暗含着质量因素。（4）将质量因素纳入驰名商标认定标准符合相关国际保护的要求。（5）近年来发生的一系列问题事件更是从实证的角度论证了“驰名商标双重认定标准模式”的紧迫性。

可以说只有在“驰名商标双重认定标准模式”下，才能确保驰名商标长盛不衰，广大社会公众才有可能获得更多的权利保障，从而真正实现驰名商标权利人和社会公众之间的利益平衡。

四、驰名商标产品应与非免检产品一样按规定质检

（一）现行免检制度本身既不合理又不合法

免检是指相关产品免于政府部门实施质量监督检查的活动。其实，自免检制度开始实施以来，许多学者就纷纷从不同角度对此制度的合理性和合法性提出了质疑。有经济学家认为，免检制度是把“双刃剑”，当政府出现信息不对

称时，或者当操作者面临道德陷阱时，就会出现信任危机，尤其是以“国家信誉”作担保的时候，这个建立在社会公信力基础上的制度将会对政府、对社会产生严重的“杀伤力”。有些法学家更是从根本上否认了免检制度，认为免检制度本质上就是政府的一种自我免责，而这种自我免责是缺乏法律依据的，理所当然地违背了法治原则。笔者认为，上述理由已足以取消免检制度。

（二）驰名商标与免检制度的关系

从理论和逻辑上看，二者分属于不同的框架体系：驰名商标由商标局、商标评审委员会和人民法院来认定，免检则是由国家质检部门来核准，因此，二者之间不应存在必然的联系，但是客观情况是不是这样呢？下面就此进行分析。

首先，根据相关法律规定，企业获得产品免检资格必须具备的条件之一就是“产品具有一定的知名度”。而“知名度”也是有关部门认定驰名商标的基本条件和核心要素，这就意味着免检产品和驰名商标之间存在某种程度的必然联系，即驰名商标产品很可能就是免检产品。

其次，这种必然联系还体现在《产品免于质量监督检查管理办法》第7条。该条规定，获得中国名牌的产品优先列入年度免检产品类别目录。从某种角度看，名牌就是指驰名商标。由此可以看出，驰名商标产品同时又是免检产品的可能性非常大。

最后，实地调查证实了上述必然性确实存在。笔者曾在上海的一些大商场做了实地调查，调查结果表明，标有驰名商标的产品基本上都是免检产品。

鉴于免检制度本身既不合理又不合法，而驰名商标和免检制度之间又多了一层不应该存在的必然联系，因此，笔者认为驰名商标产品应和普通的非免检产品一样，按照相关法律的规定，按时质检，以维护广大公众的合法权益。

五、完善我国驰名商标管理制度的几点建议

综上所述，笔者特提出完善我国驰名商标管理制度的如下建议：

第一，要在立法和执法理念上强化驰名商标规制意识，不能只是片面地强调驰名商标保护而忽视与之相对的广大社会公众这一弱势群体的合法权利。

第二，明确增加驰名商标认定的质量标准。例如，可在《商标法》第14条现有的认定因素中明确质量因素作为驰名商标的认定标准。

第三，建议驰名商标产品和普通的非免检产品一样，按照相关法律规定，

按时质检，以维护广大社会公众的合法权益。

第四，增加规制驰名商标的义务条款。例如，可以考虑增加要求驰名商标产品比非驰名商标产品更为严格的质量标准之类的义务条款。增加义务条款的基本原则是取得驰名商标权利人与相关社会公众之间权利与义务的平衡。

第五，加大对驰名商标违法事件的处罚力度。同样的违法行为，可以要求驰名商标权利人承担比非驰名商标权利人更大的法律责任；也可考虑增加仅仅针对驰名商标权利人的处罚条款，例如，对驰名商标实行“公开除名制度”。总之，加大处罚力度的目的就是要增加驰名商标权利人的违法成本，使他们的权利和义务真正达到平衡。

第三章　知识产权行政保护篇

第一节　我国知识产权行政保护的含义*

“行政保护”一词不仅出现在知识产权教材和相关学术论文的标题里，❶还出现在一些法规和规章的名称中，❷因此，它既是法学术语，又是法律用语。但是，关于知识产权行政保护的含义，相关法律法规并没有作出明确规定，学界的理解也并不统一，这不利于知识产权行政保护这一中国特色制度优势的充分发挥。本章在比较研究知识产权行政保护各种具有代表性的学术界定和相关法律具体规定的基础上，尤其结合《专利法》第三次修改草案《征求意见稿》❸中的相关条款，全面探讨知识产权行政保护的含义。

---

* 本节作者为邓建志、单晓光。

❶ 例如，王晔：“知识产权行政保护刍议”，见《北大知识产权评论(第1卷)》，法律出版社2002年版；姜国锋：“试论知识产权行政保护”，载《鲁行经院学报》2001年第2期；姜青富：《知识产权行政保护制度研究》，西南政法大学2005年4月硕士论文；刘晓勇：《论知识产权的行政保护》，2004年5月硕士论文；等等。

❷ 例如，法规有《农业化学物质产品行政保护条例》（自1993年1月1日起施行）；规章有《互联网著作权行政保护办法》（自2005年5月30日起施行）；《药品行政保护条例》（自1993年1月1日起施行）；《药品行政保护条例实施细则》（自2000年10月24日起施行）；《农业化学物质产品行政保护条例实施细则》（自1993年1月1日起施行）；等等。

❸ 征求意见的期限是2006年7月31日至2006年9月15日，资料来源：http://www.sipo.gov.cn，2006年8月8日访问。

一、知识产权行政保护的各种学术界定及其比较

理论界关于知识产权行政保护的界定主要体现在相关教材和学术论文之中。这里主要以专利行政保护为例，分别选取《专利法》1984 年首次颁布、1992 年第一次修正和 2000 年第二次修正后各个时间段内具有代表性的学术界定进行研究和分析。

界定之一，1984 年《专利法》首次颁布后，有学者将专利行政保护细分为“申请专利和取得专利权权利的行政保护”和“专利权的行政保护”两类。对于前者，有专家这样界定：“这是通过行政程序对申请专利和取得专利权权利实行的保护。就是说，当申请专利和取得专利权的权利遭受侵害，有权申请专利和取得专利权的单位和个人，可以通过行政法程序请求有关国家行政机关予以保护。”❶ 对于后者，有学者是这样界定的：“这是通过行政法律程序对专利权实行的法律保护。主要通过国家行政管理机关以行政手段加以保护。这就是说，当权利人的专利权被他人侵犯时，被侵权人可以请求专利管理机关进行处理。”❷

这两个界定在表达形式上虽有不同，但实质上并没有差别。二者均表达了专利行政保护至少包含三层意思：（1）它是法律保护的一种，具有法定性；（2）它是有关国家行政管理机关遵循行政程序和运用行政手段对知识产权进行的一种保护，与司法保护形成对比；（3）被侵权人向知识产权行政管理机关提出处理请求是行政保护能够进行的一个前提条件，因此，这里的学术界定把相关行政管理机关主动依职权对专利权或专利市场秩序进行保护排除在行政保护之外。

界定之二，1992 年《专利法》第一次修正后，有学者对专利权行政保护作出了这样的界定：“专利权的行政保护，就是通过行政程序，由国家行政管理机关，用行政的手段，对专利权实行法律保护。也就是说，当专利权人专利权被他人侵犯时，被侵权人可以请求专利管理机关进行处理，专利管理机关根据这一请求，可以依法对侵权人的侵权行为进行行政处理。”❸ 如

❶ 王家福、夏叔华：《中国专利法》，群众出版社 1987 年版，第 309 ~ 310 页。

❷ 同上书，第 315 ~ 316 页。

❸ 郑成思主编：《知识产权法教程》，法律出版社 1993 年版，第 227 页。

果单从“界定之二”的表述形式上看，应该说这一界定与上述“界定之一”基本上是相同的，它也将专利行政管理机关依行政职权对专利违法行为的主动查处排除在专利行政保护之外。但是，从作出“界定之二”的学者的其他论述看，似乎又否定了这种排除，因为该学者明确指出 1992 年修正的《专利法》第 63 条也是关于行政保护的规定。❶ 与 1984 年《专利法》相比较，1992 年《专利法》在第 63 条中增加了第 2 款，该新增条款明确表明：对于冒称专利违法行为的查处可以并不以申请人的申请为前提。❷ 由此可以看出，“界定之二”虽然在表达形式上与“界定之一”并没有大的区别，但是，实质上“界定之二”已将专利行政保护的范围从单一的“依申请处理专利侵权行为”扩大到了“依申请处理专利侵权行为和依职权查处专利违法行为”两类行为。

界定之三，《专利法》在经过 2000 年的第二次修正后，有学者这样界定知识产权行政保护的含义：“知识产权的行政保护，是国家行政管理机关，依据有关法律的规定，运用法定行政权力，通过法定的行政程序，用行政手段对知识产权实施全面的法律保护。知识产权行政保护不仅局限于行政执法，其保护范围是比较广泛的，包括政府管理机关对于知识产权予以保护的各个方面。”❸ 目前，学界一般认为这一界定是关于知识产权行政保护含义的主流观点。❹

“界定之三”的最大特点就是大大扩展了知识产权行政保护的范围，并且，它还吸收了 TRIPS 协议关于知识产权保护范围的规定，即知识产权行政保护既应包括涉及本协议专指知识产权之利用的事宜，也应包括涉及知识产

---

❶ 郑成思主编：《知识产权法教程》，法律出版社 1993 年版，第 227 页。

❷ 1992 年 9 月第一次修正后的《专利法》新增的第 63 条第 2 款是：“将非专利产品冒充专利产品的或者将非专利方法冒充专利方法的，由专利管理机关责令停止冒充行为，公开更正，并处以罚款。”

❸ 王晔：“知识产权行政保护刍议”，见《北大知识产权评论（第 1 卷）》，法律出版社 2002 年版，第 195 页。

❹ 吴民平：“世博会标志行政执法保护的思考”，见王立民、黄武双主编：《知识产权法研究（第 1 卷）》，北京大学出版社 2004 年版，第 177 页。

权之效力、获得、范围、维护及行使的诸项事宜。❶ 具体说来，“界定之三”所说的知识产权行政保护包括：知识产权确认与授权、对知识产权侵权案件的行政调处、对权利归属等知识产权纠纷的审查与裁定、知识产权行政执法等内容。❷ 由此可以看出，“界定之三”扩展了知识产权行政保护的内容。

以上选取三个具有代表性的知识产权行政保护定义进行了分析。这三个学术界定反映了我国知识产权行政保护在不同阶段的立法特征，也基本上能够体现出我国学者对知识产权行政保护的界定在不同阶段的研究成果。综观这三个界定，可以看出，我国知识产权行政保护的含义呈现以下几个特点：(1) 三个定义都强调了知识产权行政保护的一些最基本内涵。例如，作出行政保护的主体是行政管理机关，行政保护必须遵循法定的行政程序，运用法定的行政手段，等等。(2) 学界对知识产权行政保护的界定均与当时的立法背景和立法实践紧密相关。例如，1984 年制定《专利法》时，由于当时法院的审判力量不足，审理专利侵权纠纷确有一定的困难，因此在该法中作出了专利管理机关处理知识产权侵权案件的规定，❸ 并且，“按当时的设想，专利管理机关的处理主要是为了解决民事纠纷”。❹ 正是由于这一立法背景和立法实践，因此，上述“界定之一”和“界定之二”对知识产权行政保护的理解均是以被侵权人向专利管理机关提出请求作为专利行政保护的前提条件。与此不同的是，“界定之三”所依据的是 2000 年修正之后的相关知识产权法律，其时，专利管理机关处理专利侵权民事案件的性质已有了重大改变，❺ 因此，“界定之三”只是把知识产权行政机关处理民事侵权纠纷作为行政保护的一个内容。(3) 知识产权行政保护的范围呈现出扩大的趋势。“界定之一”只包括了“依

---

❶ TRIPS 协议第三条的脚注：“protection” shall include matters affecting the availability, acquisition, scope, maintenance and enforcement of intellectual property rights as well as those matters affecting the use of intellectual property rights specifically addressed in this Agreement.

❷ 王晔：“知识产权行政保护刍议”，见《北大知识产权评论（第 1 卷）》，法律出版社 2002 年版，第 194 ~ 197 页。

❸ 吴宁燕、王燕红：“论专利行政执法的必要性和发展方向——我国立法与修法立足国情的考虑”，见国家知识产权局条法司编：《专利法研究（2003）》，知识产权出版社 2003 年版，第 151 页。

❹ 汤宗舜：《专利法教程》，法律出版社 2003 年第 3 版，第 238 页。

❺ 同上书，第 239 页。

申请处理专利侵权行为”，“界定之二”则实质上已扩大到“依申请处理专利侵权行为和依职权查处专利违法行为”，“界定之三”除了包括前述范围外，还扩展到了知识产权行政确权、行政授权、行政审查、行政裁决、行政调解等内容。

二、法律对知识产权行政保护的具体规定与比较分析

我国知识产权立法和修法大体经历了三次高潮，分别出现在20世纪80年代初、90年代初和21世纪初。虽然这些法律并没有对知识产权行政保护的含义作出明确规定，但是，了解不同阶段知识产权法律对于知识产权行政保护的一些具体规定，特别是了解这些规定在不同时期的修改与变化，这有利于更进一步地探讨知识产权行政保护的含义。下面以《专利法》《商标法》和《著作权法》这三部主要知识产权法律的历次文本对知识产权行政保护的具体规定为例来进行比较研究。

（一）《专利法》历次文本对专利行政保护的具体规定与比较分析

表3－1列出了《专利法》历次文本对专利行政保护具体规定的条款。这里需要说明的是，由于我国正在进行《专利法》的第三次修改，并且已经形成了《中华人民共和国专利法修订草案》（征求意见稿），[1] 目前也正在全国范围内征求意见，因此，我们也将该《征求意见稿》中关于行政保护的具体规定列在表3－1中进行比较。尽管这个《征求意见稿》还并不是一个生效的法律文本，但是，这样的比较研究或许能让我们更清楚地看出专利行政保护在我国的发展趋势。

[1] 国家知识产权局于2005年4月正式启动《中华人民共和国专利法》第三次修改的准备工作；2006年7月31日至2006年9月15日，国家知识产权局将形成的《中华人民共和国专利法修订草案》在网上向全国征求意见。国家知识产权局于2006年7月31日发布的《关于征求对〈中华人民共和国专利法修订草案〉（征求意见稿）意见的通知》，载http：//www.sipo.gov.cn，2006年8月8日访问。

表3－1　《专利法》历次文本对专利行政保护的规定之比较

法律名称	1984年文本	1992年第一次修正后的文本	2000年第二次修正后的文本	2006年第三次修正（征求意见稿）文本
《中华人民共和国专利法》	第3条	第3条	第3条	第3条
	第10条	第10条	第10条	第10条
	第14条	第14条	第14条	第14条
	第21条	第21条	第21条	第21条
	第28条	第28条	第28条	第28条
	第29条	第29条	第29条	第29条
	第34条	第34条	第34条	第34条
	第35条	第35条	第35条	第35条
	第37条	第37条	第37条	第37条
	第39条	第39条	第39条	第39条
	第40条	第40条	第40条	第40条
	第41条	第41条	无对应条款	无对应条款
	第42条	第42条	无对应条款	无对应条款
	第43条	第43条	第41条	第41条
	第44条	第44条	无对应条款	无对应条款
	第47条第2款	第47条第2款	第44条第2款	第44条第2款
	第48条	第48条	第45条	第45条
	第49条	第49条	第46条	第46条
	第57条	第57条	第54条	第54条
	第58条	第58条	第55条	第55条
	第60条	第60条	第57条	第57条、第A4条*、第A6条
	无对应条款	无对应条款	无对应条款	第A5条
	无对应条款	无对应条款	无对应条款	第A10条
	无对应条款	无对应条款	无对应条款	第A11条
	第63条	第63条	第58条、第59条	第58条、第59条

续表

法律名称	1984 年文本	1992 年第一次修正后的文本	2000 年第二次修正后的文本	2006 年第三次修正（征求意见稿）文本
《中华人民共和国专利法》	无对应条款	无对应条款	第 60 条	第 60 条
	无对应条款	无对应条款	无对应条款	第 A13 条
	第 64 条	第 64 条	第 64 条	第 64 条
	第 65 条	第 65 条	第 65 条	第 65 条
	无对应条款	无对应条款	第 66 条	第 66 条
	第 66 条	第 66 条	第 67 条	第 67 条

注：*2006 年的《征求意见稿》对建议增加的条款用 A1、A2、A3…的方式予以编号，例如，此处的“第 A4 条”即建议增加的第四条。

通过对表 3-1 中关于专利行政保护法律规定的比较，可以发现专利行政保护具有以下几个特点。

（1）专利行政保护条款的数量在历次《专利法》中均占有很大的比重，专利行政保护的地位也显得越来越突出。1984 年《专利法》、1992 年《专利法》和 2000 年《专利法》的总条数都是 69 条，而其中与专利行政保护直接相关的条款均多达 25 条；在 2006 年的《征求意见稿》中，与专利行政保护直接有关的条款更是增加到了 31 条。如此高的比重，充分说明专利行政保护是我国《专利法》的一项重要内容，特别是 2006 年《征求意见稿》中大幅度增加专利行政保护的条款和内容，更是说明专利行政保护在我国《专利法》中呈现出越来越重要的地位。

（2）专利行政保护条款的修改频率很高。例如，在表 3-1 所列出的专利行政保护条款中，1992 年《专利法》对 1984 年《专利法》修改的条款数量有 11 条次，2000 年《专利法》对 1992 年《专利法》的修改有 26 条次，2006 年《征求意见稿》对 2000 年《专利法》的修改有 17 条次。

（3）从修改内容来看，大幅度修改专利行政保护的实体内容主要集中在 2000 年第二次修正的《专利法》和 2006 年第三次修正的《征求意见稿》中。1992 年的第一次修正除了将原来授权前的“异议程序”修改为授权后的“撤销程序”，并增加了对冒称专利的行政执法内容外，其他针对专利行政保护的修改基本上都是细节性的。与此形成鲜明对比的是，2000 年和 2006 年的修改则主要集中在专利行政保护的一些重要实体内容方面，甚至连专利行政保护的重心都发生了转移。

(4) 从历次修改可以看出，专利行政保护的内容重心已经发生改变：从主要处理专利侵权民事纠纷转移到了主要查处专利违法行为。也就是说，专利行政管理机构已从一个“过渡性的民事纠纷处理机构”❶ 转化为主要是兼具行政管理和行政执法双重职能的行政保护机构。这一转变以2000年对《专利法》的第二次修正为标志。

(5) 专利行政保护的内容体系呈现出多元化的特点。从《专利法》的历次修订来看，专利行政保护内容除发生了上述重心的转移外，还明显呈现出多元化的特点。也就是说，专利行政保护的内容体系不仅包括专利侵权纠纷处理，还包括专利行政确权和授权、行政审查、行政调解、行政裁决、行政查处、❷ 行政复议、行政处分、行政法制监督和行政救济等内容。

(6) 从整体上看，专利行政保护的力度明显强化。除了管理专利工作的部门对专利侵权纠纷的处理出现弱化和取消了行政终局裁定以外，专利行政保护的其他内容均不同程度地呈现出明显的强化趋势，特别是专利行政查处强化的程度最大。例如，从历次《专利法》对第三条的修改可以看出，中央和地方专利行政保护机构的法律地位呈现出不断明确和强化的趋势：中央机构的设置经历了从较弱的专利局❸到独立的较强的国家知识产权局❹的变化；地方机构的设置正在经历从法律地位不明确的“管理专利工作的部门”❺ 到法律地位

---

❶ 汤宗舜：《专利法解说》，知识产权出版社2002年修订版，第32页。

❷ 这里的行政查处包括行政处罚和行政强制等具体行政行为。

❸ “我国专利局于1980年1月正式成立，隶属于国家经济委员会。”参见：王家福、夏叔华：《中国专利法》，群众出版社1987年版，第104页。

❹ “1998年国务院进行机构改革时，原中国专利局更名为国家知识产权局，成为国务院主管专利工作和统筹协调涉外知识产权事宜的直属机构”。参见：汤宗舜：《专利法解说》，知识产权出版社2002年修订版，第29页。

❺ 之所以说地方“管理专利工作的部门”法律地位不明确是因为：这一部门既可以是一个单独设立的机构，如有的省设立知识产权局或者专利管理局，也可以不是单独设立的机构，而是在有关的委、厅、局中设立一个管理专利工作的部门，如在省科学技术厅设立专利处。参见：汤宗舜：《专利法解说》，知识产权出版社2002年修订版，第31~32页。

明确的“地方人民政府专利行政管理部门”[1] 的转变。这些转变均为专利行政保护提供了强有力的组织机构保障。又如，从2006年第三次修正《专利法》的《征求意见稿》中新增加的第A4条、第A5条、第A6条、第A11条和对现行《专利法》第58～59条等内容的修改看，专利行政执法得到了前所未有的强化，从而使专利行政保护的力度基本达到了商标权、著作权行政保护的水准。

（7）精减和规范相关行政程序，有利于专利行政保护。例如，从1984年《专利法》规定的异议程序到1992年《专利法》的撤销程序，再到2000年《专利法》规定的单一无效宣告程序，这一系列修改不仅缩短了专利授权的时间，克服了众多程序导致专利权长时间处于一种不确定状态，使专利权人无法有效地行使权利的弊端，而且有利于防止某些侵权人故意利用上述程序拖延时间，逃避侵权责任，[2] 从而有利于专利权人权利的保护。

（二）《商标法》历次文本对商标行政保护的具体规定与比较分析

我国于1950年和1963年分别颁布《商标注册暂行条例》和《商标管理条例》，因此，与专利和著作权不同，商标是我国唯一一个从新中国成立开始就予以保护的知识产权客体。[3] 但是，从这两个行政法规的立法目的[4]来看，当时的商标保护与目前正在实行的现代商标保护制度均有一定的差距。应该说中国现代商标事业的真正发展是改革开放以来的事情，因此，这里仅以1982年通过的首部《商标法》、1993年第一次修正的《商标法》和2001年第二次修正的《商标法》为例来进行比较研究。表3－2列出了改革开放后《商标

---

[1] 虽然法律地位明确的“地方人民政府专利行政管理部门”的规定还只体现在2006年第三次修改专利法的《征求意见稿》中，但是，可以从这里看到明确和强化地方知识产权管理机构的法律地位已成为《专利法》第三次修改的重要内容。

[2] 国家知识产权局条法司：《新专利法详解》，知识产权出版社2001年版，第272页。

[3] Zheng Chengsi, *Trademarks in China: The First Specific Law in the Field of Chinese Intellectual Property*, E. I. P. R., 1982（10）. 见郑成思：《郑成思文选》，法律出版社2003年版，第85页。

[4] 1950年的《商标注册暂行条例》第1条规定的立法目的是：“为保障一般工商业专用商标的专用权，制定本条例。”1963年的《商标管理条例》第1条规定的立法目的是“为了加强商标的管理，促使企业保证和提高产品质量，制定本条例。”董葆霖：《商标法律详解》，中国工商出版社2004年版，第423页、第431页。

法》历次文本对商标行政保护的具体规定。

表 3－2　《商标法》历次文本对商标行政保护的规定之比较

法律名称	1982 年文本	1993 年第一次修正后的文本	2001 年第二次修正后的文本
《商标法》	第 2 条	第 2 条	第 2 条
	第 3 条	第 3 条	第 3 条第 1 款
	第 4 条	第 4 条	第 4 条
	第 5 条	第 5 条	第 6 条
	第 16 条	第 16 条	第 27 条
	第 17 条	第 17 条	第 28 条
	第 18 条	第 18 条	第 29 条
	第 19 条	第 19 条	第 30 条
	第 20 条	第 20 条	第 2 条第 2 款
	第 21 条	第 21 条	第 32 条
	第 22 条	第 22 条	第 33 条
	无对应条款	无对应条款	第 34 条
	无对应条款	无对应条款	第 35 条
	无对应条款	无对应条款	第 36 条
	第 24 条第 3 款	第 24 条第 3 款	第 38 条第 3 款
	第 25 条	第 25 条	第 39 条
	第 26 条第 2 款	第 26 条第 3 款	第 40 条第 3 款
	第 27 条	第 27 条	第 41 条
	第 28 条	第 28 条	第 42 条
	第 29 条	第 29 条	第 43 条
	第 30 条	第 30 条	第 44 条
	第 31 条	第 31 条	第 45 条
	第 32 条	第 32 条	第 46 条
	第 34 条	第 34 条	第 48 条
	第 35 条	第 35 条	第 49 条
	第 39 条	第 39 条	第 53 条
	无对应条款	无对应条款	第 54 条
	无对应条款	无对应条款	第 55 条
	无对应条款	无对应条款	第 60 条
	无对应条款	无对应条款	第 61 条
	无对应条款	无对应条款	第 62 条

从表 3－2 可以看出，我国历次《商标法》关于商标行政保护的规定具有如下特点。

（1）历次《商标法》关于商标行政保护规定的条款多。1982 年首次制定的《商标法》和 1993 年第一次修正后的《商标法》的总条款均是 43 条，而其中关于行政保护的条款就有 23 条。2001 年第二次修正后的《商标法》中行政保护条款数量与总条款数量也分别为 30 条和 64 条。这充分说明，行政保护在我国的商标权保护体系中占据非常重要的地位。

（2）从修改的具体内容看，工商行政管理机关处理商标侵权民事纠纷出现弱化趋势，而查处商标违法行为呈现出强化趋势。商标行政保护条款的这种实质性修改主要出现在 2001 年第二次修正，甚至可以把《商标法》第二次修正作为一个分水岭：之前，“处理商标侵权民事纠纷”和“查处商标违法行为”均构成商标行政管理部门同等重要的职权；之后，则商标行政管理部门的工作重心转移到了查处商标违法行为和维护商标市场秩序上，而“处理商标侵权民事纠纷”的职权更多地是由法院来行使。

（3）商标行政保护的具体内容丰富。具体地说，商标行政保护包括商标申请受理、审查、授权，商标行政裁定，商标行政调解，商标行政查处，❶ 商标行政复议，商标行政处分，商标行政救济，等等。

（4）从整体上看，商标行政保护呈现出明显的强化趋势。这一点在 2001 年第二次修正《商标法》时显得尤为突出，主要表现在该《商标法》大量增加了工商行政管理部门主动保护商标和商标秩序的行政职权。例如，在第 53 条增加了工商行政管理部门“没收、销毁侵权商品和专门用于制造侵权商品、伪造注册商标标识的工具”的职权；新增的第 55 条还增加了一系列有利于工商行政管理部门主动出击进行商标行政保护的职权；等等。

（5）加强了对工商行政管理部门进行行政保护的监管力度。例如，在 2001 年的修正中增加了第 60～62 条，这些条款就是监督工商行政管理部门及其工作人员行使行政保护职权的法律规定。

（三）《著作权法》历次文本对著作权行政保护的具体规定与比较分析

相对来说，我国《著作权法》出台较晚。到目前为止，它还只有两个文本：1990 年制定的《著作权法》和 2001 年第一次修正的《著作权法》。以下

❶ 商标行政查处包括商标行政处罚和行政强制等具体行政行为。

对这两个文本中关于著作权行政保护的相关规定进行比较（见表3－3）。

表3－3 《著作权法》历次文本对著作权行政保护的规定之比较

法律名称	1990年文本	2001年第一次修正后的文本
《著作权法》	第8条	第7条
	第27条	第27条
	第46条	第47条
	第48条、第49条第1款	第54条
	第50条	第55条

通过对表3－3中所列的著作权行政保护条款的研究，再与上述《专利法》和《商标法》的相关规定进行比较，可以发现著作权行政保护与专利、商标行政保护具有以下区别：

（1）《著作权法》中关于著作权行政保护的条款数量较少。著作权行政保护条款在1990年《著作权法》文本中只有6条，2001年的文本还对其中的相关条款进行了合并，只有5条。❶ 这与前述《专利法》和《商标法》中有较多数量的条款对行政保护进行规定，形成鲜明对比。

（2）《著作权法》历次文本中从来没有出现过著作权行政管理部门在处理著作权侵权纠纷时可以“责令赔偿被侵权人的损失”的规定，也就是说，著作权行政管理部门在历史上不曾有过“过渡性的民事纠纷处理机构”❷ 这种法律地位。而专利管理部门和工商行政管理部门的这一地位在《专利法》和《商标法》的首次制定文本和第一次修正文本中均得到了体现，❸ 只有在现行文本中这一法律地位的相关规定才得以删除。

（3）在行使“责令停止侵权行为”的职权上，著作权行政管理部门与专利管理部门、商标行政管理机关存在不同之处。首先，《著作权法》在1990年文本中并没有规定著作权行政管理部门可以行使“责令停止侵权行为”的

❶ 值得注意的是，2001年《著作权法》关于著作权行政保护的条款虽然比1990年文本少了一条，但著作权行政保护的力度不仅没有削弱，反而得到了强化。

❷ 汤宗舜：《专利法解说》，知识产权出版社2002年修订版，第32页。

❸ 1984年《专利法》和1992年《专利法》的第60条，1982年《商标法》和1993年《商标法》的第39条。

职权，只有在2001年第一次修正后，才明确增加了这一职权。但是，专利管理部门和商标行政管理机关“责令停止侵权行为”的职权在《专利法》和《商标法》的历次文本中都得到了明确规定。其次，相关知识产权行政部门行使“责令停止侵权行为”职权的前提条件也有所不同。2001年修改的《著作权法》明确规定行使这一职权的前提条件是侵犯著作权的行为“同时损害了公共利益”，因此，著作权行政管理部门行使这一职权可以并不以相关权利人提出请求为前提，而主要是主动依职权来行使这一权利；❶ 与此形成对比的是，管理专利工作的部门和商标行政管理机关行使这一职权并不需要以“同时损害了公共利益”这一条件为限制，但是，《专利法》和《商标法》也为行使这一职权规定了其他两项条件，即由有关利害关系人提出处理请求和接受处理的管理部门认定侵权行为成立❷时，它们才能行使这一职权，而这两个条件在《著作权法》中并没有规定。

（4）在行政调解方面，著作权行政管理部门与管理专利工作的部门、商标行政管理部门的法律地位也有些不同。虽然现行《著作权法》规定“著作权纠纷可以调解”，❸ 但是，它并没有明确指出著作权行政管理部门可以应当事人的请求调解著作权纠纷，而这一点，在《专利法》和《商标法》中均有明确规定。❹ 同时，尽管著作权行政管理部门可以依据“著作权纠纷可以调解”这一规定调解相关纠纷，并且事实上它也调解了大量的著作权纠纷，❺ 但是，笔者认为，著作权行政管理部门行政调解的法律地位并不如管理专利工作的部门和商标行政管理部门进行行政调解的法律地位。这一点可以以专利为例来进行说明，专利纠纷行政调解在相关法律法规中具有尤为重要的作用与地位，这主要表现在除《专利法》明确规定了管理专利工作的部门可以对侵权赔偿额进行调解外，在现行《专利法实施细则》中还进一步扩大了行政调解专利纠纷的范围，❻ 在国家知识产权局制定的《专利行政执法办法》中还设专

---

❶ 2001年第一次修正后的《著作权法》第47条。

❷ 现行《专利法》第57条和现行《商标法》第53条。

❸ 2001年第一次修正后的《著作权法》第54条。

❹ 现行《专利法》第57条和现行《商标法》第53条。

❺ 郑成思主编：《知识产权法教程》，法律出版社1993年版，第119页。

❻ 2001年6月15日国务院令第306号公布的《中华人民共和国专利法实施细则》第79条。

章对专利纠纷的行政调解进行了明确规定。❶ 这种法律地位的详细规定，在相关著作权法律法规中是没有的。

（5）在著作权行政保护的内容体系中，没有著作权行政受理、行政审查和行政授权等内容，著作权行政部门也很少行使行政裁定权。这一点主要是由著作权是一种自动产生的权利所决定的。与此不同的是，专利权和商标权的产生均需要行政机关的介入，因此，行政受理、行政审查和行政授权都构成其行政保护的重要内容。

（四）知识产权法律关于行政保护的共性规定与分析

综上所述，尽管《著作权法》与《专利法》《商标法》有以上不同，但在以下几个方面，三部主要的知识产权法律对行政保护的规定是相同的。（1）三部法律的历次文本都有行政保护的规定，行政保护与司法保护并行的“双轨制”保护模式构成我国知识产权保护的一大特色。（2）从三部主要知识产权法律的历次修订看，行政保护在整体上均不断强化。这一点与我国政府不断优化知识产权行政保护制度，有效保护知识产权权利人合法权利的宏观思路相一致。（3）在现行的三部主要知识产权法律中，行政违法行为查处构成行政保护的核心内容。（4）现行三部主要知识产权法律关于行政保护力度的规定有强弱之别：商标行政保护和著作权行政保护力度相对较强，专利行政保护相对较弱。而从第三次修正《专利法》的《征求意见稿》来看，如果该草案能够顺利获得全国人大常委会的通过，则专利行政保护相对较弱的地位会很快得到改变。

三、知识产权行政保护的含义

上面从各种法学界定和几部主要知识产权法律的具体规定两个方面对知识产权行政保护的内涵与外延进行了全面研究。在此基础上，以下再进一步探讨知识产权行政保护的含义。

所谓知识产权行政保护是指相关国家行政管理机关在遵循法定程序和运用法定行政手段的前提下，依法处理各种知识产权纠纷、维护知识产权秩序和提高知识产权社会保护意识，从而有利于知识产权制度扬长避短的一种法律保护

❶ 2001年12月17日国家知识产权局第119号令公布的《专利行政执法办法》第三章。

方式。具体说来，知识产权行政保护至少包括如下内容：知识产权行政授权、知识产权行政确权、知识产权纠纷的行政裁决、知识产权纠纷的行政调解、知识产权违法行为的行政查处、知识产权行政救济、知识产权行政法制监督、知识产权行政服务，等等。其中，知识产权违法行为的行政查处构成目前我国知识产权行政保护最为核心的内容。

应该说对知识产权行政保护含义的这一理解是在综合各种学术界定和法律对知识产权行政保护的具体规定后形成的。本书的界定尤其强调了四点：(1) 这一定义包含知识产权行政保护的所有基本特征，如保护主体是行政管理机关，遵循的是行政程序，运用的是行政职权和行政手段，等等。(2) 从知识产权行政保护的方式看，它不仅是处理各种知识产权纠纷的个案保护，而且包括相关国家行政管理机关为维护知识产权秩序和提高知识产权社会保护意识所作出的全部行为。这一点使得知识产权行政保护的含义与我国现行法律对知识产权行政保护的具体规定相一致，同时，也扩展了知识产权行政保护的范围。(3) 本书的界定突出强调“行政查处”构成我国现行知识产权行政保护体系最为核心的内容。这一点是由知识产权行政保护应着眼于维护知识产权秩序和 TRIPS 协议明确规定知识产权为私权❶的根本理念所决定的，也与遵循“不告不理”原则的司法保护形成鲜明对比。(4) 强调知识产权行政保护是一种有利于知识产权制度扬长避短的法律保护。这一点是由知识产权是一种兼具公权性质的私权本质❷所决定的，也就是说，我国的知识产权行政保护和司法保护应该既分工又合作：对于知识产权公权性质的一面，可以尽量发挥行政保护的优势，而对于知识产权私权性质的一面，应该充分发挥司法保护的优势，❸ 从而使我国的整个知识产权执法制度不断得到完善和优化。

---

❶ TRIPS 协议序言。

❷ 冯晓青、刘淑华：“试论知识产权的私权属性及其公权化趋向”，载《中国法学》2004 年第 1 期；李永明、吕益林：“论知识产权之公权性质——对‘知识产权属于私权’的补充”，载《民商法学》2004 年第 9 期。

❸ 关于行政保护和司法保护既分工又合作的关系，在 21 世纪初修改的几部主要知识产权法律中，均有所体现，如废除行政终局决定，弱化行政保护中处理纯知识产权民事纠纷的职权，等等。

第二节 TRIPS协议对知识产权行政保护的规定与启示

知识产权行政保护是一个具有中国特色的知识产权保护制度，它是指我国知识产权行政管理部门依法处理知识产权纠纷、查处知识产权违法行为等一系列行政执法活动的总称。对于这一土生土长的知识产权保护制度是否应当继续存在和发展，理论界历来存在“去留之争”。❶ 当前，我国三大知识产权法律正在进行新一轮修改，特别是专利法第四次修改草案（征求意见稿）进一步加大专利行政保护力度的建议，❷ 更是引发了理论界对知识产权行政保护“去留之争”的深入探讨。反对者的一个重要理由是，TRIPS协议并没有规定各成员必须实施行政保护制度，并且，TRIPS协议除了对该制度予以严格限制外，其肯定性规定与态度不明确，因此，我国专利法强化这一制度与国际惯例不符，不利于与国际接轨，应当予以取消。那么，TRIPS协议对知识产权行政保护制度到底有哪些具体规定？其对该制度的基本态度又是什么？TRIPS协议的这些规定与态度对我国完善知识产权行政保护制度又会带来哪些启示？本节将对这些问题进行研究。

一、TRIPS协议对知识产权行政保护的规定

通过对TRIPS协议条文的研读，可以发现，该协议中与知识产权行政保护制度相关的条款有30条（处）之多（见表3－4）。在这些条款中，没有发现否定知识产权行政保护制度的规定，它们除了包括学者们经常提到的排除知识产权行政保护弊端的限制性规定外，更多的是直接或间接地涉及知识产权行政保护制度的肯定性规定。

❶ 邓建志：“中国专利行政保护制度的基础理论研究”，载《湖南师范大学社会科学学报》2012年第3期。

❷ 2012年8月，国家知识产权局公布《中华人民共和国专利法修改草案（征求意见稿）》，其强化专利行政保护的条款主要体现在对现行专利法第60条、第64条、第65条的修改，强化的内容主要表为：赋予管理专利工作的部门调查取证权、侵权损害赔偿决定权、查处和制止恶意侵权行为的职能等。资料来源：http：//www. sipo. gov. cn/tfs/dtxx/jndt/201208/t20120810_736933. html，2012年9月26日访问。

表 3－4　TRIPS 协议有关知识产权行政保护的条款

协议名称	肯定性条款	限制性条款
TRIPS 协议	序言第 1 段	第 31 条（i）（j）项
	序言第 2 段（c）	第 41 条第 3、4 款
	第 1 条第 1 款	第 48 条第 2 款
	第 2 条第 2 款	第 49 条
	第 7 条	第 58 条（c）款
	第 22 条第 3、4 款	第 63 条第 1、3、4 款
	第 23 条第 1 款脚注、第 2 款	—
	第 24 条第 3 款	—
	第 41 条第 1、2 款	—
	第 49 条	—
	第 50 条第 8 款	—
	第 51～60 条	—
	第 62 条第 1、2、4、5 款	—
	第 65 条第 5 款	—

二、对 TRIPS 协议中知识产权行政保护规定的评析

由表 3－4 可以看出，TRIPS 协议肯定知识产权行政保护的规定有 24 条（处），❶ 排除知识产权行政保护弊端的限制性规定有 6 条。总的说来，通过分析这些规定可以看出，TRIPS 协议在吸纳并积极肯定知识产权行政保护制度的同时，还对这一制度中不利于知识产权有效保护的消极因素加以限制与排除，从而体现出 TRIPS 协议对知识产权行政保护制度的“扬弃”态度。由于学界对 TRIPS 协议中排除知识产权行政保护弊端的限制性规定研究较多，而对内容广泛的肯定性规定关注较少，且这些规定肯定知识产权行政保护的具体视角和程度并不相同，也比较复杂，故下面详细分析相关肯定性规定，对限制性规定

❶ TRIPS 协议对知识产权行政保护的规定除了正式条款之外，还包括序言和正式条款脚注，由于序言和正式条款脚注均是协议不可分割的一部分，也是 TIRPS 协议相关原则的一种浓缩表达形式，理所当然地对各成员产生法律效力，因此，本书在分析这些具体规定时，对序言、脚注与正式条文不作区分，一并加以分析。

则不作重点分析。

(一) 对TRIPS协议肯定知识产权行政保护规定的评析

综观TRIPS协议肯定知识产权行政保护制度的规定，以肯定程度由弱渐强为标准，可以发现它们呈现出以下几个特征。

1. 允许各成员自由设置知识产权行政保护制度

这些规定主要体现在TRIPS协议“序言”的第1段、第2段（c）、第1条第1款、第7条、第41条第1款、第62条等。这些内容中的大部分并不是直接针对知识产权行政保护制度而进行规定，但它们为各成员根据本国立法与国情设置行政保护制度留下了空间，因此，可以把它们归类为允许各成员自由设置知识产权行政保护制度的规定。下面以TRIPS协议第1条第1款的规定为例进行解读。

TRIPS协议第1条第1款规定：“成员均应使本协议的规定生效。成员可在其域内法中，规定宽于本协议要求的保护，只要其不违反本协议，但成员亦无义务非作这类规定不可。成员有自由确定以其域内法律制度及实践实施本协议的恰当方式。”该条款可以作如下解读：(1) 从立法、行政、司法等各方面采取措施保证TRIPS协议生效是对各成员的总要求和基本义务。(2) 各成员在不违背TRIPS协议的前提下，完全可以自由选择规定更广泛的知识产权保护内容。(3) 各成员具体采用什么方式来实施TRIPS协议，可以自由根据其域内法律制度和实践来确定，它为各成员根据本国国情选择司法保护方式、行政保护方式抑或其他保护方式来保护知识产权留下了灵活的自由选择空间。由于该条款位于TRIPS协议的正文之首，属于总原则性质的条款，因此，它完全具有统领整个TRIPS协议的作用。显然，该条规定表明，知识产权行政保护方式不仅没有被排除在外，而且完全可以被各成员自主选择为有效保护知识产权的重要手段。

综上，虽然TRIPS协议的上述规定并非直接涉及知识产权行政保护，并且，对于知识产权行政保护来说，这些内容都是原则性的或者较笼统的规定，但是，这些规定足以表明：为了对知识产权进行充分有效的保护和实现TRIPS协议所规定的目标，各成员具体采用何种方式来保护知识产权，其完全可以根据自己的需要或者本国国情来自由作出选择。由此可见，TRIPS协议对各成员是否采用行政保护制度并没有作强制性规定，其基本态度是积极肯定的。

2. 体现了“低成本且高效率”的执法原则

“低成本且高效率”的执法原则主要体现在TRIPS协议第41条第2款和贯

穿于TRIPS协议第三部分关于“知识产权执法”规定的“更富有效率”的基本执法理念之中。

TRIPS协议第41条第2款规定：“知识产权的执法程序应该公平合理。它们不得过于复杂或者花费过高，或者包含不合理的时效或无保障的拖延。”该条款中“不得过于复杂或者花费过高”的规定对各成员降低执法成本提出了基本要求，而“不得包含不合理的时效或无保障的拖延”则是对各成员提高执法效率的明确要求。需要指出的是，这一规定处于TRIPS协议第三部分关于“知识产权执法”规定的第一节，即是以各成员必须遵守的“总义务”的一般条款形式进行规定的，显然，“降低执法成本、提高执法效率”构成TRIPS协议中知识产权执法的基本原则。与TRIPS协议这一执法原则相适应的是，知识产权行政保护能够快捷而又低成本地为权利人及时提供权利救济，这也是行政保护相对于司法保护的一个重要优势。

其实，在TRIPS协议的谈判之初，就有谈判者试图提出用一种“更富有效率的全新知识产权体系”来取代已有的知识产权国际保护框架。❶ 该“更富有效率的全新知识产权体系”的设想虽然没有作为一个整体被TRIPS协议所采纳，但是，“更富有效率地保护知识产权”的基本理念已经被采纳并体现在TRIPS协议第三部分关于“知识产权执法”的规定之中，让其确确实实成为一个全新的富有效率的执法体系，❷ 这一点是不容置疑的。笔者认为，知识产权行政保护制度能够被吸纳到TRIPS协议之中，并获得积极肯定，正是该“更富有效率”的基本执法理念的体现。

据此，各成员根据自身需要让知识产权行政保护制度继续存在和发展下去，既符合TRIPS协议“低成本且高效率”执法原则的规定，也符合TRIPS协议“更富有效率”的基本执法理念。

3. 明确肯定知识产权行政保护制度

TRIPS协议第49条和第50条第8款是明确肯定知识产权行政保护制度的两个条款。

第49条规定：“在以行政程序确认案件的是非并责令进行任何民事救济

❶ Daniel Gervais, *The TRIPS Agreement: Drafting History and Analysis*, Second Edition, Sweet & Marxwell, London, 2003, p. 68.

❷ Daniel Gervais, *The TRIPS Agreement: Drafting History and Analysis*, Second Edition, Sweet & Marxwell, London, 2003, p. 69.

时，该行政程序应符合基本与本节之规定相同的原则。”该条规定虽然简单，但它很明确地表明了 TRIPS 协议对知识产权行政保护的基本态度：对于知识产权这种私权，各成员既可以通过行政保护方式来裁决相关案件的是非曲直，也可以通过行政保护方式来发出民事救济的命令。由此可见，TRIPS 协议对知识产权行政保护的态度是明确肯定的。当然，TRIPS 协议在明确肯定的同时，也为知识产权行政保护程序设定了限制条件：该行政程序应遵循 TRIPS 协议第三部分第二节中有关民事程序的规定。TRIPS 协议所要求的这一条件实际上就是要尽可能地克服知识产权行政保护在程序公正方面存在的缺陷。综观第 49 条的规定，可以很明确地看到 TRIPS 协议对知识产权行政保护制度的“扬弃”态度：一方面，TRIPS 协议在整体上对这一制度持积极肯定的态度；另一方面，它也要尽可能地对知识产权行政保护制度中不利于知识产权有效保护的弊端加以排除和限制。

TRIPS 协议第 50 条单独构成一节，是关于“临时措施”（provisional measures）的详细规定。对于该条所规定的临时措施，虽然在西方国家主要是由司法当局来行使，但 TRIPS 协议也允许各成员根据本国法律的规定由行政机关来实施，这已明确规定在该条第 8 款中。需要指出的是，第 50 条第 8 款与前述的第 49 条除了所涉及的对象不同外，即前者涉及的是临时措施，后者涉及的是民事救济，二者在其他行文措辞上几乎完全一致。这里可以再一次非常明确地看到 TRIPS 协议对知识产权行政保护制度的“扬弃”的态度：只要这一制度有利于知识产权保护，它都要尽可能地将之吸纳到具体条款中明确规定，并加以改进，从而使这一制度更好地扬长避短。

4. 强调知识产权行政保护的独特地位与作用

TRIPS 协议第 22 条第 3 款和第 4 款、第 23 条第 1 款的脚注和第 2 款明确强调了知识产权行政保护制度的独特地位与作用。根据这些规定，各成员可以对地理标志提供两种保护方式：一是依职权（ex officio）主动保护地理标志，二是依利害关系人的请求保护地理标志。前者就是典型的知识产权行政保护，因为司法保护是不可能依职权主动行使的，它只能依利害关系人的请求来启动保护程序；而对于后者，利害关系人的保护请求既可以向法院提出，也可以向相关行政机关提出，如果是向行政机关请求保护地理标志，则当然属于知识产权行政保护的范畴。

第 23 条是对葡萄酒和白酒地理标志的补充保护。其第 2 款在知识产权行政保护的规定上与第22条第3款的规定基本相同，但是其第1款中的脚注则有所不同，它所规定的是成员在履行该款规定时可以不采用TRIPS协议第42条关于民事程序的保护方式，而代之以行政保护的方式。从第23条第1款的脚注看，与TRIPS协议其他条款关于行政保护的规定所使用的措辞主要是“administrative procedure”❶ 不同，该脚注所使用的是“enforcement by administrative action”，似乎行政保护在适用本款规定时具有特别重要的意义；并且，根据该脚注，TRIPS协议第42条规定的“必须提供民事司法程序”保护的命令性条款在此处也可以作为例外，而代之以行政保护措施，这为以行政保护手段介入地理标志的保护提供了便利条件。❷

通过对上述有关地理标志规定的研读与分析，可以看出，在地理标志这类知识产权领域，TRIPS协议非常明确地强调了知识产权行政保护的重要性，并希望尽可能地发挥出行政保护的独特优势与作用，因为其中的一些功能是司法保护难以替代的。对于TRIPS协议在地理标志上强调行政保护的这些规定，郑成思教授是这样评论的：“国内近年常有从事一般民法研究的学者，在知识产权保护上，过分强调‘行政少干预民事权利’。这种强调从民法原理上看可能是对的；但从知识产权这种特殊权利的保护上看，则有它的片面性。知识产权协议在第22条以及在其他一些条款中，都强调了行政当局对某些问题的主动干预（即不仅仅依权利人的主张而干预），是考虑了许多国家的现有实践的。”❸

5. 必须实施知识产权海关行政保护

海关是各成员对进出口关境实行监督管理的国家行政机关，❹ 在跨成员区域的知识产权保护中担负着重要作用。TRIPS协议第51～60条构成一节，对各成员的知识产权海关行政保护设定了最低保护标准。这些条款的规定使各成员域内知识产权海关行政保护法律的规定达到了空前一致，甚至基本上是大同小异了。需要指出的是，与前述有关知识产权行政保护的一般规定不同，对于知识产权海关行政保护，由于其具有不可替代的重要性，并且边境知识产权保

---

❶ 例如，TRIPS协议第49条。

❷ Daniel Gervais, *The TRIPS Agreement*: *Drafting History and Analysis*, Second Edition, London: Sweet & Marxwell, 2003, p. 197.

❸ 郑成思：《WTO知识产权协议逐条讲解》，中国方正出版社2001年版，第91页。

❹ 邵铁民：《海关法学》，上海财经大学出版社2004年版，第53页。

护中的一些保护措施也不可能完全由司法机关来行使，因此，TRIPS 协议明确规定了各成员有提供知识产权海关行政保护的义务。海关行政保护是各成员知识产权保护制度中不可或缺的组成部分。这又体现了行政保护制度在知识产权保护的一些特殊环节上的独特优势与作用。

6. 明确“不得减损已有知识产权保护水平”的原则

“不得减损已有知识产权保护水平”原则主要体现在 TRIPS 协议第 24 条第 3 款、第 2 条第 2 款和第 65 条第 5 款等规定之中。

第 24 条第 3 款规定：“成员在实施本节规定时，不得降低《建立世界贸易组织协定》生效日临近前业已存在的该成员保护地理标志的水平。”表面上看，该条与行政保护并不相关，但是，它从另一个视角对有知识产权行政保护传统的成员间接地提出了要求，那就是如果这些成员在加入世界贸易组织之前一直使用行政保护手段来保护知识产权，那么，在它们加入该组织后，不得因为取消或者削弱行政保护制度的作用而降低该成员之前业已存在的保护地理标志的水平。也就是说，这些成员如果取消或削弱行政保护制度会导致已有的地理标志保护水平降低，那么该成员在采取相应的替代性保护手段之前，不得取消或削弱已有的行政保护制度，否则，就有可能导致违背 TRIPS 协议。可见，该条款虽然并不是直接针对行政保护而言的，但是，仍然会对有行政保护传统的成员产生一定的间接影响。

其实，第 24 条第 3 款的这一规定，只是对 TRIPS 协议“不得减损已有知识产权保护水平”这一重要原则在地理标志保护上的突出强调，这一原则作为一个整体还在其他条款中有明确规定。同样，这些规定也与知识产权行政保护间接相关。例如，第 2 条第 2 款规定：“本协议第一至四部分之所有规定，均不得有损于成员之间依照《巴黎公约》《伯尔尼公约》《罗马公约》及《集成电路知识产权条约》已经承担的现有义务。”该条款作为 TRIPS 协议“总条款与基本原则”的一部分，显然体现了各成员在加入 TRIPS 协议后“不得减损已有知识产权保护水平”这一重要原则。又如，第 65 条第 5 款规定：“任何享有本条 1 ~ 4 款中任何一款提供的过渡期的成员均应确保在过渡期内其域内法律、条例及执法实践的任何变更不得导致降低符合本协议水平的保护。”该条款也直接而又明确地体现了“不得减损已有知识产权保护水平”原则。

根据上述 TRIPS 协议关于“不得减损已有知识产权保护水平”原则的规定，已经选择知识产权行政保护制度的成员如果取消行政保护制度会导致知识产权保护水平的降低而达不到TRIPS协议的要求，则必须有相应的替代性弥补措施，否则就有可能导致违背TRIPS协议。从这个意义上讲，我国现阶段的知识产权行政保护制度并不像某些学者所言是可有可无的，我国知识产权行政保护制度的“去与留”也绝不能仅仅依从于学界的某种观点，而应取决于取消行政保护制度，会不会导致我国已有的知识产权保护水平降低，如果会且达不到TRIPS协议的要求，则就不能取消或者削弱知识产权行政保护制度的作用。

（二）对TRIPS协议限制知识产权行政保护规定的评析

由于知识产权行政保护制度毕竟不是西方发达国家所普遍采用的制度，再加上该制度本身也存在公开性、公正性等方面明显不如司法保护的弊端，因此，由西方国家主导建立的TRIPS协议在对该制度予以积极肯定的同时，也对该制度作出了一些限制性的规定。

TRIPS协议排除知识产权行政保护弊端的限制性规定主要有6个条款：第31条（i）（j）项、第41条第3款和第4款、第48条第2款、第49条、第58条（c）款、第63条第1款、第3款和第4款等。这些限制性条款的内容并不完全相同，它们均是针对行政保护制度在某一方面的弊端而作出的限制性规定。例如，第31条（i）（j）项和第41条第4款涉及了司法审查原则，也就是行政终局决定必须有机会获得司法复审；第41条第3款是关于行政处理决定在形式和程序上的一般要求规定；第48条第2款和第58条（c）款从行政侵权责任的视角对知识产权行政保护进行了限制性规定；第49条规定了行政保护的程序必须遵循与司法保护基本相同的程序与原则；第63条是关于透明度原则的规定，等等。由于理论界对这些规定的探讨较多，故此处不再作详细解读。

三、TRIPS协议对知识产权行政保护的基本态度及对我国的启示

综上，TRIPS协议对知识产权行政保护制度既有肯定性规定，也有限制性规定，但并没有否定这一制度的规定。通过上述分析，可以进一步总结出TRIPS协议对知识产权行政保护制度的基本态度以及对我国的启示。

（一）TRIPS协议对知识产权行政保护制度的基本态度

第一，总的说来，TRIPS协议对知识产权行政保护制度持积极肯定的态度，即“扬弃”的态度。一方面，TRIPS协议对知识产权行政保护的规定非常广泛，其内容已涉及了知识产权保护的各个领域和方方面面，且对该制度的态

度是积极肯定的，甚至突出强调了该制度的独特优势与作用；另一方面，TRIPS 协议也尽可能地对知识产权行政保护制度的弊端加以排除和限制，从而体现出 TRIPS 协议对知识产权行政保护制度的“扬弃”态度。应当说，这种“扬弃”态度有利于各成员（尤其是一些发展中国家）对知识产权实现充分有效的保护。

第二，除海关行政保护外，TRIPS 协议允许各成员自主选择运用知识产权行政保护制度。也就是说，TRIPS 协议只是为各成员运用该制度留下了立法空间，并没有强制要求各成员必须采用知识产权行政保护制度，是否运用该制度，以及如何运用该制度，完全由各成员根据自己的国情作出灵活的选择。显然，TRIPS 协议的这些规定是在考虑各成员法律制度和执法实践差异的基础上作出的选择。

第三，各成员必须实施知识产权海关行政保护。TRIPS 协议对知识产权海关行政保护用专门一节作出了详细规定，并且与其他行政保护规定不同的是，TRIPS 协议对各成员的知识产权海关行政保护设定了最低标准，提供知识产权海关行政保护是各成员的义务，不可自由选择。

第四，TRIPS 协议突出肯定了行政保护制度在某些知识产权领域和知识产权保护的某些环节上具有独特地位与作用。例如，在对葡萄酒与白酒地理标志的保护中，TRIPS 协议第 23 条第 1 款的脚注就特别强调了行政保护制度在该类知识产权保护中的特殊地位与优势作用。

第五，已经选择了知识产权行政保护制度的成员若要取消或削弱该制度，应受到 TRIPS 协议“不得减损已有知识产权保护水平”原则以及其他一些限制性规定的制约，否则就有可能违背 TRIPS 协议。

（二）对我国的启示

通过对 TRIPS 协议关于知识产权行政保护制度基本态度的分析，并结合当前正在进行的专利法第四次修改，我国在进一步发展和完善知识产权行政保护制度时可以获得以下启示。

第一，理论界以 TRIPS 协议并没有强制性地要求各成员必须实施知识产权行政保护制度为理由来主张取消该制度的观点，是难以成立的。因为：（1）已经实行知识产权行政保护制度的成员若要取消该制度必须受到 TRIPS 协议“不得减损已有知识产权保护水平”原则的限制。（2）TRIPS 协议特别强调了知识产权行政保护制度在某些领域和某些环节的独特地位与作用，这表明知识产权行政保护并不是一种可有可无的制度。据此，我国知识产权行政保护制度的“去与留”，不能仅仅依从于学界的某种理论观点来作出决定，而应当建立在取消该制度会不会违反 TRIPS 协议“不得减损已有知识产权保护水平”原则以及国民是否有实际需求的基础上。

第二，在如何完善中国知识产权行政保护制度方面，可以获得以下启示：鉴于 TRIPS 协议突出强调行政保护（尤其是行政查处）在某些知识产权领域和知识产权保护某些环节上的独特地位与作用，我国可以进一步调整和优化知识产权行政保护制度的具体内容，即更加突出行政查处制度在知识产权行政保护中的地位与作用，使其成为知识产权行政保护制度的重心。

第三，虽然专利法第四次修改草案（征求意见稿）强化专利行政保护力度并不违背 TRIPS 协议的规定，但其增加管理专利工作的部门对侵权赔偿额的判定职能的规定，并不妥当。此修改在一定程度上是向 2000 年之前专利法有关专利行政裁决职能规定的回归，既与 TRIPS 协议限制知识产权行政裁决职能、强化行政查处职能的规定不一致，也与影响我国专利行政保护制度存在和发展的“关键因素”❶ 变化趋势以及我国专利行政保护制度的发展路径❷存在冲突。另外，根据国家知识产权局对专利法第四次修改草案的说明，此修改是为了解决专利维权“周期长”的问题，这也值得怀疑，因为管理专利工作的部门对侵权赔偿额的判定并不具有终局性，相反，增加此判定职能，可能还会产生更加延长专利维权周期的问题。

第三节 中国知识产权行政保护特色制度的发展趋势研究

我国实行司法保护与行政保护并行的“双轨制”知识产权保护模式。中国知识产权行政保护特色制度是指行政保护中对知识产权纠纷的行政处理和对知识产权违法行为的行政查处制度。尽管这一特色制度在我国已经实施了很多年，但是，时至今日，还很少有人对这一特色制度中存在的相关问题进行较系统的研究。本节力图从 TRIPS 协议、外国知识产权行政保护制度以及当前中国

❶ 邓建志：“中国专利行政保护制度的基础理论研究”，载《湖南师范大学社会科学学报》2012 年第 3 期。

❷ 邓建志：“我国专利行政保护制度的发展路径”，载《知识产权》2012 年第 3 期。

现状等几个方面，详细论证中国继续实施知识产权行政保护特色制度的必要性，详细论证并提出这一中国特色制度进一步发展的基本路径与发展模式。

一、问题提出

改革开放之初，中国知识产权立法明显呈现出“先有法律实践，后来才出现有关的理论研究”的特点，❶ 因此，在当时特定的历史条件下，知识产权行政保护特色制度并没有经过激烈的争论就比较顺利地得以建立。但是，在这一制度实行一段时间后，一些从事法学理论研究的学者对它提出了质疑，从而形成了目前学界对这一特色制度的“去留之争”态势。❷ 并且，这场争论❸一般在每次修改相关知识产权法律时表现得尤为突出，甚至成了《专利法》第二次修改时“争论最多、争议最大的问题”。❹ 当前，我国正在进行《专利法》和《商标法》等主要知识产权法律的新一轮修改，有关知识产权行政保护特色制度的“去留之争”也比较激烈，因此，对这一特色制度的发展趋势作出研究，显得很有必要。

与理论界的争论相对应的是，我国知识产权行政保护特色制度在实践中的表现完全是另外一番景象。首先，从立法实践来看，我国几部主要知识产权法

❶ 王月辉：“中国对知识产权法律保护的理论与特点”，载《国际经贸研究》1996 年第 2 期。

❷ 王晔：“知识产权行政保护刍议”，见《北大知识产权评论（第 1 卷）》，法律出版社 2002 年版，第 211 页。

❸ 概括起来，反对这一制度的主要理由有：这一制度与国际惯例不符，不利于与国际接轨；TRIPS 协议明确规定知识产权是一种私权，故行政权不宜干预；随着我国司法保护制度的不断完善，行政保护能够发挥作用的空间将会失去；等等。支持这一制度的主要理由有：知识产权行政保护制度是我国特定历史条件下的产物，不可轻言放弃；尽管 TRIPS 协议规定知识产权为私权，但那种认为知识产权纯属私法关系，完全无须政府干预的观点是不符合实际的；如果取消知识产权行政保护，必将降低我国的知识产权保护水平，导致知识产权保护的弱化；等等。参见王晔：“知识产权行政保护刍议”，见《北大知识产权评论（第 1 卷）》，法律出版社 2002 年版，第 211 页；莫于川：“知识产权行政保护制度亟待改革”，载《改革》1998 年第 6 期，第 90 页；国家知识产权局条法司：《新专利法详解》，知识产权出版社 2001 年版，第 318 ~ 319 页。

❹ 张耀明：“专利法修改中的几个问题”，见《知识产权研究（第十二卷）》，中国方正出版社 2002 年版，第 43 页。

律的历次修改，虽然对知识产权纠纷行政处理制度作了一些调整，❶ 但是知识产权行政保护特色制度从整体上仍然呈现出不断强化的趋势，特别是其中行政查处制度的强化势头表现得尤其突出。❷ 另外，从专利法第三次修改草案征求意见稿❸来看，专利行政保护特色制度更是呈现出了前所未有的强化趋势。❹ 其次，从执法实践来看，一方面，我国知识产权行政保护特色制度在实践中发挥了和正在发挥着巨大作用，❺ 并且，近几年来，这一特色制度在实践中还不断地摸索着建立一些创新机制；❻ 另一方面，笔者在实地调研中发现，❼ 一些知识产权行政执法人员也提出了这样的疑问："中国知识产权行政执法到底还能走多远"？也就是说，他们在知识产权行政保护特色制度上产生了"方向性困惑"。更为严重的是，这种"困惑"已经导致他们在实际处理知识产权纠纷或者知识产权违法行为时的消极执法或者怠于执法的客观结果。

综上，理论研究上的"去留之争"和立法、执法实践中的相关情况向我们提出了以下两个基本问题：第一，中国知识产权行政保护特色制度到底"是去还是留"？第二，这一特色制度应当"如何去与留"？

---

❶ 例如，可以比较现行《专利法》第57条与以前《专利法》第60条的相关规定。

❷ 例如，可以将现行《专利法》第58~59条与以前《专利法》第63条的相关规定进行比较；可以将现行《商标法》第53~55条与以前《商标法》第39条的相关规定进行比较；可以将现行《著作权法》第47条与以前《著作权法》第46条进行比较；等等。

❸ 国家知识产权局于2005年4月正式启动《中华人民共和国专利法》第三次修改的准备工作；2006年7月31日至2006年9月15日，国家知识产权局将《中华人民共和国专利法修订草案》在网上向全国征求意见。参见：国家知识产权局："关于征求对《中华人民共和国专利法修订草案》（征求意见稿）意见的通知"，载 http：//www. sipo. gov. cn，2006年8月8日访问。

❹ 例如，专利法第三次修改草案征求意见稿的第A4条、第A5条、第A11条等新增条款进一步强化了专利行政保护特色制度。参见：国家知识产权局："关于征求对《中华人民共和国专利法修订草案》（征求意见稿）意见的通知"，载 http：//www. sipo. gov. cn，2006年8月8日访问。

❺ 参见本节第五部分的相关数据。

❻ 邓建志、单晓光："中国知识产权跨区域行政执法协作机制研究——以长三角地区专利行政执法协作机制为例"，载《江苏法制报》2006年10月9日第6版。

❼ 2005~2007年，笔者在上海、湖南、江苏、浙江等省市的相关知识产权行政执法部门进行了为期几个月的实地调研。

二、TRIPS 协议对知识产权行政保护制度的基本态度

我国已于2001 年12 月11 日加入世界贸易组织，TRIPS 协议也因此而对我国产生约束力。TRIPS 协议中有较多的条款与知识产权行政保护制度相关。按照其相关程度，可以将这些条款分为两类：直接规定条款和间接规定条款。❶具体说来，TRIPS 协议关于知识产权行政保护的直接规定条款有 19 条，❷ 间接规定条款有 14 条（处）。❸ 通过对这些条款的研究，可以总结出 TRIPS 协议对知识产权行政保护制度的基本态度。

（1）知识产权行政保护制度比较顺利地纳入了 TRIPS 协议。虽然知识产权执法是 TRIPS 协议谈判的主要目标，也是谈判的焦点和难点之一，但是，知识产权行政保护制度，特别是其中的行政处理和行政查处制度，作为并非在多数国家普遍采用的一种知识产权执法方式，其并没有经过艰难的谈判，也从来没有成为谈判的焦点，就比较顺利地吸纳到了 TRIPS 协议的相关条款之中，并且这一制度所涉及的知识产权内容还非常广泛。

（2）总的说来，TRIPS 协议对各成员采用知识产权行政保护制度持积极肯定的“扬弃”态度。一方面，TRIPS 协议对这一制度的态度是鲜明的，即不是被动肯定的态度，更不是否定的态度，而是积极肯定的态度。TRIPS 协议的这一鲜明肯定态度尤其体现在其第 23 条第 1 款的脚注、第 49 条以及第 51 ~ 60 条等具体条款的规定之中。另一方面，由于行政保护制度也存在一些比较明显的缺陷，因此，TRIPS 协议对各成员采用这一制度也设定了一些限制条件，以求得对这一制度的积极改进。TRIPS 协议的这些限制主要体现在：行政保护的

---

❶ 直接规定条款是指对知识产权行政保护的主体、程序、手段或者内容等直接进行规定的条款；间接规定条款是指该条款虽然并不是直接针对行政保护的规定，但可以合理地推导出其与知识产权行政保护相关的条款。

❷ 它们是：TRIPS 协议第 22 条第 3、4 款，第 23 条第 1 款的脚注、第 2 款，第 31 条(g)、(i)、(j)，第 41 条，第 48 条第 2 款，第 49 条，第 50 条第 8 款，第 51 条，第 52 条，第 53 条，第 54 条，第 55 条，第 56 条，第 57 条，第 58 条，第 59 条，第 60 条，第 62 条第 1、2、4、5 款，第 63 条第 1、3、4 款。

❸ 它们是：序言第 1 段，序言第 2 段（c），序言第 4 段，第 1 条第 1 款，第 7 条，第 24 条第 3 款，第 42 条，第 43 条，第 44 条，第 45 条，第 46 条，第 47 条，第 48 条第 1 款，第 65 条第 5 款。

程序必须遵循与民事司法程序基本相同的原则；❶ 行政保护的终局决定必须接受司法机关的复审；❷ 等等。应当说，TRIPS 协议对知识产权行政保护制度的这种“扬弃”态度有利于各成员（尤其是一些发展中国家）对知识产权实现充分有效的保护。

（3）TRIPS 协议对知识产权行政保护制度采用的是各成员自主选择适用的方式。也就是说，TRIPS 协议并没有强制要求各成员必须采用知识产权行政保护制度，是否运用该制度，以及如何运用该制度，完全由各成员根据自己的国情作出灵活的选择。这一基本态度可以从 TRIPS 协议的相关行文措辞很明显地看到，例如，第 22 条第 3 款中的“ex officio if its legislation so permits”，第 23 条第 2 款中的“ex officio if a Member's legislation so permits”，第 49 条中的“can be ordered”，等等。显然，TRIPS 协议的这些规定是在考虑了各成员法律制度差异的基础上作出的选择。

（4）各成员不可选择适用知识产权海关行政保护。TRIPS 协议不仅对知识产权海关行政保护用专门一节❸作出了详细规定，而且与其他行政保护规定不同的是，提供知识产权海关行政保护是各成员的义务，不可自主选择。

（5）TRIPS 协议尤其肯定了行政保护制度在某些知识产权领域或者知识产权保护的某些环节上具有独特的甚至不可替代的作用。例如，在对葡萄酒与白酒地理标志的保护中，TRIPS 协议第 23 条第 1 款的脚注特别肯定了行政保护制度在该类知识产权保护中的特殊地位与优势作用。事实上，我国改革开放以来的实践也表明，我国行政机构通过行政程序来保护地理标志也获得了成功。❹ 又如，TRIPS 协议关于边境措施的规定就体现了知识产权海关行政保护的不可替代性地位与作用，等等。

（6）已经选择知识产权行政保护制度的成员若要放弃该制度，会受到 TRIPS 协议相关条款的间接制约。也就是说，如果各成员放弃已经选用的知识产权行政保护制度，则必须受到 TRIPS 协议“不降低已有保护水平”原则的限制，否则，就有可能违背 TRIPS 协议。TRIPS 协议对这一原则的规定主要体现在第 2 条第 2 款，第 24 条第 3 款，第 65 条第 5 款，等等。

---

❶ TRIPS 协议第 49 条等。

❷ TRIPS 协议第 41 条、第 62 条等。

❸ TRIPS 协议第 51～60 条。

❹ 郑成思：《WTO 知识产权协议逐条讲解》，中国方正出版社 2001 年版，第 93 页。

综上所述，通过对 TRIPS 协议关于知识产权行政保护制度基本态度的分析，可以看出：一方面，TRIPS 协议对知识产权行政保护制度持肯定态度：不仅这一制度的内容已涉及知识产权的各个领域和方方面面，而且它突出肯定了在某些特定的知识产权领域或者知识产权保护的特定环节上，知识产权行政保护制度具有特别重要的甚至不可替代的地位与作用。另一方面，TRIPS 协议也要尽可能地对知识产权行政保护制度中不利于有效保护知识产权的因素加以排除和限制。

三、相关国家知识产权行政保护特色制度的启示

知识产权行政保护中对知识产权纠纷的行政处理和对知识产权违法行为的行政查处，向来被认为是一种具有中国特色的制度，国外基本上没有，这是当前学界的主流观点，[1] 也是一些主张取消中国知识产权行政保护特色制度的学者所明确提出的反对理由。那么，外国到底有没有类似于我国的知识产权行政保护特色制度呢？通过对一些国家相关知识产权法律法规的研究，我们的回答是肯定的。也就是说，还是有一些国家（包括发达国家和发展中国家）有类似于我国的知识产权行政保护特色制度。例如，英国有专利纠纷行政处理制度：其早在 1977 年的专利法中就规定了英国专利局[2]有权处理各种专利纠纷案件，[3] 其现行专利法[4]不仅将专利局可以处理的专利侵权诉讼范围扩大到与法院基本相同，而且进一步对这一制度作出了完善规定；[5] 墨西哥知识产权行

---

[1] 需要说明的是，也有个别学者指出这一制度并非中国独有。郑成思：《知识产权法通论》，法律出版社 1986 年版，第 227 页；郑成思：《知识产权法》，法律出版社 2003 年版，第 231 页；胡佐超主编：《专利管理》，知识产权出版社 2001 年版，第 108 页；等等。

[2] 1852 年，英国推出专利法修正案并正式成立专利局；此后，随着社会的需要，版权、设计、商标等方面的管理职能逐渐并入专利局；2007 年 4 月 2 日，英国专利局正式更名为英国知识产权局；英国知识产权局目前是贸易和工业部的下属机构，负责管理有关专利、设计、商标和版权等方面的事务。资料来源：http：//www. sipo. gov. cn/sipo/xwdt/gwzscqxx/2007/200704/t20070427_167915. htm，2007 年 4 月 28 日访问。

[3] The UK Patents Act 1977，s61（3）、（4）a、（5）、（6）.

[4] 即 1977 年专利法（2006 年修订），资料来源：http：//www. ipo. gov. uk/patent/p－decisionmaking/p－law/p－law－legislation. htm，2007 年 4 月 8 日访问。

[5] The UK Patents Act 1977（as amended in 2006），s61（7）.

政保护制度中既有对知识产权纠纷的行政处理制度,❶ 也有对知识产权违法行为的行政查处制度,❷ 并且，其工业产权行政查处的力度和版权行政调解的效力比我国要大得多;❸ 美国专利商标局虽然并不处理知识产权侵权冲突等纯民事性质的纠纷，但是，其非知识产权行政机关对相关知识产权事项却享有较大的行政处理与行政查处权：美国国际贸易委员会（ITC）依据“337 条款”享有对知识产权的行政查处权,❹ 美国贸易代表办公室（USTR）依据“301 条款”对知识产权事项拥有广泛的行政查处权,❺ 等等；此外，还有菲律宾、泰国等其他国家也有类似于我国的知识产权行政保护特色制度。❻

通过对上述各个国家知识产权行政保护制度的研究与分析，笔者认为，我国知识产权行政保护特色制度在今后的进一步发展中可以从以下几个方面获得一些启示。

启示一：我国知识产权行政保护特色制度并非中国独有。学界主张取消中国知识产权行政处理和行政查处制度的一个重要理由是：它是一种具有中国特色的制度，国外很少有，甚至基本上没有。应该说，这一观点很容易让人产生一种误解，那就是知识产权行政保护是一种中国独有的制度。其实，经过对上述国家知识产权行政保护制度的探讨，可以非常明显地看到，人们通常所说的中国知识产权行政保护特色制度，在一些国家（包括发达国家和发展中国家）

---

❶ Mexico Industrial Property Law (as amended in 1997), Art. 6 IV, VI, VIII, IX, Art. 225, Art. 79, Art. 155, Art. 177, Art. 187, Art. 199, Art. 192bis, Art. 199bis. 1, Art. 199bis. 8, Art. 200, Art. 201, 等等; Mexico Federal Law on Copyright (as amended in 1996), Art. 186, Art. 217, Art. 218, Art. 237, Art. 238, 等等。

❷ Mexico Industrial Property Law (as amended in 1997), Art. 6, V, Art. 215, Art. 203, Art. 204, Art. 216, Art. 207, Art. 205, Art. 208, Art. 211, Art. 214, Art. 218, Art. 219, 等等; Mexico Federal Law on Copyright (as amended in 1996), Art. 210, Art. 232, Art. 233, Art. 234, Art. 235, 等等。

❸ Mexico Industrial Property Law (as amended in 1997), Art. 214, V; Mexico Federal Law on Copyright (as amended in 1996), Art. 218; 等等。

❹ 19U. S. C. §1337.

❺ 19U. S. C. §2411 ~ §2417, §2242.

❻ 管执：“对知识产权行政执法的几点认识”，资料来源：http://www.sipo.gov.cn/sipo/xwdt/ywdt/2007/200705/t20070516_170344.htm，2007 年 5 月 16 日访问；国家知识产权局：“泰国知识产权厅情况介绍”，载 http://www.sipo.gov.cn/sipo/gjhz/qkjs/200412/t20041223_66859.htm，2007 年 5 月 7 日访问。

也同样存在，甚至其中有的国家行政处理知识产权纠纷的范围比我国更广泛，❶ 也有的国家行政查处知识产权违法行为的力度比我国更大。❷ 有鉴于此，笔者认为，尽管这些国家的知识产权行政保护制度在保护模式或者具体的行政保护职权上与我国的行政保护制度存在一些差异，但是，这一制度并非中国独有，一些学者以外国（特别是发达国家）不存在这一制度为理由来主张取消我国知识产权行政保护特色制度是没有事实根据的。

启示二：我国知识产权行政保护特色制度的“去与留”以及“如何去与留”，应当根据我国国情和实际需要来决定。从国外关于知识产权行政保护制度的规定来看，它们并没有一个统一的模式，行政保护的具体内容也各不完全相同，但是，它们有一个共同特点：均是依据本国的历史传统、法治进程以及维护本国利益的实际需要等基本国情来决定其知识产权行政保护制度的具体内容和具体模式的。基于此，对于我国知识产权行政保护特色制度的“去与留”以及“如何去与留”，也绝不能仅仅依从于学界的某种观点，而应当根据我国的基本国情和法治发展进程的客观需要来决定。

启示三：我国知识产权行政保护特色制度应当以维护我国国家利益和本土知识产权主体的合法权利为核心目标。目前，我国还缺少从整体上维护国家利益和本土知识产权主体合法权利的知识产权海外维权机制。我们也可能还存在一种误解：认为美国的知识产权主要是通过司法方式进行保护的，其没有行政保护，或者说其行政保护所起的作用甚小。其实，通过对美国知识产权行政保护制度的研究，可以发现，尽管司法保护在美国知识产权保护体系中起着举足轻重的作用，这不容否定，但是，其知识产权行政保护也很成功和发达，特别是其非知识产权行政主管部门在打击美国海外和国际贸易中的知识产权侵权行为方面，扮演着不可替代的重要作用。这一点，较少为我们所关注，或者说我们并没有从行政保护的视角去关注；同时，也应当注意到美国非知识产权行政主管部门行政保护制度的以下突出特点：强调以重拳出击的方式及时高效地打击美国知识产权在海外或者国际贸易中受到侵犯的行为，以尽可能地维护美国国家利益和美国知识产权市场主体的权利为核心目标。例如，美国贸易代表办

❶ 例如，英国专利局可以行政裁决相关知识产权赔偿纠纷，而根据我国现行法律的规定，我国地方知识产权局对此类纠纷只能调解，不能裁决。

❷ 例如，墨西哥知识产权局和美国的一些非知识产权行政主管部门行政保护的权力和力度均比我国大。

公室依据“特别301条款”打击海外知识产权侵权行为和维护本国利益就是很明显的例子。与美国不同，我国整个知识产权制度的建立和发展，向来是迫于发达国家的压力，在其挤压下发展起来的，时至今日，发达国家的“步步紧逼”从来没有让我们有过喘气的机会，因此，我国在设计知识产权制度时，没有余暇、也很少有意识地将知识产权保护的天平合法地倾向于维护本国的国家利益和本土知识产权主体的合法权利。笔者认为，我国在下一步设计知识产权行政保护特色制度时，应当很好地借鉴美国非知识产权行政主管部门保护知识产权的前述经验，以最大可能地维护我国国家利益和本土知识产权主体的合法权利为核心目标。可喜的是，在2007年召开的中国保护知识产权高层论坛上，相关政府部门已经提出“我国正在研究建立企业知识产权海外维权机制，以加大对企业海外维权的支持力度”。❶

启示四：从发展趋势来看，我国知识产权行政保护特色制度应当以提供优质行政服务作为基本理念和工作重心。通过对相关国家知识产权行政保护制度的研究发现，不仅行政服务在这些国家的相关知识产权法律中有详细规定，而且，行政服务在整个知识产权行政保护制度中也占据非常重要的地位，甚至可以说是核心地位。另外，建设服务型政府也是我国从当前尚不很成熟的社会主义市场经济过渡到成熟的市场经济必须要解决好的问题。因此，从长远来看，尽可能地提供优质行政服务应当成为我国进一步发展知识产权行政保护特色制度的基本理念和工作重心。

四、影响中国实施知识产权行政保护特色制度的重要因素

知识产权行政保护特色制度在中国得以建立、发展以及当前在整体上呈现出不断强化的趋势，这并不是偶然的，而是有其必然性和必要性。以下主要通过分析影响或者导致中国知识产权行政保护特色制度建立和发展的一些内外因素来理解这种必然性和必要性。

（一）中国强势行政与弱势司法的历史传统

与西方发达国家相比，中央集权的封建社会制度在中国的历史要长得多，中国也没有经历一个典型的以自由、民主、人权和法治为特点的资本主义社会

❶ 王蓓：“我国将建立企业知识产权海外维权机制”，载 http：//www. sipo. gov. cn/sipo/xwdt/ywdt/2007/200705/t20070510_169258. htm，2007年5月19日访问。

的充分发展阶段，再加上1949年以后，中国长时期实行以国家集权为特征的计划经济，"市场经济"这个词对于中国社会来说只有在近20多年来才不陌生。综观中国社会的这一发展历程，不难看出"高度集权"和"官本位"构成中国政治体制的重要特点，"大公无私"向来就主导着整个社会，私人活动的空间非常狭小，国家行政也就成为整个社会的绝对重心。在这种体制下，人们遇到纠纷或者权利受到侵犯总是习惯于找上级、找单位、找政府部门，而不是找法院，因此，法院在这种体制下的地位非常微弱。尽管这一状态在当代中国已经有了很大的改变，然而，要彻底根除几千年来所遗留下的习惯和思维模式，还有待时日。❶

正是在这种强行政、弱司法的体制下，中国知识产权行政保护特色制度并没有经过很多争论就很容易地在相关知识产权法律中得到明确规定，从而得以建立。这一点在专利行政保护制度的建立上体现得尤其明显，❷ 并且，按照当时的设计，专利管理机关主要是民事纠纷处理机关，❸ 这实质上就是以行政机关来代替司法机关行使职权。显然，这样的职权设置在西方法治较发达的国家中是很难想象的，它们即使有可能实行这一制度，也不可能像在中国一样不经过激烈争论就十分顺利地进入法律的规定之中。由此可见，我国知识产权行政保护特色制度得以建立、发展并呈现强化势头的一个重要原因就是中国强势行政与弱势司法的观念和历史传统已经深入人心，尤其是改革开放之初在对我国是否建立知识产权制度还存在较大争论的客观环境下，政府的强势主导作用也就成了我国知识产权行政保护特色制度得以建立的关键因素。❹

（二）中国传统文化的影响

中国是一个有着五千年历史的文明古国，悠久的历史创造了灿烂的文化，但是，在中国传统文化中有些理念与现代知识产权制度并不相融洽。例如，代表中国传统文化主流的儒家文化并不重视个人权利：儒家法律的价值标尺并不

---

❶ 张树义：《中国社会结构变迁的法学透视——行政法学背景分析》，中国政法大学出版社2002年版，第260～309页。

❷ 赵元果编著：《中国专利法的孕育与诞生》，知识产权出版社2003年版，第284页。

❸ 汤宗舜：《专利法解说》，知识产权出版社2002年版，第340～341页。

❹ 赵元果编著：《中国专利法的孕育与诞生》，知识产权出版社2003年版，第56～207页。

是指向个人，即法律并不确认和维护个体自然人对于他人或社会的权利，而是指向了集体。[1] 又如，在道德规范和法律规范两者之间，儒家文化强调前者是第一性的，后者是第二性的。[2] 很明显，儒家文化这种轻视个人权利，强调“大公无私”，主张“德治”与“礼治”，特别是置“利”与“义”“礼”于相互对立的境地，所谓的“君子喻于义，小人喻于利”等基本文化理念与现代知识产权制度强调知识产权是一种私权的法定理念存在尖锐矛盾。

到了近现代，马克思主义传入中国，其对知识财产更是持严厉批评的态度，认为这是资本主义条件下的异化现象。可以说这种观念一直延续到改革开放之前，甚至在当今都还有一定的影响。正如有的学者所言：“儒家传统文化与马克思主义的结合，刚好形成了一道排斥知识私有化的思想防线，致使著作权观念与中国传统文化的主流意识格格不入。”[3]

中国传统文化与现代知识产权制度在基本理念上的上述冲突，成为导致我国国民知识产权保护意识十分薄弱的重要因素：他们既不注重保护自己的知识产权，也不把侵犯他人知识产权当回事。也许这就是当前中国群体侵权和重复侵权屡禁不止、知识产权侵权状况还非常严重的文化根源。在这种情形之下，如果主要靠以被动保护为特点的国际通行的司法保护制度来处理知识产权侵权纠纷和违法行为，显然会有些力不从心，有效保护知识产权也就显得举步维艰。相反，如果运用具有主动保护特点的行政保护制度，则能更加有效地打击知识产权侵权和违法活动，维护知识产权市场秩序，从而发挥出更好的执法效果。正是在这个意义上，可以说，中国传统文化促成了我国知识产权行政保护特色制度的建立和发展，“知识产权行政执法就有了存在的必要性”。[4]

（三）行政保护的优势

行政保护之所以能够成为我国知识产权“双轨制保护模式”中的一翼，一个很直接的因素就是它具有许多司法保护所不具备的优势。例如，行政保护程序相对简便，具有便民、高效的特点；行政保护的成本相对较低，不失为多

---

[1] 武树臣：《儒家法律传统》，法律出版社2003年版，第9~10页。

[2] 同上书，第11页。

[3] 曲三强：《窃书就是偷——论中国传统文化与知识产权》，知识产权出版社2006年版，第3页。

[4] 刘华、周莹：“我国知识产权文化建设的层次与目标”，载《知识产权》2006年第3期。

数情况下降低私人成本和社会成本并节省目前非常短缺的司法资源的一种优先选择；❶ 行政保护能够依职权主动出击打击知识产权侵权和违法行为，具有主动性特点，这一特点尤其有利于遏制当前我国群体侵权、反复侵权、异地侵权等还较为严重的知识产权侵权态势；实行行政保护，有利于知识产权行政主管部门专业优势得到发挥；民事权利的行政保护在我国有着悠久的历史传统与深厚的群众基础，实施行政保护符合广大社会民众的需要；❷ 行政保护并不排除选择司法保护的机会；等等。

（四）知识产权兼具公权性质的本质为行政保护创造了条件

关于知识产权是公权还是私权的性质问题，在西方历史上曾经有过激烈的争论，改革开放后我国学界也有过这种理论之争，但是，自 TRIPS 协议明确规定知识产权为私权❸后，这一问题似乎得到彻底解决。这里不再在知识产权“姓公与姓私”的问题上进行讨论，只想强调一点的是，TRIPS 协议规定知识产权是私权并不能抹杀这么一个事实：知识产权与其他民事权利并不完全相同，其兼有公权性质，并且在现代社会中其公权化倾向显得越来越明显。对此，我国一些学者有这样的论述：“在当代，知识产权的私权性质并没有发生变化，但国家介入因素在增强；换言之，知识产权私权的公权化因素在增强。知识产权的公权化表明知识产权已经不是一种纯粹的私权，而是一种具有公权因素的私权。”❹ 也有另一些学者的论述更加明确：“知识产权越来越多地突破传统私法的领域，其公权性质的体现已甚是明显，突出表现为国家（或政府）的公权力干预不断强化。‘政府角色’越来越多地介入知识产权制度；并且随

❶ 莫于川：“新技术革命与知识产权行政保护制度创新论要”，载《中国人民大学学报》1999 年第 4 期。

❷ 有调研表明：上海市民在自己的知识产权受到侵犯后，41.5% 的市民首选行政保护的方式来进行救济，这一比例高于首选司法保护方式的 40.1% 和首选调解方式的 18.4%。参见：“上海市民遇知识产权纠纷首选司法保护或行政保护”，载 http://www.sipo.gov.cn/sipo/xwdt/ywdt/2007/200706/t20070606_174307.htm，2007 年 6 月 7 日访问。

❸ TRIPS 协议序言。

❹ 冯晓青、刘淑华：“试论知识产权的私权属性及其公权化趋向”，载《中国法学》2004 年第 1 期。

着全球化进展的加快，各国都倾向于向知识产权‘国家战略化’发展。”❶ 笔者认为，TRIPS 协议规定知识产权是私权，其本意是要为整个协议定下一个私权保护的基调，是要让知识产权像其他民事权利一样在各成员域内得到平等的保护，避免受到歧视对待，而并不意味着是对知识产权兼具公权性质的否定，这一点可以从 TRIPS 协议规定的目标、❷ 原则❸以及明确肯定各成员为了保护公共利益而对知识产权保护作出限制的规定❹等条款得到证实。

基于上述认识，可以认为，知识产权兼具公权性质的一面不仅为我国实行知识产权行政保护特色制度，特别是其中的行政查处制度，提供了内在条件，构成促成这一制度不断发展与强化的重要因素，而且为我国知识产权行政保护的重心由原来的行政处理知识产权纠纷转移到现在的行政查处知识产权违法行为提供了理论依据。

（五）以美国为代表的西方发达国家的压力

知识产权保护制度在中国得以建立和发展的一个总的背景就是迫于西方发达国家要求高水平保护知识产权的压力，其中以 20 世纪 90 年代进行的历次中美知识产权谈判显得尤其突出。此外，在每次中美知识产权谈判后，包括欧共体、日本、瑞士等在内的其他一些发达国家和地区也效仿美国，与中国签订双边协议或者依据最惠国待遇原则享受到了中美知识产权谈判的成果。❺ 综观这些知识产权谈判及其谈判结果，可以很明显地发现，以美国为代表的西方发达国家的压力，构成我国知识产权行政保护特色制度得以建立和发展的一个重要国际背景。

（六）国际上 ADR 热潮的影响

ADR（Alternative Dispute Resolution）是指一切诉讼外纠纷解决方式的总称，❻ 我国学者一般将之译为“替代性纠纷解决方式”或“多元化纠纷解决方

---

❶ 李永明、吕益林：“论知识产权之公权性质——对‘知识产权属于私权’的补充”，载《民商法学》2004 年第 9 期。

❷ TRIPS 协议第 7 条。

❸ TRIPS 协议第 8 条。

❹ TRIPS 协议第 31 条、第 40 条，等等。

❺ 李明德：《“特别 301 条款”与中美知识产权争端》，社会科学文献出版社 2000 年版，第 188 页、第 209 页。

❻ Elizabeth A Martin，*Oxford Dictionary of Law*，Oxford University Press，2002，24。

式”。ADR在20世纪后半叶起源于美国，并在其他一些法治发达的国家中迅速发展起来。当前，积极发展各种非诉讼纠纷解决机制（ADR）已经成为一种世界性的时代潮流。❶ 虽然ADR受到各个国家的重视，但到目前为止，其发展还并没有形成普遍性的规律，各个国家完全可以根据本国国情探索符合自身需要的模式。我国对ADR的探索不只是表现在学者们的理论研究上，而且在实践中也有了切实的尝试。例如，厦门市人大常委会于2005年10月通过的《关于完善多元化纠纷解决机制的决定》❷，就是我国第一个以地方立法的形式对纠纷解决机制进行规范的法律文件。❸

显然，发端于20世纪后半叶的国际ADR热潮已经波及我国，特别是ADR热潮所表明的“诉讼方式（也就是司法保护方式）在很多情况下并不是解决纠纷的唯一选择或者最佳选择的理念”对我国知识产权行政保护特色制度的发展和强化产生了具有理论意义的影响。

上述六种因素是影响或者导致我国知识产权行政保护特色制度得以建立和发展的重要原因。它们对这一中国特色制度所发挥的作用是在长期历史过程中形成的，不可能会在短期内彻底消失。笔者认为，只要这些因素还在起作用，我国知识产权行政保护特色制度就难以完全退出历史舞台。

五、中国知识产权行政保护特色制度在实践中发挥着重要作用

中国知识产权行政保护特色制度在执法实践中的实际表现也非常突出，发挥了和正在发挥着有效保护知识产权的巨大作用。下面以我国专利、商标和著作权三类主要知识产权行政管理部门历年来行政处理的知识产权纠纷和行政查处的知识产权违法行为案件的数量为例来进行说明（见表3-5、表3-6、表3-7）。同时列出知识产权司法保护案件数量的相关情况（见表3-8），并将行政保护与司法保护进行比较（见图3-1、图3-2、图3-3、图3-4、图3-5、图3-6）。

❶ 范愉主编：《多元化纠纷解决机制》，厦门大学出版社2005年版，第1~3页。

❷ 2005年10月26日，厦门市第十二届人民代表大会常务委员会第二十二次会议通过，2005年10月30日施行。

❸ 范愉：“多元化纠纷解决机制与和谐社会的构建”，载《厦门日报》2005年11月7日第14版。

表 3－5　1985～2006 年全国各省、自治区、直辖市专利行政执法案件统计表

（件）

年份	处理侵权纠纷	处理其他纠纷	查处冒称专利行为	查处假冒他人专利行为	各类合计
1985～2001	5 908	1 830	5 255	37	13 030
2002	1 399	56	1 124	116	2 695
2003	1 448	97	1 357	222	3 124
2004	1 414	66	1 587	102	3 169
2005	1 419	—	2 808	362	4 589
2006	1 227	43	933	33	2 236
合计	12 815	2 092	13 064	872	28 843

资料来源：国家知识产权局：《中国知识产权年鉴（2003～2005）》，知识产权出版社。2005 年的数据来自中国网 http：//www. china. com. cn/chinese/zhuanti/zhshchq/1221313. htm，2007 年 6 月 26 日访问；2006 年的数据来自中国知识产权保护网 http：//doc. ipr. gov. cn/ipr/doc/info/ArticleList. jsp？col_ no＝10，2007 年 6 月 26 日访问。需要说明的是，1985～2001 年的数据由作者对相关原始数据进行加工而成。另外，原统计表中"查处冒称专利行为"和"查处假冒他人专利行为"两栏中的总累计数字有计算错误，笔者进行了纠正。

① 2005 年的数据中"1 419"数字包括专利侵权纠纷和其他专利纠纷；

② 合计栏中的结案数字只表示该表中已有数据的总和。

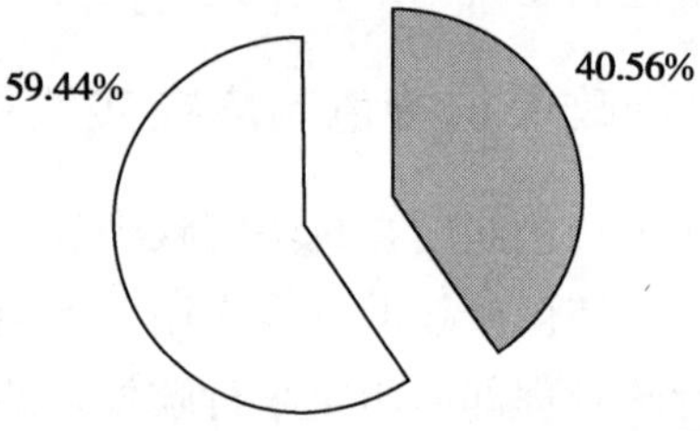

图 3－1　1985～2006 年专利行政处理与司法保护之比较

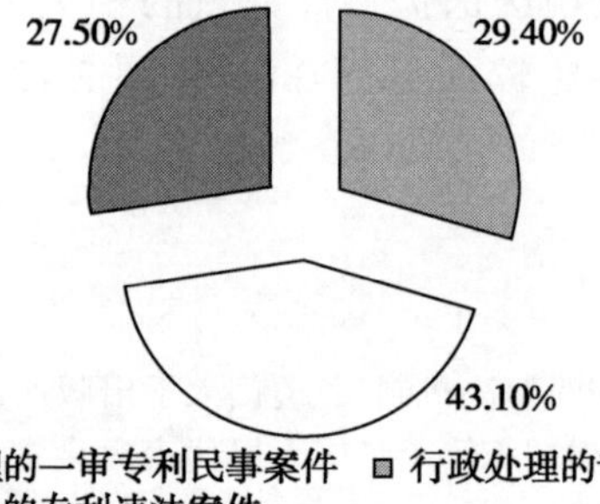

图 3－2　1985～2006 年专利行政处理、行政查处与司法保护之比较

表 3-6　2000~2006 年全国商标行政执法案件统计表

（件）

年份	行政查处（处理）商标侵权案件	行政查处假冒商标案件	行政查处商标一般违法案件	各类合计
2000	12 070	9 931	16 239	38 240
2001	12 009	10 804	18 350	41 163
2002	14 625	8 914	15 566	39 105
2003	17 372	9 116	11 001	37 489
2004	30 523	9 648	11 680	51 851
2005	29 373	9 734	10 305	49 412
2006	41 214	—	—	41 214
合计	157 186	58 147	83 141	298 474

资料来源：2000~2004 年的数据来自国家知识产权局：《中国知识产权年鉴（2000~2005）》，知识产权出版社，并经过加工处理而成；2005 年的数据来源于国家工商总局网站 2006 年 4 月 27 日发布的信息，转引自：http：//doc. ipr. gov. cn/ipr/doc/info/Article. jsp？a_no = 3852&col_no = 10&dir = 200604，2007 年 6 月 26 日访问；2006 年的数据来源于："中国商标行政保护成效显著——国家工商总局副局长李东生就商标注册与保护工作答记者问"，载 http：//www. saic. gov. cn/hdxw/news. asp？newsid =1283，2007 年 6 月 26 日访问。

① 2006 年的数据"41 214"包括查处商标侵权案件和假冒商标案件两项。

② 2000 年商标侵权假冒案件中，商标注册人投诉案件为 1 150件；2001 年商标侵权假冒案件中，商标注册人投诉案件为 1 747件；2002 年商标侵权假冒案件中，商标注册人投诉案件为 744 件；2004 年商标侵权案件中，商标注册人投诉案件为 1 073 件。

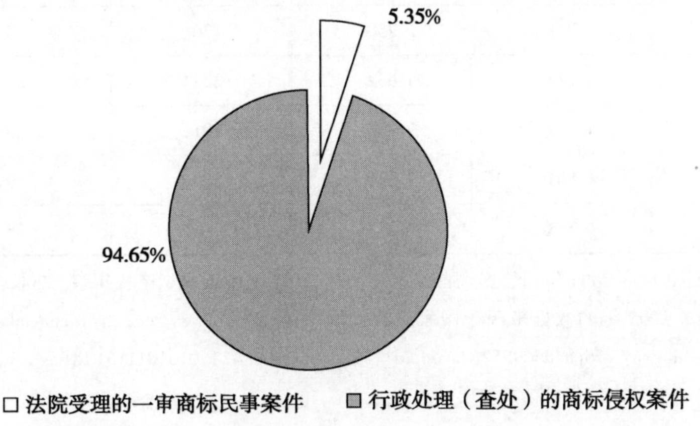

图 3-3　2000~2006 年商标行政处理与司法保护之比较

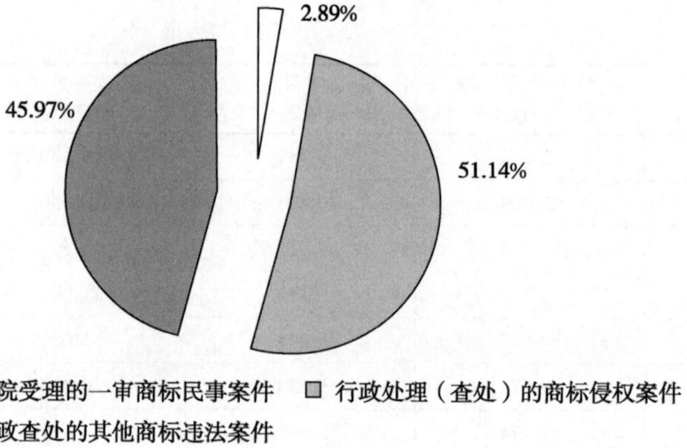

图 3－4　2000～2006 年商标行政处理、行政查处与司法保护之比较

表 3－7　1997～2005 年全国版权行政机关查处案件统计表

（件）

年份	行政调解	行政处罚	移送	各类合计
1997	424	937	—	1 361
1998	294	826	28	1 148
1999	456	1 054	39	1 549
2000	479	1 726	103	2 308
2001	634	3 607	66	4 307
2002	721	5 250	136	6 107
2003	1 173	21 032	224	22 429
2004	1 363	7 986	101	9 450
2005	1 174	7 840	366	9 380
合计	6 718	50 258	1 063	58 039

资料来源：1996～2004 年的数据来自国家知识产权局：《中国知识产权年鉴（2000～2005）》，知识产权出版社；2005 年的数据来源于国家版权局网站：http：//www. ncac. gov. cn/GalaxyPortal/inner/bqj/include/detail. jsp？articleid＝9552&boardpid＝1986&boardid＝11501010111610&flag＝1，2007 年 6 月 26 日访问。本表中列出的是已结案数据。

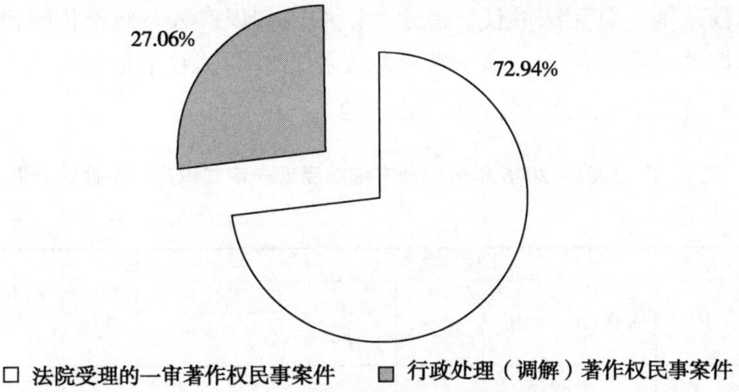

图 3-5 1997~2005 年著作权行政处理与司法保护之比较

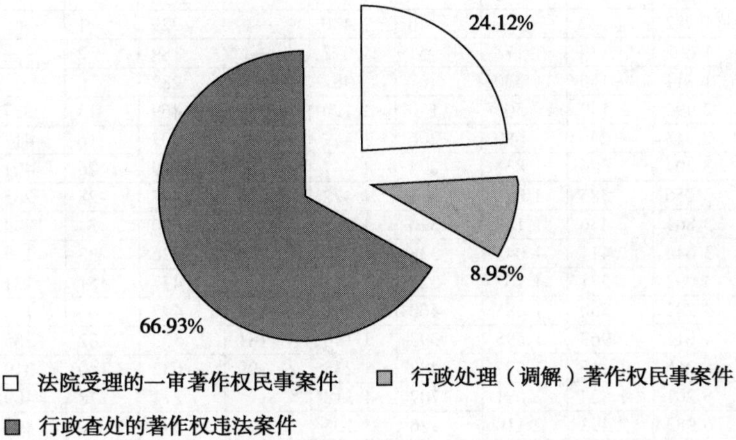

图 3-6 1997~2005 年著作权行政处理、行政查处与司法保护之比较

通过对上述图表中历年专利、商标、著作权行政处理和行政查处案件数量的考察，以及通过对行政保护与司法保护处理案件数量的对比，可以得出以下几点结论：(1) 我国知识产权行政保护特色制度在实践中发挥了和正在发挥着巨大作用，以上图表中所列的数据就是不可否认的事实与证据。(2) 知识产权行政管理部门行政处理的知识产权纠纷数量（无论是绝对数量还是相对数量）很大，因此，知识产权行政处理这一职能难以在短期内被司法保护所完全替代。(3) 知识产权行政保护中对知识产权纠纷进行行政调解和对知识产权违法行为进行行政查处的职能，司法保护不能取代：其中行政调解起着节省司法资源、有效补充司法保护的重要作用；而行政查处则根本就不属于司法

保护的职权范围，其无法取代。总之，从中国知识产权行政保护特色制度在实践中所发挥的重要作用看，这一特色制度在当前中国并不是可有可无的，它完全应当按照自己的发展轨迹占有一席之地。

表 3－8　1985～2006 年全国地方法院受理一审知识产权案件统计表

（件）

年份	民事案件							行政案件	刑事案件	各类合计
	小计	著作权	专利	商标	技术合同	其他				
						技术秘密	其他			
1985	347		6	24	317	—	—	—	—	347
1986	684	100	10	23	551	—	—	—	—	684
1987	846	106	46	28	666	—	—	4	—	850
1988	1 501	171	79	41	1 040	—	170	—	—	1 501
1989	1 982	147	130	46	1 430	—	229	1	—	1 983
1990	1 602	112	178	51	1 072	—	189	2	—	1 604
1991	1 814	153	330	67	982	—	282	9	—	1 823
1992	2 494	143	503	150	1 190	39	469	13	327	2 834
1993	2 943	236	680	206	1 449	65	307	16	417	3 376
1994	3 204	326	833	204	1 447	95	299	26	401	3 631
1995	3 756	385	1 051	311	1 422	90	497	28	235	4 019
1996	3 861	436	1 184	320	1 221	100	600	34	244	4 139
1997	3 644	411	1 045	338	936	88	826	38	135	3 817
1998	4 093	571	1 162	527	1 175	181	477	51	131	4 275
1999	4 282	750	1 485	460	942	148	497	66	174	4 522
2000	4 811	963	1 595	393	1 146	181	533	82	255	5 148
2001	5 265	1 117	1 597	482	1 238	199	632	140	319	5 724
2002	6 201	1 824	2 081	707	1 318	—	271	278	409	6 888
2003	6 983	2 493	2 110	926	1 105	—	349	389	401	7 773
2004	9 323	4 264	2 549	1 325	630	—	555	526	387	10 236
2005	13 393	—	—	—	—	—	—	1 300	—	14 693
2006	14 219	5 719	3 196	2 521	681	1 256	846	1 436	2 277	17 932
合计	97 248	20 427	21 850	9 150	21 958	2 442	8 028	4 439	6 112	107 799

资料来源：1985～2004 年数据来自国家知识产权局：《中国知识产权年鉴（2005）》，知识产权出版社 2005 年版，第 309 页；2006 年栏中的民事案件受理数据来自中国保护知识产权网：http：//doc. ipr. gov. cn/ipr/doc/info/Article. jsp？a_ no = 53708&col_ no = 10&dir = 200702，2007 年 6 月 26 日访问；2006 年栏中其他数据均是已审结数据，来源于中国保护知识产权网：http：//doc. ipr. gov. cn/ipr/doc/info/Article. jsp？a_ no = 60623&col_ no = 10&dir = 200703，2007 年 6 月 26 日访问。2005 年的数据为已审结数据，系根据 2006 年的资料推算而成。

①知识产权民事案件中技术秘密案件 1991 年以前和 2002 年以后无单列统计；知识产权犯罪统计数字为审结数，且 1991 年前无单列统计；知识产权行政案件中 1987～2001 年统计只涉及专利案件，不含商标和版权案件。

六、中国知识产权行政保护特色制度的发展趋势

综上所述，可以从“去与留”以及“如何去与留”两个方面对中国知识产权行政保护特色制度的发展趋势作出以下结论。

（一）“去与留”的问题

首先，我国知识产权行政保护特色制度的“去与留”绝不能仅仅依从于学界的某种观点，而应当根据我国国情和社会民众的实际需要来作出取舍。同时，其“去与留”也取决于取消知识产权行政保护特色制度会不会导致我国已有知识产权保护水平的降低，如果会，则不能取消，这是我国签订TRIPS协议已经作出的承诺；如果不会，则在综合其他因素的前提下可以考虑是否取消。从当前的实际情况来看，现阶段还不是探讨我国这一特色制度“去与留”的关键时刻，如何进一步调整、优化和完善这一制度才是当前需要特别考虑的问题。

其次，我国知识产权行政保护特色制度完全退出历史舞台不符合当前的实际情况。如何对行政处理和行政查处这两个特色制度中的相关内容作出调整、优化或者取舍，这应当在综合考虑以下因素的基础上科学地作出选择：影响我国知识产权行政保护特色制度建立和发展的因素发生了什么样的变化、公民法治意识如何、司法保护的完善状况、侵权和违法状况如何、民众的实际需要、这一制度在实践中所发挥的作用、我国在相关国际条约中已作出的保护知识产权的承诺以及外国知识产权行政保护制度的相关情况等。总的说来，笔者认为，中国知识产权行政保护的行政处理和行政查处制度难以在短期内彻底消失。

（二）“如何去与留”的问题

首先，应当适时地调整和优化中国知识产权行政保护特色制度。从目前我国国民对知识产权行政保护特色制度的依赖程度、行政保护在实践中所起的巨大作用、我国知识产权行政保护特色制度的立法现状、当前知识产权侵权和违法行为仍然比较严重以及我国对TRIPS协议所作出的承诺等因素来看，笔者认为：（1）对于知识产权纯民事纠纷的行政裁决制度，应该不断弱化，直到完全取消，并被司法保护方式所取代；在司法保护还确有困难，不能完全担当此任务之时，行政裁决可以发挥一定的作用，但是应当将其定位于司法保护的补充方式。（2）对于行政调解，则没有必要取消，应当让其充分发挥节省司法资源、有效补充司法保护的作用。（3）对于行政查处制度，由于其职能不能被司法保护所取代，可能会长期存在下去；其是否需要进一步强化或者弱化，

应当在综合权衡各种影响因素（特别是侵权和违法状况因素）后作出选择；具体地说，从当前的情况来看，商标和著作权行政查处制度可以基本维持现状，但是，对于专利行政查处制度来说，根据当前专利侵权和违法状况还较严重而查处手段又比较有限的情况，可以考虑适当加强，以达到与商标、著作权行政查处力度基本平衡的水平。

其次，从发展趋势来看，我国知识产权行政保护特色制度可以遵循以下基本路径与发展模式：由过去的以行政处理知识产权纠纷为重心——到现在的以行政查处知识产权违法行为为重心——到将来的以提供优质行政服务为基本理念和重心。我国知识产权行政保护的重心经历了由过去的以行政处理知识产权纠纷为重心到现在的以行政查处知识产权违法行为为重心，❶ 这是一个客观法律事实。至于我国的行政保护将来应当以提供优质行政服务作为基本理念和重心，这是对相关国家的知识产权行政保护制度进行研究和分析后获得的启示，同时，建设服务型政府也是我国从当前尚不很成熟的市场经济过渡到成熟的市场经济必须要解决好的问题。因此，从发展方向来看，提供优质行政服务应当成为我国知识产权行政保护特色制度的基本理念和重心。

第四节　上海世博会知识产权行政保护问题研究*

没有知识产权的保护就不可能有世博会的成功举办。因此，如何有效保护世博会期间的知识产权就成为我国政府能否履行把上海世博会办成一届“成功、精彩、难忘的盛会”这一庄严承诺的关键。知识产权行政保护能在其中发挥重要作用。本节将顺着这样的思路进行组织：首先简单概述知识产权行政保护，然后集中探讨我国知识产权行政保护在世博会中可能遇到的问题，并针对这些问题提出对策和建议。

一、知识产权行政保护概述

知识产权行政保护是指知识产权行政管理机关，如知识产权局、商标局、

❶ 邓建志、单晓光：“我国知识产权行政保护的涵义”，载《知识产权》2007 年第 1 期。

* 本节作者为邓建志、单晓光。

版权局等，根据相关法律规定，运用法定行政权力和遵循法定行政程序，用各种行政手段对知识产权实施全面的法律保护。❶ 知识产权行政保护涉及三个方面的内容：行政管理活动，如对知识产权申请的受理、审查、授权、登记等；行政执法活动，如知识产权权属纠纷处理、侵权纠纷调处、违法行为查处等；行政服务活动，如提供知识产权政策法律咨询、专利检索服务、宣传知识产权等。

我国现行知识产权行政保护体制呈现出多元和多层级的特点。“多元”是指知识产权由不同的行政机构来保护，表3－9列出了中央政府一级主要知识产权行政管理机构的设置情况；“多层级”是指各行政管理机构又分为中央和地方若干管理层次。并且，不仅主管同一知识产权的不同层次的各个行政管理机构保护知识产权的权限不同，而且处于同一层级但主管不同知识产权的行政管理机构权力差异也很大，甚至还有交叉，这一特点可从比较相关法律的规定很明显地看到。❷

表3－9　我国中央级知识产权行政管理机构设置现状

序号	知识产权种类	行政管理部门名称
1	专利权、集成电路布图设计专有权	国家知识产权局（及其所属专利局）
2	商标权	国家工商行政管理总局商标局
3	著作权	国家版权局（挂靠在新闻出版署）
4	制止不正当竞争	国家工商行政管理总局公平交易局
5	原产地标记	国家质量监督检验检疫总局
6	农业植物品种权	国家农业部
7	林业植物品种权	国家林业局
8	国际贸易中的知识产权	国家商务部
9	与科技有关的知识产权	国家科技部
10	与进出境货物有关的知识产权	国家海关总署

资料来源：朱雪忠、黄静：“论我国知识产权行政管理机构的一体化设置”，载《科技与法律》2004年第3期。

---

❶ 王晔：“知识产权行政保护刍议”，见《北大知识产权评论（第1卷）》，法律出版社2002年版，第195页。

❷ 例如，通过比较《商标法》第53条、《专利法》第57条和《著作权法》第47条，就可以很明显地发现商标行政管理部门、专利行政管理部门和著作权行政管理部门的权力差异非常之大。

与西方发达国家相比，知识产权行政保护制度是我国的一大特色❶。对于这一特色是否有必要给予保留，目前主要有两种观点：其一，认为应与世界发展趋势统一，实行与国际接轨的单一司法保护模式；其二，认为知识产权行政保护的形成有其历史和自身优势等方面的原因，❷ 因此，仍要坚持实行当前的“双轨制”模式。笔者认为，不管争论结果如何，有一点可以肯定：鉴于行政保护在中国知识产权保护进程中发挥的积极作用，目前以及将来很长一段时间内，至少到2010年上海世博会召开之时，行政保护并不会淡出知识产权保护领域，而且还必将对2010年上海世博会的成功举办发挥重要作用。这也是本节探讨世博会期间知识产权行政保护的基本出发点。

二、世博会中知识产权行政保护可能遇到的问题

世博会中知识产权行政保护可能遇到的问题包括知识产权行政机关在常态工作中尚未解决的一般问题、在世博会期间可能遇到的特殊问题以及与世博会行政保护密切相关的其他问题等三个方面。

（一）知识产权行政保护常态工作中存在的问题

我国现行知识产权行政保护本身还存在一些亟待解决的问题，主要表现在以下几个方面。

第一，体制上的分散保护，多头执法。如上文所述，我国知识产权行政保护体制呈现出“多元、多层级”和保护权力分散且不均衡的特点。这种保护体制有如下弊端：行政管理成本高；行政管理效率低；行政执法力度不均，有损法律的权威；加剧了知识产权内部各种权利之间的冲突；与国际惯例不符，不利于开展国际交流；等等。❸ 正是基于分散保护体制的这些弊端，有些学者提出了知识产权行政管理机构一体化设置的构想。虽然实现有效的知识产权行政保护并不只是在形式上整合几个机构就能解决的问题，它可能更深层地涉及

❶ 严格说来，只有知识产权行政执法才构成我国知识产权保护的特色，但由于其构成了本书所说的行政保护的主要内容，故在论及它是我国特色时，对行政执法与行政保护没有加以区别。

❷ 刘剑文主编：《TRIPS视野下的中国知识产权制度研究》，人民出版社2003年版，第458页。

❸ 朱雪忠、黄静：“论我国知识产权行政管理机构的一体化设置”，载《科技与法律》2004年第3期。

职能定位、权力配置等管理学上的问题，但上述问题的提出对于我们在世博会期间整合各种行政资源，减少知识产权行政保护中的矛盾与冲突，更加有效地实现知识产权行政保护，具有重要启示意义。对此，应当引起重视。

第二，行政执法力量、执法手段不足。近年来，随着我国社会主义市场经济进一步发展，知识产权行政处理案件有增加的趋势，这一方面是由于各经济主体越来越重视对知识产权这一无形资产的开发利用，另一方面也由于我国经济主体保护自身知识产权和尊重他人知识产权的意识均还不强。面对这种情形，知识产权行政保护并没有作出相应调整，目前就存在执法力量和执法手段严重不足的问题：一方面，前述的分散体制和多头执法问题使得知识产权行政执法力量分散且不均衡，削弱了执法力量；另一方面，执法部门普遍存在经费不足，执法手段落后的问题，面对日益高科技化、高智能化的违法行为显得力不从心。笔者曾于2005年9～11月在上海市知识产权局调研与实习，对上海市专利行政执法力量的不足就深有感触，也对这一问题的严重性获得了非常深刻的感性认识。

第三，消极行政的问题。消极行政主要表现在知识产权行政管理部门被动处理案件、不主动依职权进行调查取证、调解结案比例大，甚至有的案件久调不决等方面。这一定程度上与执法力量不足有关，也与行政执法人员试图回避法院监督，不愿承担责任有密切联系。

第四，各地区协作行政执法有待加强。知识产权的无形性、专有性和可复制性，[1] 为异地侵犯知识产权行为的频频发生提供了便利，特别是网络技术的飞速发展，更是增加了异地侵权的复杂性。因此，如何有效整合全国各地知识产权行政管理部门的执法资源，加强地区间协作执法，就显得非常迫切和重要。目前，这方面的协作虽取得了一些进展，[2] 但与现实要求之间的差距仍然很大，并没有形成全国范围内知识产权行政执法资源的有效整合。

（二）世博会期间的特殊问题

世博会期间知识产权行政保护，从地域角度来看，可分为世博会展区内和展区外两个方面的保护；从保护客体来看，可分为世博会标志保护和展品保

---

[1] 郑成思：《知识产权论》，法律出版社2003年第3版，第64～77页。

[2] 例如，专利协作执法方面，于2003年4月16省市签订《省际间专利行政执法协作协议》；2005年9月，在前述协议的基础上又签订了《长三角地区知识产权局系统专利行政执法协作协议》等。

护。以下集中探讨世博会展区内和展区外与展品有关的知识产权行政保护问题，这也是世博会知识产权保护的“重中之重”。

1. 世博会展区内展品的知识产权行政保护问题

第一，世博会上展出的展品是否应该排除侵犯知识产权的问题。

世博会与广交会、华交会等商品交易会的主要不同就在于前者不以商品交易为目的，“其宗旨均在于教育大众。它可以展示人类为满足文明需要所运用的手段，或显示人类在某一个或多个领域中历经奋斗所取得的成就，或展现未来前景”。❶ 基于此宗旨，对于世博会上展出的展品是否构成侵犯知识产权，大部分学者认为，我国参加的国际公约或生效的法律法规并没有明确规定，因此，行政机关直接介入进行保护的法律依据不足。❷ 笔者认为，世博会上展出的展品是否构成侵权，要视具体情况而论：对于专利权、商标权、商业秘密权、植物新品种权等知识产权，我国相关法律以明示或者暗示的方法规定了必须把以“生产经营为目的”或者“商品交易为目的”作为侵权构成要件，❸ 因此，如果申请人针对这些知识产权提出侵权处理请求，行政机关以无法律依据而拒绝进行保护，是能够成立的；但是，对于著作权、邻接权、集成电路布图设计专有权等知识产权，法律并没有要求以“生产经营为目的”或者“商品交易为目的”作为侵权构成要件，❹ 因而，如果展品属于后者所述的知识产权权利人的保护范围，行政机关就完全可以直接依据有关法律作出侵权处理，行使行政执法权。

另外，世博会展会中，对于假冒他人知识产权和冒称拥有知识产权的违法行为，相关行政机关均有不同程度的查处权力，可视情节轻重作出不同的行政处理决定和行政处罚措施，构成犯罪的，依法移送司法机关追究刑事责任。这也是对世博会上展品知识产权行政保护范围不容忽视的一个重要部分。并且，

❶ 《国际展览会公约》第1条，见上海世博会事务协调局主编：《〈世界博览会标志保护条例〉释义和实用指南》，上海三联书店2005年版，第163页。

❷ 同济大学知识产权学院：《2010年上海世博会知识产权保护研究结题报告》，第42～43页。

❸ 《专利法》第11条，《商标法》第52条，《反不正当竞争法》第10条，《植物新品种保护条例》第6条，等等。

❹ 《著作权法》第10条、第37条，《集成电路布图设计保护条例》第7条第1款，等等。

对于这些违法行为，较之于侵权纠纷处理，知识产权行政机关更具主动性，保护的力度、手段也更加丰富。

总之，对于世博会展区内展品的知识产权行政保护问题，要视不同的权利客体作出不同的处理决定。笔者也基本不同意有些学者所说的知识产权行政保护不宜直接介入世博会上展品展出行为的观点。相反，除了上文所述的部分情况之外，知识产权行政保护在世博会展会中的施展空间还是非常巨大的。

第二，如何平衡展会中投诉人与被投诉人利益的问题。

世博会知识产权行政保护的一个重要特点就是要全面、及时、快速地处理好展会中的各类纠纷。处理纠纷必然涉及投诉人与被投诉人利益平衡的问题，即如何做到在制度和程序的设计上，在确保行政保护公正的前提下，不断提高行政保护的效率与效用。对于这个问题，可以从广交会和华交会的知识产权保护中总结一些经验与教训。根据有关研究，广交会和华交会展会中知识产权保护分别采用"效率模式"和"协调模式"，且这两种模式各有利弊：正是由于广交会过分追求保护投诉人权利的效率，导致第 94 届广交会发生 DVD 事件；而华交会"协调模式"下的知识产权保护效果也并不令人满意，在 2004 年的展会上，就有参展企业由于担心遭受侵权而只在展台内搭建的隔间内摆放专利产品，仅供有订购意向的客商参观，不再公开展示。[1] 可以看出，"效率模式"存在过分强调投诉人权利保护的极端倾向，而"协调模式"下的利益平衡砝码又过多地放在被投诉人一端，所以，二者均在不同的方向层面出现了问题。

这两种保护模式下所面临的问题，在 2010 年上海世博会上可能会同样遇到，对此，我们要有充分的认识，及早寻求解决问题的良策。

2. 世博会展区外与展品有关的知识产权行政保护问题

由于世博会持续时间长，参观人数众多，因此，"馆内展出，馆外侵权"将会对世博会造成极大的不良影响。如何有效打击"馆外侵权"成为世博会知识产权行政保护所面临的一个重大问题。

一般说来，馆外侵权具有如下特点：展区外的侵权行为以未经许可的制造、销售为主，所以，打击这类侵权应该属于知识产权行政保护的常态工作范围。只是由于世博会的集中展览，展品遭受侵权的可能性增大，因此，行政执法的力度、广度也应有所增强。对此，我们应当有清醒的认识和应对的措施。

[1] 宁波北仑帐篷厂在当届华交会上采取了类似的自我维权手段。

（三）与世博会知识产权行政保护密切相关的其他问题

1. 展前、展后知识产权行政保护事项可能急剧增加的问题

随着世博会的举办，展前和展后一段时期内可能出现高密集的涉外权利申请，也有可能出现较为密集的知识产权纠纷案件。这些情况可能会加剧知识产权行政保护部门在常态工作中业已存在矛盾，也可能产生新问题，需要我们去面对与解决。对此各知识产权行政管理部门，尤其是中央级和世博会主办地知识产权行政管理部门要有清醒的认识，并做好相应的行政保护准备工作。

2. 全社会知识产权保护意识有待加强的问题

近年来，我国知识产权保护意识确有很大增强，但与世博会的要求相比，可增进余地仍然很大。这主要表现在一些领导、个人、特别是广大企业，知识产权保护意识不强：无论是自主知识产权的保护，还是对他人知识产权的尊重，都缺乏基本的法律常识。根据有关调研，这一问题确实还有点令人担忧。如果连知识产权意识都不强甚至没有，却要举办好世博会，谈何容易。这一问题的严重性不容忽视。

3. 知识产权行政保护与其他类型保护如何衔接的问题

（1）常态工作下的知识产权保护类型。知识产权保护不仅涉及行政保护，还包括权利人的自我保护、立法保护和司法保护。这四种保护类型的关系可用图3－7来表示。由图3－7可以看出，四种类型的保护相互联系、相互配合，共同构成一幅知识产权保护的网状图，知识产权行政保护只是其中的一个“结点”。具体地说，它们之间有如下关系：第一，立法保护处于最高地位，其他三类保护都必须与之保持一致，这也是“法治”最基本的要求。第二，如果把自我保护看作知识产权保护的上游，那么行政保护和司法保护就分别处于保护的中游与下游。这种上中下游的排序是权利人寻求救济的一般顺序，也与“司法最终保护原则”相符。第三，上中下游关系的划分并不是绝对的，在某些情况下会出现例外。例如，如果权利人的救济经过行政保护阶段后就得到满足，那么就不会再去寻求司法保护；权利人也可以选择从自我保护直接到司法保护的方式；等等。第四，各种保护间还存在一层相互监督的关系（图3－7和图3－8中均用虚线来表示；图中的实线表示权利人寻求保护的方向流程）。

（2）世博会知识产权保护类型。世博会知识产权保护除了上述四种类型外，还多了一层世博会主办方的保护和世博会规范性文件的保护。该层保护处

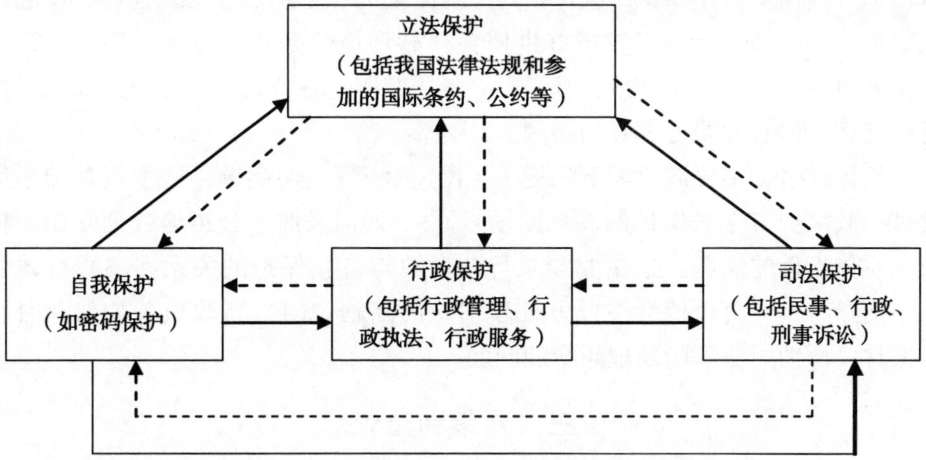

图 3－7　常态工作下的知识产权保护类型关系

于自我保护和行政保护之间的地位，并与自我保护、行政保护、司法保护以及立法保护均存在非常密切的联系。具体关系如图 3－8 所示。

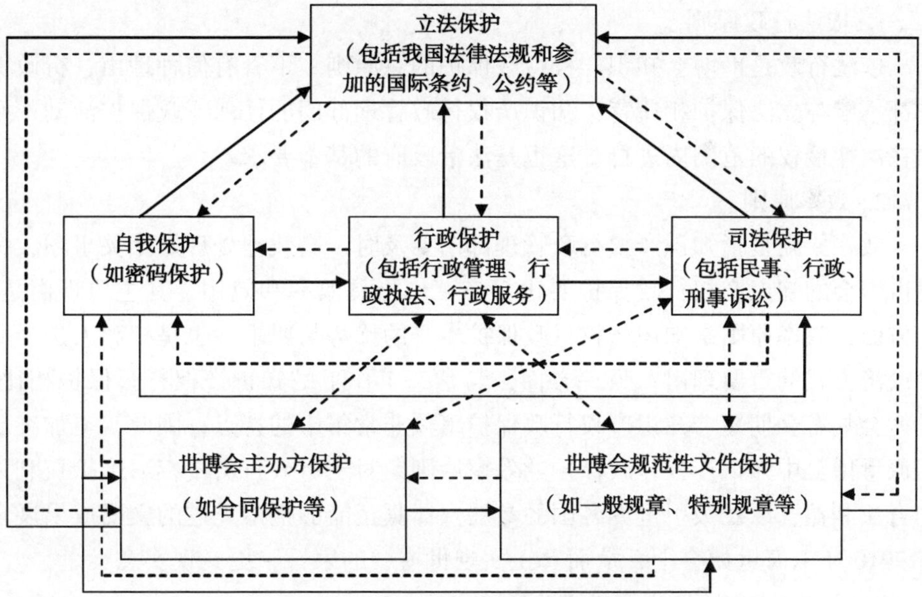

图 3－8　世博会知识产权保护类型关系

（3）行政保护与各种类型保护之间如何衔接的问题。从上面的分析可以看出，行政保护只是知识产权保护这个网络上的一个结点，与其他保护一起共同担负着保护知识产权、维护好世博会“软环境”建设的任务。因此，行政保护如何与各类保护相衔接，真正做到各司其职、各负其责，这也是知识产权行政管理部门必须要处理好的问题。

具体说来，主要涉及如下问题：（1）依法行政的问题，这主要是指如何处理行政保护与立法保护的关系问题；（2）如何及时、公正地处理知识产权权利主体投诉的问题，这主要涉及行政保护与自我保护的关系；（3）行政机关如何参与、配合世博会主办方处理纠纷的问题；（4）行政机关如何及时移送案件、协助司法部门处理纠纷的问题。

三、对策和建议

针对上述2010年上海世博会中知识产权行政保护可能遇到的问题，从总原则、知识产权行政管理、行政执法和行政服务几个方面提出以下对策与建议。

（一）知识产权行政保护的总原则

1. 依法行政原则

依法行政是世博会知识产权行政保护的总原则。不管有何种理由，行政保护都不能与立法保护相违背，知识产权行政管理部门的任何行政保护活动都必须在法律授权的范围内进行。这也是法治政府的基本要求。

2. 效率原则

效率原则是指知识产权行政管理部门要及时、高效地处理好相关事项，针对世博会的知识产权行政保护要比常态工作更具效率和效用。其主要理由是，一方面，效率原则是知识产权行政保护本身的优势与要求，也是权利人选择此种救济方式的重要理由；另一方面，与常态工作下的知识产权行政保护相比，世博会具有会期短、知识产权行政保护事项非常集中的特点，因此，更加突出强调世博会中知识产权行政保护的效率原则，对于有效打击侵权、维护权利人的合法利益，以及吸引世界各国的参展主体真正能够把最先进的文明成果展现在2010年上海世博会上，从而真正实现世博会的宗旨，更具现实意义。

（二）知识产权行政管理方面的建议

（1）管理体制方面，建议在世博会期间以及世博会前后一段时期内，成立知识产权联合行政保护机构。该机构可由各知识产权行政管理部门派出足够的执法人员组成，由具有一定行政级别和知识产权业务能力的人当任领导，并赋予该机构足够的权力处理有关事宜。

（2）监督体制方面，建议设立专门的行政保护监督机构，对前述联合行政保护机构的所有行为加强监督。这既可保证行政保护的质量与效率，也可解决消极行政的问题。

（3）制度和程序设置方面，要在遵循“公正与效率”原则的前提下，简化和细化现有的普通行政保护程序，设计出一套专门针对世博会知识产权行政保护的特别程序与制度。具体说来，可以从以下几个方面来设计：①对权利人的事先告知程序。在招展和组展时就应将我国的知识产权法律保护制度、世博会知识产权行政保护的各种依据等充分、完整地告知国内外参展者，做到透明和公开。②权利申报备案制度。要求参展者将含有知识产权的展品，在参展前向世博会主办方或知识产权行政管理部门事先申报备案，并提供权利证明书的副本。此举可以用于证明其展品不侵权，也为今后的维权提供取证、举证上的便利。③便利措施制度。该制度的设置应以不改变现有立法现状为前提，例如，可考虑在世博会现场或世博会举办地集中受理、审查或登记相关知识产权事宜，尽可能地为权利人提供便利。④侵权投诉受理程序。该程序的设置须体现投诉人与被投诉人利益平衡的原则。对于投诉人，必须在提出投诉申请时明确指出被投诉人侵犯了他的哪种权利、侵权的初步证据以及权利请求要求等事项。对于被投诉人，也应保障其反驳、举证、质证、提出异议的权利。对于行政机关，主要涉及行政机关自身的现场调查取证程序、证据保存方式等，需要特别强调的是，知识产权行政管理部门在不违背法律的前提下，应充分发挥其主动调查取证或协助调查取证的权力，并充分利用其所取得的证据，及时公正地解决好各类纠纷。⑤各种权利纠纷的处理程序，在现有普通处理程序的基础上，针对世博会的特点，要更加注重“简便、快速、及时和高效”的原则。

（三）知识产权行政执法方面的建议

除了上述管理体制和程序设置方面的大部分建议同样适用于行政执法外，还有如下几点行政执法方面的建议。

（1）区别对待展区内和展区外的侵权与违法行为。对于展区内各种权利纠纷的处理，行政管理部门都要特别注重与主办方密切配合，有效整合二者保护知识产权的各种资源，以便公正、及时地处理好各种权利纠纷。而对于展区外的权利纠纷，本来就属于行政管理部门常态工作范围，则要更多地依靠行政机关自身的力量来及时处理。另外，相比较而言，行政执法工作的重心要更多地放在展区外纠纷的处理上。

（2）加强全国范围内知识产权协作执法，真正形成全国范围行政执法“一盘棋”模式。具体可以借鉴长三角地区专利协作执法模式的经验，也可从现在起开始探索更好的协作执法模式。

（3）及时移送案件。对于法律规定需由司法机关处理的纠纷，及时移送，不要耽误权利人获得救济的时机。

（4）行政执法的实体权力方面，对于展品侵权行为，可采用的处罚方式和手段有责令停止侵权行为、撤除涉嫌侵权展品，暂扣、没收涉嫌侵权展品，处以一定数量的罚款等。对拒不改正者，视具体情节可以责令其退出世博会展览现场、取消继续展览资格等。需要注意的是，后者只是配合世博会举办方进行。

（四）知识产权行政服务方面的建议

第一，加大知识产权保护宣传力度。具体包括对内和对外宣传两个方面，且对二者宣传的侧重点应有所不同。对内宣传要达到实现不断提高全社会知识产权维权与尊权意识的目的，尤其要加大对易侵权行业的宣传力度。对外宣传的主要目的是让外国人和外国企业了解我国在保护知识产权方面所作出的努力与取得的成绩，吸引尽可能多的外国人或者外国组织在 2010 年上海世博会上真正将他们的最新成果展示出来，因此，对外特别要宣传我国相关法律对知识产权所作的强势保护规定，例如，在诉前禁令的法律规定中，我国诉前禁令的适应主体比较广泛、倾向于对知识产权权利人的保护❶等。

宣传的具体方式可以多种多样。对内宣传方面，可以不定期地发放知识产权保护的宣传资料，举行座谈会，组织宣传团下到易侵权行业基层进行宣传等；对外宣传方面，可以到国外，特别是选择新成果开发多的国家，不定期地举办上海世博会知识产权保护论坛，有选择地到国外的有关企业发放《上海世博会知识产权保护手册》等宣传资料，等等。

第二，培训工作方面。从现在起，知识产权行政管理部门要加紧组织培训一批符合世博会需要的知识产权人才。

---

❶ 赵莉、单晓光：“诉前禁令在世博会知识产权保护中的运用与完善”，见《2010 年世博会与上海法治化》，上海人民出版社 2004 年版，第 241 页。

第三，其他服务工作。行政机关应支持企业开展知识产权保护活动；世博会期间，积极组织开展现场知识产权咨询与服务，等等。

第五节　中国知识产权跨区域行政执法协作机制研究*

知识产权行政执法是一种具有中国特色的执法机制，它与司法保护机制一起构成了我国知识产权的“双轨制”保护模式。对于知识产权行政执法这一中国特色，尽管目前学界在理论上有去留之争，甚至一些学者明确提出要予以废除，❶ 然而在实践中，这一执法机制不仅没有渐趋式微，相反，还有不断发展和完善的趋势。❷ 本节将要探讨的知识产权跨区域行政执法协作机制就是近年来我国政府结合地域广大的特点，为不断优化知识产权行政保护制度和切实加强知识产权保护力度而在实践中发展起来的一种制度层面的新型执法机制。

一、问题提出

所谓知识产权跨区域行政执法协作机制，是指不同行政区域内的知识产权行政执法部门相互配合，资源共享，协作处理案件的一整套制度和运作方式。

---

* 本节作者为邓建志、单晓光。

❶ 王晔：“知识产权行政保护刍议”，见《北大知识产权评论（第1卷）》，法律出版社2002年版，第211～212页。

❷ 例如，知识产权行政保护在一些特殊领域不断发展与完善，参见：邓建志、单晓光：“2010年上海世博会知识产权的行政保护”，载《法学》2006年第4期；另外，从21世纪初修改的几部主要知识产权法律来看，有些条款还强化了知识产权行政保护的手段与措施；再从目前国家知识产权局正在向社会各界征求意见（征求意见的期限为2006年7月31日至9月15日）的“《中华人民共和国专利法修订草案》（征求意见稿）”来看，其中相关修改条款也进一步强化了专利行政执法的手段与职权；等等。

这一机制与人们常说的联合执法❶或综合执法❷虽联系密切但也有很大区别。❸

知识产权跨区域行政执法协作机制自2003年4月在我国16个省市首次建立以来，在短短的两三年时间内迅速发展到全国。❹ 该机制为什么能够如此迅速地在全国范围内建立和发展起来呢？这并不具有偶然性，相反，其后隐藏着一些深刻背景。

第一，当前国际国内将知识产权保护的重点由立法转向执法。从国际方面看，这种转移尤其体现在TRIPS协议的签订。TRIPS协议的一个重要特点就是突出强调知识产权执法，在TRIPS协议的73个条文中，知识产权执法就占32条，并作为第三部分单独列出，❺ 这在以前的相关国际条约中都不曾有过。从国内方面看，我国知识产权保护的立法已经基本达到了国际标准，但是，当前知识产权侵权现象依然在一定范围内存在，因此，人们都不同程度地把我国知识产权保护的重点指向了执法。

第二，近几年来，我国政府积极探寻执法新举措来不断优化知识产权行政执法制度。知识产权行政保护是一种具有中国特色的制度，国外，特别是发达

---

❶ 有学者这样定义联合执法："所谓联合执法，则指两个或者两个以上的行政执法机关根据履行职责的需要，共同派人进行行政检查，但是根据各自的法定职责权限分别作出处理决定的行政执法方式。"姜明安主编：《行政执法研究》，北京大学出版社2004年版，第56页。

❷ 有学者这样定义综合执法："行政综合执法是指在行政执法过程中，当行政事态所归属的行政主体不明确或需要调整的管理关系具有职能交叉的状况时，由相关机关转让一定职权，并形成一个新的有机的执法主体，对事态进行处理或对社会关系进行调整的执法活动。"关保英：《执法与处罚的行政权重构》，法律出版社2004年版，第4页。

❸ 它们的联系主要表现在：均是为了提高行政执法效率，降低执法和维权成本；均涉及多个行政执法主体；有些执法手段和措施相同；等等。它们的区别主要有：概念不同，具体参见注释3、注释4以及本书中的相关定义；性质不同，联合执法和综合执法均具有法定性，即可以明确找到相关法律依据，而本书所说的知识产权跨区域行政执法协作则具有契约性，主要是依据相互签订的协议来进行合作；执法范围不同，联合执法和综合执法，一般只涉及同一行政区域范围内的不同职能部门之间的合作，而本书所说的知识产权跨区域执法协作则一般是指不同行政区域的同一知识产权职能部门之间的合作；等等。值得注意的是，这里并没有穷尽所有的联系与区别。

❹ 关于知识产权跨区域行政执法协作机制建立和发展的情况，在本节第二部分的"现状"中作了详细介绍。

❺ TRIPS协议第41~61条。

的资本主义国家，很少有采用这种制度的。为了充分发挥这一特色制度的作用，我国政府近几年来采取了一系列行政执法措施来保护知识产权。例如，从2004年开始我国在全国范围内开展了一场为期一年多的专利行政执法专项行动；"反盗版百日行动"，等等。除了这些专项行动以外，尤为重要的是，我国政府还特别注重从制度层面来优化知识产权行政保护制度。跨区域行政执法协作机制就是近几年来在实践中发展起来的一种制度层面的执法新举措。

第三，"自身需要"成为我国政府不断优化知识产权行政执法制度的重要动力。如果说改革开放之初，我国建立知识产权保护制度更多地处于被动地位的话，那么这种状态现在已经有了很大的改变，我们有了一批拥有自主知识产权的大企业，如华为、海尔、联想，在国际市场上，"温州制造"不断被"温州创造"所取代，等等。正是这些企业的成长壮大，它们有了高标准保护知识产权的要求，从而使得我国现在的知识产权行政执法更具主动性。

正是基于上述背景，知识产权跨区域行政执法协作机制得以建立并迅速发展起来。但是，与这一新机制在实践中的发展并不同步的是，目前学界还很少有人对这一机制在理论和实践中存在的相关问题进行研究。理论研究的滞后，可能会阻碍这一新机制的进一步发展。同时，在对全国各地的相关知识产权跨区域行政执法协作协议和协作机制作出比较研究后，可以发现长三角地区专利行政执法协作机制已经走在了全国的前列，❶ 非常具有代表性。因此，本书除对知识产权跨区域行政执法协作机制进行进行理论研究外，还选取"长三角地区专利行政执法协作机制"这一个案进行研究，从而在方法论上形成理论和实证的双层视角。

---

❶ 长三角地区专利行政执法协作机制走在全国前列的主要理由是：第一，从时间上看，长三角地区的三个省市（江苏、浙江、上海）均是最早签订《省际间专利行政执法协作协议》的签约方；第二，从协作内容上看，长三角地区不仅针对该地区的具体情况于2005年9月签订了《长三角地区知识产权局系统专利行政执法协作协议》，而且该协议在协作内容上也有了重大突破；第三，从已取得的实际成就来看，长三角协作处理的案件相对较多；第四，从发展前景来看，长三角地区有着协作执法的天然优势：地理位置毗连、经济发展水平相当、人文环境极相近似，等等，这些都为以后的协作执法打下了良好的基础。

二、知识产权跨区域行政执法协作机制建立的现状与必要性

（一）现状

从全国来看，在国家知识产权局的协调和指导下，北京、上海、江苏、浙江等16省区市于2003年4月签订《省际间专利行政执法协作协议》（以下简称“省际协议”），❶ 这标志着16省“省际间专利行政执法协作机制”的正式建立，同时，这也是“国内首次为加强专利保护力度而启动省际间协作执法”❷。此后，我国各地逐步建立起知识产权跨区域行政执法协作机制。例如，《中南地区专利行政执法协作郑州宣言》❸（2004年4月）、《华东六省一市商标管理协作办法》❹（2004年6月）、《长沙市株洲市湘潭市专利行政执法协作协议》❺（2005年4月）、《泛珠三角区域知识产权合作协议》❻（2005年7月）、《华北、西北十省市保护知识产权宣言》❼（2005年7月）、《长三角地区

❶ 16省市还包括天津、安徽、福建、江西、山东、黑龙江、湖北、广东、四川、云南、宁夏和深圳。资料来源：该协议由笔者于2005年9～11月在上海市知识产权局实地调研时获得。

❷ “16地首次签约协作执法，专利保护撒开大网”，载http://www.lawyers.org.cn/jsp/news/news_2000013435.html，2006年8月25日访问。

❸ 签署该宣言的省区市有广东、广西、河南、湖南、湖北、江西、海南、深圳、广州、武汉。资料来源：http://www.szip.org/gzdt/cqdtbf2004-04-13.html，2006年8月10日访问。

❹ 这里的华东六省一市是指上海、江苏、浙江、安徽、福建、江西、山东。资料来源：http://www.istis.sh.cn/list/list.asp?id=1844，2006年8月6日访问。

❺ 资料来源：该协议由笔者于2006年8月8日在长沙市知识产权局实地调研时获得。

❻ 签署该协议的有福建、江西、湖南、广东、广西、海南、四川、贵州、云南9个省（区）以及香港、澳门特别行政区。资料来源：http://www.pprd.org.cn/chanquan/200508/t20050803_3168.htm，2006年8月10日访问。

❼ 签署该协议的有北京、天津、山西、内蒙古、陕西、甘肃、宁夏、青海、新疆和河北等10个省、直辖市、自治区。资料来源：http://www.hebstd.gov.cn/upfiles/xy_col25super_20050802094032418587.htm，2006年8月10日访问。

知识产权局系统专利行政执法协作协议》（以下简称“长三角协议”）❶（2005年9月）、《甘肃青海西藏跨区域专利联合执法协议》❷（2005年12月）、《闽浙赣皖九市专利行政执法协作协议》❸（2006年5月）、《川南片区专利行政执法协作协议》❹（2006年7月）等先后签署。这些协议或者宣言的签署通过，标志着知识产权跨区域行政执法协作机制正在全国范围内推广，也意味着这一新机制在保护知识产权方面正在和将会发挥越来越重要的作用。❺

近几年发展起来的这一新型执法机制得到了国家知识产权局积极支持。国家知识产权局的作用主要表现在引导建立协作机制和对相关地区协作执法经验与教训的及时总结、交流。例如，国家知识产权局除在2005年10月专门召开全国跨区域专利行政执法会议，并就跨区域专利行政执法协作中出现的相关问题与经验进行及时的交流与总结外，2006年1月召开的全国知识产权局行政执法会议进一步提出了发展和完善这一执法新机制的明确要求：（1）要在全国范围内建立健全地区之间的执法协作机制，包括省际和本省内部各地市间的行政执法协作机制；（2）各地方知识产权局之间，不管有无协议在先，都应主动配合、积极协作，在信息沟通、案件移送、证据保全、取证等执法协作的各个方面予以相互支持配合；（3）各省、自治区、直辖市知识产权局的局长或主管局长要作为省际执法协作机制的责任人，执法处室负责人要作为联系人；（4）在地区之间执法协作中，对于相互推诿，造成案件移送延迟，并造

❶ 签署该协议的有江苏、浙江、上海三地的27个知识产权局：江苏、浙江、上海、南京、无锡、徐州、常州、苏州、南通、扬州、镇江、泰州、连云港、淮安、盐城、杭州、宁波、湖州、绍兴、舟山、台州、温州、金华、衢州、丽水、嘉兴、宿迁。资料来源：该协议由笔者于2005年9~11月在上海市知识产权局实地调研时获得。

❷ 资料来源：http://www.sipo.gov.cn/dfzz/xizang/dtxx/ywdt/200604/t20060419_82219.htm，2006年8月10日访问。

❸ 这里的九市是南平市、丽水市、衢州市、上饶市、抚州市、鹰潭市、景德镇市、黄山市及金华市等9个市。资料来源：http://www.gov.cn/jrzg/2006-05/31/content_296980.htm，2006年8月10日访问。

❹ 签署该协议的有宜宾、自贡、乐山、内江、泸州、资阳、眉山等七市。资料来源：http://www.sckw.sichuan.net.cn/info/cFL4LKRs526.jsp?infoId=B000019172，2006年8月10日访问。

❺ 对于跨区域知识产权行政执法协作机制所发挥的重要作用，可参见2005年10月23日召开的“全国跨区域专利行政执法会议”和2006年1月12日“邢胜才同志在全国知识产权局行政执法会议上的讲话”的相关内容。

成严重后果的，要追究相关局及其责任人的责任。[1]

从长三角地区来看，目前，长三角地区已在专利和商标两个领域建立了跨区域行政执法协作机制。在专利领域，苏浙沪三省市均是省际协议的成员，特别是2005年9月23日苏、浙、沪三省市共27个知识产权局在上海签署的长三角协议，更是标志着长三角地区专利行政执法协作机制进一步朝着纵深方向发展。[2] 在商标领域，苏浙沪均是《华东六省一市商标管理协作办法》的签字成员。并且，综观各地知识产权协作协议及其所取得的成效，可以发现，长三角地区的知识产权行政执法协作已走在全国的前列，这也是本书选取长三角地区作为个案研究的一个重要理由。

---

[1] 国家知识产权局："关于印发邢胜才同志在全国知识产权局行政会议上的讲话的通知"，载 http://www.sipo.gov.cn/sipo/zlgl/xzzf/200607/t20060725_104738.htm，2006年8月25日访问。

[2] 与省际协议相比，长三角协议具有如下特点：(1) 从形式上看，长三角协议的文本体系更加完整和系统。这突出体现在长三角协议将指导思想和基本原则单独列出，在协议后附上了各类可操作的表格等。这些新增内容使得长三角协议的体系更完整，可操作性更强。(2) 从内容上看，长三角协议的内容更加完善、具体和深入。首先，长三角协议明确增加了级别管辖原则、配合原则、报送原则和指导监督原则；其次，扩大了协助调查取证的范围，长三角协议将协助调查取证范围从省际协议规定的"协助开展重大、复杂案件的调查取证"扩大到"积极配合协助开展专利侵权纠纷、假冒他人专利和冒充专利案件的调查取证"；再次，长三角协议增加了"协作办理重大案件"的执法协作内容，明确规定"对跨区域的故意侵权、群体侵权、共同侵权、重复侵权等重大案件，相关区域的知识产权局根据实际情况可以协作办理"。这实际上突破了以前"协助调查取证"的范围，大大扩展了协作执法的内容。(3) 从保障机制上看，长三角协议的保障措施更加有力。长三角协议明确规定在"联席会议下设办公室，负责处理联席会议的各项日常工作"，从而更加突出执法协作的组织保障。这一点是省际协议所没有的。另外，长三角协议还规定在国家知识产权局网站设置"长三角专利执法协作信息专栏"，应该说利用国家知识产权局网站来进行宣传与监督，也是长三角协议保障措施的一个特色。(4) 从效果上看，长三角协议更加注重协作执法的效率。这突出表现在长三角协议的以下规定："知识产权局自出具《长三角地区专利侵权纠纷行政处理请求材料接收单》之日起3个工作日内，填写《长三角地区专利侵权纠纷材料移送单》"，并将之移送到有管辖权的知识产权局。对此，省际协议规定的期限是5天之内移送完。总之，从上面的比较和分析可以看出，长三角协议的签订，意味着该地区专利行政执法协作的内容更加完善、具体，协作执法更具效率，保障性更强，标志着长三角地区专利行政执法协作机制进一步向纵深方向发展。

（二）必要性

与有形财产相比，知识产权的无形性特点使得异地侵犯知识产权或发生违法案件的可能性大大增加，这是我国知识产权跨区域行政执法协作机制能够短时间内在实践中得以建立和发展的重要原因。下面从理论和实践两个层面来分析我国实行知识产权跨区域行政执法协作机制的必要性。

首先，从理论层面看，实行知识产权跨区域行政执法协作机制至少有以下几个方面的重要意义：（1）知识产权跨区域行政执法协作符合我国政府不断优化知识产权执法制度，充分发挥行政执法这一中国特色制度在知识产权保护中的巨大作用，从而有效保护知识产权权利人合法权利的宏观思路。综观中国知识产权保护制度的建立和发展的过程，可以发现，在短短的20多年时间里，它经历了从开始的"被动保护"到现在的"主动保护"的明显变化。被动保护是在人们对知识产权保护制度不了解、[1]有改革开放的需求，又有国际社会高标准保护知识产权的压力[2]等特定的背景下形成的。当然，这也是无可厚非的。但是，正如郑成思教授所言："从实践上讲，推动中国知识产权立法与执法进一步完善的主要动力来自中国向市场经济转轨过程中，发现了自己的知识产权保护制度中的不足，并逐步意识到必须弥补这些不足。"[3]因此，在经历了20多年的知识产权保护实践后，当初实行被动保护的环境已经发生了很大变化：人们对知识产权保护不再停留在要不要这一制度的争论上，[4]而是发展到如何进一步完善这一制度，使之趋利避害；[5]更重要的是，国内一些拥有自主知识产权的企业主体不断出现，如海尔、联想、"温州制造"不断在国际市场上被"温州创造"所取代等。正是这一系列变化使得我国的知识产权主体和我国政府都清醒地认识到，加强知识产权保护不仅对外国人有利，更重要的

---

❶ 郑成思：《知识产权法——新世纪初的若干研究重点》，法律出版社2004年版，第4页。

❷ 例如，20世纪90年代的中美几次知识产权谈判即是很典型的例子。李明德：《"特别301条款"与中美知识产权争端》，社会科学文献出版社2000年版，第173～250页。

❸ 郑成思：《知识产权法》，法律出版社2003年第2版，第84页。

❹ 例如，中国首部《专利法》的诞生过程就充分体现了这种争论。赵元果：《中国专利法的孕育与诞生》，知识产权出版社2003年版。

❺ 郑成思："知识产权与我国的知识产权保护现状"，载《新华文摘》2005年第11期。

是对中国人自己有利，并且从长远来看，它还有利于我国市场经济的完善和国际竞争力的不断提高。[1] 基于这一根本认识，近些年来，在我国知识产权立法已基本达到国际保护标准的前提下，我国政府在相对较薄弱的知识产权执法领域不懈地积极探寻，为我国知识产权执法制度的不断优化和行政执法这一中国特色作用的充分发挥，作出了巨大努力，知识产权跨区域行政执法协作机制就是我国政府在这一整体思路的指导下为切实加强知识产权保护而采取的一种执法新举措。（2）跨区域行政执法协作有利于各知识产权执法部门降低执法成本，提高执法效率。从某种意义上讲，各地区的知识产权行政执法协作机制实际上就是将该区域内知识产权行政执法系统的执法资源最大限度地加以整合，从而达到降低执法成本，提高执法效率的目的。（3）这一机制有利于区域内知识产权权利人维权成本的降低和合法权利的保护。例如，各地区所签订的知识产权行政执法协作协议一般都规定：在专利侵权纠纷案件中，请求人可以就近向其所在地知识产权局提出行政处理请求，在假冒和冒称专利案件中，权利人可以就近向发现地知识产权局举报，再由该知识产权局作出案件移送处理。这必将大大降低专利权人的维权成本和往返于异地知识产权行政执法部门的“讼累”，从而使专利权人的合法权利获得更及时有效的保护。（4）这一机制有利于杜绝狭隘的地方保护主义。根据各地协作协议的规定，有管辖权的知识产权局接受移送案件后，是否立案，立案后怎样处理等都将及时反馈给移送机关或国家知识产权局，这本身就是一种非常有力的监督。正是这种监督，使得相关行政执法部门必须严格依法办事，从而起到杜绝地方保护主义的效果。（5）跨区域行政执法协作有利于各地区知识产权执法水平的同步提高。由于知识产权与科技、经济发展水平联系密切，因此，全国各地的知识产权管理和执法水平会有些参差不齐，而知识产权跨区域行政执法协作机制在一定地区内所建立的信息交流平台、协助执法、协作执法等执法机制，都将有利于消除或减少各地知识产权管理和执法水平的差异。（6）跨区域行政执法协作有利于推动区域经济的不断向前发展。随着知识经济浪潮的来临，知识产权在社会经济发展的贡献率中所占的比重越来越大，而在当前知识产权异地侵权时有发生

[1] 当前我国正在制定国家知识产权战略，其中的一个主要目标就是通过把知识产权的创造、保护、应用摆到国家战略的层面，使知识的创造与应用能够有力地支撑我国经济社会的全面、协调、可持续发展，显著提升我国的国际竞争力。参见《国家知识产权战略纲要（提纲）》，2006 年 3 月 21 日通过。

的情况下，跨区域行政执法协作对及时打击知识产权侵权和违法行为，维护区域内的经济秩序，从而推动区域经济的发展，必将产生一定的积极作用。

其次，从实践层面看，知识产权跨区域行政执法协作机制所发挥的重要作用显得越来越明显。例如，根据省际协议，湖北省知识产权局与其他10个省区市知识产权局协作，在保护“方酒瓶”专利的这一单项协作执法行动中，就共处理了劲牌有限公司提出调处请求的24起群体侵权案件，从而有效地遏制了“方瓶酒”外观设计专利在全国范围遭受侵权的势头；❶ 又如，在长三角协议签署不到一年的时间内，长三角地区异地移送专利纠纷和专利违法案件共12件；❷ 等等。总之，通过这一新机制近两三年来在实践中所取得的成就，可以看到，知识产权跨区域行政执法协作机制具有强大的生命力。

三、长三角地区专利行政执法协作机制的主要内容

长三角地区专利行政执法协作机制的内容主要体现在2003年4月16省市签订的省际协议和2005年9月长三角地区27个知识产权局签订的长三角协议。由于长三角协议是在省际协议的基础上专门针对长三角地区而签订的，其内容更加完整和呈体系化，因此，长三角协议更是成为规范长三角地区专利行政执法协作机制的主要依据。

根据长三角协议，这一协作机制的内容主要包括：指导思想、基本原则、执法协作内容、执法协作程序和执法协作保障措施五个方面。另外，长三角协议在协议文本之后还以附件的形式列了八类表格，以此来明确规范各知识产权局协作办案的具体操作形式。

（一）指导思想

长三角协议在第一部分中明确规定了指导思想：“充分发挥专利行政执法协作的优势，切实保护专利权人的合法权益，依法办案，杜绝地方保护主义，规范社会主义市场经济秩序，促进长三角地区经济健康发展与繁荣。”

（二）基本原则

长三角协议第二部分是关于基本原则的规定。

---

❶ “田力普近日指出：跨区域联合执法有利于加强专利保护”，载 http：//www. ipsr. ac. cn/News/2005102717295. html，2006年8月10日访问。

❷ “2006年长三角地区专利行政执法协作联席会议年会在沪召开”，载 http：//www. ssip. gov. cn，2006年8月10日访问。

首先是管辖原则。长三角地区专利行政执法协作须遵循地域管辖和级别管辖的基本原则。

其次是配合原则。对于专利侵权行为或专利违法行为同时发生在不同地区的案件，有管辖权的知识产权局可以协同进行调查处理，并相互提供必要的支持与配合。

再次是报送原则。这一原则是指省辖市的知识产权局在对相关的移送材料作出处理后，均应及时向其上一级的省知识产权局报送相关情况。

最后是指导监督原则。它是指省知识产权局负责指导、监督本省辖市知识产权局受理的跨省（市）专利案件的处理。

（三）专利行政执法协作的主要内容

第一，信息交流机制。长三角协议突出强调在网上开辟长三角知识产权局系统行政执法协作信息专栏，对行政执法政策法规、区域内案件移送情况、大案要案和办案经验等信息实现资源充分共享。

第二，案件移送机制。（1）实体方面，协议分侵权纠纷和违法行为两种情况作出了规定：对异地专利侵权纠纷，权利请求人可以就近向其所在地知识产权局提出行政处理请求，再由该局将材料移送给有管辖权的知识产权局处理；对于发现地与发生地不一致的冒充专利或假冒专利等违法行为，发现地知识产权局可以将材料移送给违法行为发生地知识产权局处理；（2）程序方面，协议在第四部分专门作出规定，对专利侵权纠纷案件和假冒、冒称专利案件应如何接收、移送、受理、审查、处理以及备案等相关程序均作出详细规定，并明确规定案件处理过程中的各种期限。

第三，协助调查取证机制。长三角协议规定，根据有管辖权的知识产权局提出的要求，相关知识产权局应积极配合、协助开展对有关案件的调查取证工作。如果比较长三角协议和省际协议关于这一机制的规定，可以发现，长三角协议协助调查取证的范围增大了，它将省际协议“协助开展重大、复杂案件的调查取证工作”扩展到了所有专利侵权和专利违法案件。这一扩展使得长三角地区的专利行政执法协作更加深入和密切。

第四，协作办理重大案件机制。这里的重大案件主要是指跨区域的故意侵权、群体侵权、共同侵权、重复侵权等重大案件。对于这些重大案件，区域内的相关知识产权局根据实际情况可以协作办理。这一机制是长三角协议对省际协议的一大突破，在省际协议里并没有规定这种协作机制。

第五，执法协作的保障机制。保障机制主要体现在四个方面：（1）工作机构方面，长三角协议各方一致同意建立“长三角地区专利行政执法协作联席会议制度”，联席会议下设办公室，负责处理各项日常工作。（2）建立年会与专题会议制度，总结交流长三角地区专利行政保护和行政执法协作方面的经验，研究解决其他具体工作问题。❶（3）各签约方在协议中明确承诺“确保执法协作机制的实施”。（4）加强信息交流。协议规定，在国家知识产权局网站设置“长三角地区专利执法协作信息专栏”，各签约方应当及时报送本辖区涉及长三角地区专利行政执法协作的案件处理情况、案例分析研究等信息。这一措施在某种程度上，也会得到国家知识产权局的指导与监督，从而有利于长三角地区行政执法协作的推进。

四、长三角地区专利行政执法协作机制存在的主要问题

虽然长三角协议是在履行省际协议两年多后签订的，很好地总结吸收了省际协议的经验，并在全国也走在了前列，然而长三角地区专利行政执法协作机制仍然存在一些问题。这些问题在我国其他地区的知识产权跨区域行政执法协作机制中也有所存在。

（一）长三角地区专利行政执法协作机制并不是一种法定机制

长三角地区专利行政执法协作机制主要是依托长三角协议建立起来的，而长三角协议在性质上属于合同，因此，这一协作机制本质上是一种契约性的机制。也就是说，长三角地区专利行政执法协作机制的效力只能及于各签约方，即在协议上签字的 27 个知识产权局相互之间。这就导致，如果作为签约方的知识产权局对专利权人提出的合理请求不予接收或者移送，那么该专利权人并不能依据长三角协议而向有关知识产权局主张相应的救济权利。这实际上在一定程度上限制和削弱了长三角地区专利行政执法协作机制优势的充分发挥。笔者认为，如果知识产权跨区域行政执法协作机制能够在法律、法规，或者部门

❶ 2006 年 8 月，长三角专利行政执法协作联席会议第一次年会召开，这一保障措施得到很好的落实。

规章中得到明确规定，[1] 而长三角协议只是就该地区的特殊情况作出特别约定，则长三角地区专利行政执法协作机制就会在性质上由契约性向法定性转变，从而克服前述缺陷。

（二）长三角协议中没有任何责任条款

长三角协议包括指导思想、基本原则、执法协作内容、执法协作程序和执法协作保障措施五个方面的内容。综观这些内容，没有发现协议方如果违约应该承担何种责任的条款，这势必会使长三角地区专利行政执法协作机制在某些情况下的实施大打折扣，甚至可能出现不能实施的情况。事实上，在实践调查中，有些知识产权局对专利权人的合理请求迟迟不予接收和移送的情况确有发生。

（三）国家知识产权局在其中的作用没有得到充分体现

虽然长三角地区专利行政执法协作机制得到了国家知识产权局的支持，长三角协议中也有移送案件的处理结果必须向国家知识产权局备案和在国家知识产权局网站设置“长三角地区专利执法协作信息专栏”的规定，但是，对于国家知识产权局应如何具体参与对相关案件的指导，特别是有重大影响的案件或者疑难案件[2]的指导，长三角协议并没有明确规定。这不利于国家知识产权局在相关案件处理中法定作用[3]的充分发挥。

（四）长三角协议体系结构上存在的问题

除了上面已提到的长三角协议缺少责任条款外，长三角协议在体系结构上

---

[1] 虽然2006年1月26日国家知识产权局发布的《关于印发邢胜才同志在全国知识产权局行政执法会议上的讲话的通知》对跨区域行政执法协作提出了一些明确要求（参见本节第二部分的相关内容），其在一定程度上弥补了知识产权跨区域行政执法协作机制契约性的不足，但这一通知并不是部门规章，因此，其效力在一定程度上受到限制。

[2] 值得注意的是，在跨区域执法中，有重大影响的案件或者疑难案件出现的频率要远远高于其在本地执法中出现的频率。

[3] 虽然国家知识产权局并不直接处理专利侵权案件和专利违法案件，但它在这些案件的处理中还是具有一定法定作用的。例如，《中华人民共和国专利法实施细则》第80条规定：“国务院专利行政部门应当对管理专利工作的部门处理和调解专利纠纷进行业务指导。”《专利行政执法办法》第4条规定：“对有重大影响的专利侵权纠纷案件、假冒他人专利和冒充专利案件，国家知识产权局在必要时可以组织有关管理专利工作的部门处理、查处。管理专利工作的部门处理专利侵权纠纷、调解专利纠纷、查处假冒他人专利和冒充专利行为中遇到的困难问题，国家知识产权局应当给予指导。”

还存在另一问题，即配合原则作为基本原则的地位与其具体规定不一致，使得本应放在第三部分的内容却规定在第二部分，从而产生了一种错位。

"配合原则"本应该是长三角协议的一个基本原则，但从对配合原则的具体规定[1]看，它并不能起到统辖整个协议的基本原则的作用。它所针对的只是"对于同时发生在不同地区的案件，有管辖权的知识产权局可以协同进行调查处理和相互提供必要的支持与配合"这一类情况，而对于协作执法中的其他情况，如网上信息交流、跨区域案件移送、协助调查取证或协作办理重大案件等协作内容，似乎它并不具有或不完全具有统辖作用。

与此相关就产生了另一个问题：由于"协同进行调查处理案件"这一类情况已经规定在配合原则之下，因此，在长三角协议第三部分的"执法协作内容"中就没有将它单独列出。笔者认为，虽然第三部分中规定的"协助进行调查取证""协作办理重大案件"与第二部分中的"协同进行调查处理案件"在内容上存在一些交叉，但如果把"协同进行调查处理案件"也单独列在第三部分中，则协作执法的内容可能会更清晰、更完整。

由此可以看出，长三角协议第二部分中配合原则的具体规定出现了一种错位。

五、建议与启示

基于上述分析，本书提出一些完善长三角地区专利行政执法协作机制的建议。这些建议虽然是针对长三角而言的，但是，它们对于我国其他地区知识产权跨区域行政执法协作机制的完善，甚至对于优化我国的整个知识产权行政执法制度均具有一定的启示。

第一，尽快建立法定的全国知识产权行政执法协作机制。建议国家知识产权局在全面总结包括长三角地区在内的全国各地跨区域专利行政执法协作机制实践经验的基础上，进一步细化《关于印发邢胜才同志在全国知识产权局行政执法会议上的讲话的通知》中关于跨区域行政执法协作的有关内容，并将这些内容进一步升格为《全国跨区域专利行政执法协作办法》这一部门规章，从而实现这一协作机制的性质由契约性向法定性转变。该部门规章应对专利权

[1] 长三角协议对配合原则规定："专利侵权行为或专利违法行为同时发生在不同地区的案件，有管辖权的知识产权局可以协同进行调查处理，并相互提供必要的支持与配合。"

人和相关知识产权执法部门的权利、义务、职责等内容作出明确规定。并且，待条件成熟时，还可以将跨区域专利行政执法协作机制的内容进一步升格为行政法规或法律。同时，管理商标和著作权等其他知识产权的行政部门也可以根据本部门的实际情况借鉴国家知识产权局的这一做法，不断发展和完善知识产权跨区域行政执法协作机制。

第二，在长三角协议中增加责任条款和救济条款。责任条款可以主要围绕相关知识产权执法部门不履行协议时应承担何种责任来进行规定，如可追究相关领导或执法人员的责任，建议主管机关给予行政处分等；救济条款则可以主要从救济知识产权权利人的角度进行规定，如可以规定权利人向联席会议办公室进行申诉的权利，等等。总之，二者规定的侧重点应该有所不同。

第三，充分发挥国家知识产权局在专利行政执法协作机制中的指导和监督作用。例如，可在长三角协议第二部分的指导监督原则中，明确增加“邀请国家知识产权局对大案要案进行指导和监督”的规定；在第四部分的执法协作程序中，可增加“在对有重大影响的大案要案作出处理决定之前，征求国家知识产权局建议”的程序；等等。国家知识产权局虽不是协议的签约方，但对专利行政执法部门进行业务指导是它的一种法定职责，其不能拒绝。更重要的是，这对杜绝地方保护主义，统一全国专利行政执法标准，充分发挥跨区域行政执法协作的优势具有重要作用。

第四，可进一步扩大协作执法的内容。与省际协议相比，长三角协议不仅扩大了协助执法的范围，而且增加了协作办理重大案件的内容，这是长三角协议的重大进步。然而，从执法实践来看，协作执法的内容可进一步突破“重大案件”这一限制，只要有关知识产权局认为协作执法有利于更好地保护知识产权权利人的权利，有利于更好地维护协作区域内的知识产权秩序，那么相关知识产权行政执法部门就可以协商决定是否对某一案件进行协作执法。

第五，调整长三角协议的相关体系结构。建议将长三角协议“配合原则”下的具体规定移到第三部分“执法协作内容”下，并单独列出；同时，对配合原则的具体规定作出修改，使配合原则真正成为统辖长三角协议的一个基本原则。

第六，加大知识产权跨区域行政执法协作机制的宣传力度。由于这一协作机制是近几年发展起来的一种执法新举措，相关权利人对此知之甚少，因此，有关部门非常有必要在执法和管理过程中有意识有组织地扩大宣传这一机制。

第七，抓住 2008 年北京召开奥运会和 2010 年上海召开世博会的机遇，促进知识产权跨区域行政执法协作机制进一步完善。随着两大盛会的临近，各地知识产权跨区域行政执法协作的机会可能增加，我们应该抓住这一机遇，加强信息交流与资源共享，及时总结办案经验，从而不断完善我国知识产权跨区域行政执法协作机制。

第四章　知识产权人才培养篇

第一节　高校知识产权教育问题研究

知识产权在当代各国经济竞争中的地位日益重要，各国纷纷将知识产权作为衡量竞争力的一个重要指标。在此种背景下，各国日益重视对知识产权人才的培养。高校作为社会发展的人才库，在知识产权人才培养中所发挥的作用尤其重要。知识产权是一门跨法学、管理学、经济学、理工科学且实践性极强的综合性新型学科。知识产权的跨多学科特点对高校知识产权人才培养提出了挑战。基于上述背景，本节将分以下四个部分进行研究：第一部分研究分析我国高校知识产权教育现状及其弊端；第二部分研究外国高校知识产权教育的现状、特点及其对我国的启示；第三部分在前面研究的基础上，提出完善我国高校知识产权教育的对策与建议；第四部分是实证研究，以湖南师范大学本科知识产权人才培养作为个案，提出《湖南师范大学本科知识产权人才培养方案》建议稿。

一、我国高校知识产权教育现状及其弊端

我国高校知识产权教育起步比较晚，至今也才只有20多年的历史。中国人民大学、中国社会科学院和上海大学是我国最早从事知识产权教育的三大基地。以中国人民大学为例，其于1987年开始面向全国招收知识产权双学士学位学生，从1989年起，该校在民法专业中设置了知识产权法研究方向，招收硕士研究生和博士研究生。这一时期，我国知识产权教育刚刚起步，知识产权专业的地位并没有得以确立，其主要依赖于法学专业而存在。20世纪末和21世纪初，又有一些高校分别设立了知识产权研究中心或知识产权学院，开展知识产权教育，如北京大学、同济大学、华南理工大学、暨南大学、华东政法学

院等。据不完全统计，自中国人民大学开始知识产权教育到21世纪初，有20多所高校先后成立知识产权研究中心或知识产权学院开展知识产权人才培养工作，并为社会提供了一批早期的知识产权专门人才。

随着社会对知识产权人才需求的不断扩大，2004年11月，教育部、国家知识产权局联合发布《关于进一步加强高等学校知识产权工作的若干意见》，强调“加强知识产权专业人才培养”；2008年6月，国务院通过《国家知识产权战略纲要》，再次强调要加强知识产权人才队伍建设。在此背景下，2012年，教育部允许具备条件的高校在本科阶段设立知识产权特色专业，并置于法学学科之内。由此，知识产权高等教育开始步入较快发展时期。据不完全统计，目前，全国大学中已挂牌的知识产权学院有13个，知识产权研究机构有60多所，这些知识产权学院或研究机构成为当前我国高校知识产权教育的主力军。

尽管如此，我国知识产权高等教育的发展依然滞后于我国经济的快速发展，难以满足日益增长的知识产权人才需求。北京大学知识产权学院郑胜利教授预计，到2015年，全国知识产权人才需求为10万~12万人，而全国各高校毕业的知识产权人才至今不到1万人。另外，从知识产权人才质量方面看，其也难以满足当前社会的需要。一个重要表现是，尽管当前知识产权人才缺口巨大，然而一些高校培养的知识产权毕业生，仍然面临就业难的问题。究其原因，乃是因为我国高校知识产权教育存在诸多弊端，其具体表现在以下方面。

第一，高校知识产权教学对象主要集中在法学专业学生，所招收的学生以文科生为主，忽视了对非法学专业学生和理工科学生的知识产权教育。从知识产权专业的发展历史看，知识产权教育原来主要表现为在法学专业学生中开设知识产权法课程。目前，知识产权已是一个独立的新专业，但它并不是一个新学科，知识产权专业一般隶属于法学学科，知识产权教育依然表现出很强的法学专业特色。虽然一些高校正在进行知识产权教育的改革，但到底应当如何改革，使其体现出知识产权专业教育的特色，还需要经历一个较长时间的发展过程。

第二，高校知识产权教学在内容上没有充分体现出知识产权跨学科的特点。知识产权是一门跨法学、管理学、经济学和理工科学且实践性极强的综合性新型学科。社会对知识产权人才的要求也不仅仅是知识产权法律专门人才，而是具有相应的技术背景，具备知识产权管理知识的综合型应用人才。但是，从当前高校知识产权教育的情况看，其专业课程内容明显呈现出偏法律的特点。如何科学地设置知识产权专业课程，是值得当前各高校深入研究的重要课题。

第三，授课内容与方式上，当前知识产权教育偏重于理论教学，实务技能教学严重不足。在知识产权教学中，一般以理论教学为主，特别是注重知识产权法律理论的教学，较少涉及知识产权创造、运用、管理、评估及转化等方面的教学，知识产权实务方面的内容（如专利文献检索、专利申请实务等）也非常少。此外，知识产权教学方法比较单一，不少高校把知识产权课程单纯作为一种法律知识向学生灌输，较少体现其与商业实践、科研实践紧密联系的特点。

二、外国高校知识产权教育的现状与特点

由于知识产权在经济发展与技术竞争中的地位日显突出，近几十年来，一些发达国家特别重视知识产权，并将知识产权的重要性提升到国家战略的高度。在此背景下，许多国家日益重视利用高校这一资源丰富的智库，加强知识产权专业人才的培养。

美国大学的知识产权教育始于其知识产权制度的建立，历时200余年，培养了大批的知识产权专业人才，也形成了自己的体系和特色。美国知识产权专门人才的培养以各大学内设立的法学院为主，辅之以工学院培养知识产权的创造人才、管理学院培养知识产权的管理和运用人才。美国的法学教育采取的是研究生教育模式，申请上法学院的学生必须具有学士学位。这有利于具有管理学、经济学和理工科背景的学生在获得相关学士学位后继续接受知识产权教育，从而适应社会对知识产权人才的需求。另外，美国大学的知识产权教育十分注重培养学生的实践能力，开设了许多实务课程，其有关职业技能、实践能力和应用性教育的相关课程占总课程的很大一部分，如开设法律文书、咨询谈判、诉讼技术、知识产权评估等课程。并且，美国知识产权教学主要采取案例教学方法，即结合典型案例，以教师与学生讨论交流为主的教学方式，这有利于调动学生的主观能动性，培养学生解决知识产权问题的实践能力。

德国各大学为了与现代化、国际化的客观发展相适应，纷纷加强知识产权教育，知识产权的教育内容和时间得到极大丰富和加强。例如，杜塞尔多夫大学知识产权研究中心在传统德国学位体系外，直接设立了知识产权硕士学位。

慕尼黑大学的创新和技术管理研究所，每年都开设面向法律、经济和工科专业学生的知识产权课程，由具有丰富知识产权实践经验的教师讲授知识产权保护方面的相关法律和经济知识。

日本也非常重视知识产权教育，并把其列为日本国家层面知识产权战略大纲的四大核心内容之一。2002 年 7 月 3 日，日本知识产权战略会议召开第五次会议，制定知识产权战略大纲，其主要内容包括推进知识产权创造、加强知识产权保护、推进知识产权应用和强化知识产权人才培养四大部分。2004 年起，日本开始在法科大学招收知识产权方面的研究生，将知识产权设为法科学的重要科目。

韩国在知识产权领域发展迅速，其特点是：特别注重培养学生及全社会的发明意识。1987 年，韩国成立国际知识产权学院，专门培养知识产权人才，为政府、企业的知识产权管理人员提供知识产权课程。2003 年，韩国在国际知识产权学院创立国家发明教育中心，为大规模培养发明创新人才奠定基础。

以上各国高校的知识产权教育与人才培养虽存在差异，但具有以下共同特点：（1）在知识产权专业培养对象的选择上，注重面向多学科领域招生；（2）在教学内容上，充分体现知识产权跨多学科的基本属性，融合法学、管理学及理工科学等不同学科的课程于知识产权教学中；（3）教学方法上，主要以实务型教学为主，注重培养学生的实务能力与实践能力。国外高校知识产权教育的这些特点对于完善现阶段我国高校知识产权教育与知识产权人才培养具有较大的借鉴与启示意义。

三、完善我国高校知识产权教育的对策与建议

基于上文对我国高校知识产权教育现状及其弊端的分析，结合相关国家高校知识产权教育的特点及对我国的启示，提出进一步完善我国高校知识产权教育的对策与建议。

（1）在招收知识产权专业的培养对象时，应当注重文科、理科和工科并重的不同生源。当前，我国高校知识产权教育的对象明显偏向于文科，这一现状不利于培养符合社会需求的复合型知识产权专业人才，也没有体现出知识产权跨学科的专业特性。笔者认为，对于本科知识产权专业的学生，可更多地考虑从理科学生中选择，对于研究生阶段知识产权专业的学生，则应更多地从非法学专业的学生中选择。

（2）教学内容应体现出知识产权专业跨学科的特点。当前我国高校的知识产权专业主要置于法学学科之内，因此，容易让人形成一种误解，认为知识产权专业就是或主要是知识产权法的教育，其实不然。笔者建议在设置知识产权专业课程时，从法学、管理学和理工科学等几个方面适当加以平衡，改变当前仅仅注重知识产权法学教育内容的做法。

（3）教学方法上，应当注重学生实务技能的培养。知识产权是一个应用性极强的新专业，受传统法学教育偏重于理论教育的影响，当前仍置于法学框架之内的知识产权专业也明显呈现出重理论教育的特点，这明显与知识产权专业的应用型特点相矛盾。基于此，从美国等相关国家高校知识产权教育重视知识产权专业学生实务能力的培养中获得启示，更多地采用案例教学方法，多开设一些与知识产权实务相关的课程，从而培养出真正符合社会需求的应用型知识产权专业人才。

（4）加强知识产权专业师资队伍建设。当前我国高校的知识产权专业师资队伍明显呈现出偏法律专业的特点，这与知识产权是跨法学、管理学、经济学以及理工科学的专业特性明显矛盾。因此建议尽快组建符合知识产权专业要求的跨学科师资队伍，在这一队伍形成前，可以采用多渠道聘请具有丰富实务经验的专业人员任教等方式来加强知识产权专业师资队伍建设。

四、个案研究——《湖南师范大学知识产权专业本科人才培养方案》

笔者在湖南师范大学学习和教学过程中，一直关注和思考湖南师范大学知识产权法的教育。2012 年，湖南师范大学的一批知识产权老师积极参与并成功申报本科知识产权专业。由此，湖南师范大学的知识产权教育进入了一个新阶段。经过仔细研究思考，学校提出了《湖南师范大学本科知识产权人才培养方案》建议稿，以下为该建议稿的主要内容。

（一）培养目标

本专业培养德、智、体等方面全面发展，掌握马克思主义基本理论，具有深厚的法学、知识产权与管理学基础知识，具备一定的理工科背景知识，达到较高外语水平，具有创新精神和较强的创新能力、实践能力，能在知识产权行业领域的执法管理部门、司法部门、企事业单位和社会团体从事知识产权创造、运用、保护、管理与服务工作的复合型、应用型知识产权专门人才；同时兼顾培养能够在各高等、中等学校从事知识产权教学的教师。

（二）培养要求

知识产权专业学生要学习法学、知识产权与管理学的相关基本理论和基本知识，接受法学和管理学思维与实务的基本训练，具有运用法学与管理学相关理论和方法分析问题和解决问题的基本能力，具有从事知识产权行业领域相关工作的基本能力。

毕业生应获得以下几个方面的知识、能力和素养：

（1）掌握马克思主义基本理论，坚持社会主义法治理念，具备公平正义的情怀；具备良好的职业道德、操守与健康的身体素质。

（2）掌握与知识产权专业紧密相关的法学、知识产权、管理学、经济学等学科的基础知识；掌握社会科学学科的研究方法入门知识。

（3）具有良好的表达与交流能力。

（4）比较系统地掌握一门外语。

（5）具有良好的计算机运用能力。

（6）具有对知识产权实务问题进行综合分析判断的能力。

（7）具有挖掘、发现和创造知识产权的基本能力。

（8）具有经营管理知识产权的基本能力。

（9）具有从事知识产权保护和中介服务工作的基本能力。

（10）具备进行创造活动的思维方法，具有一定的创新精神、创业思维和探索能力。

（三）课程结构及学分要求

表 4-1 课程类型与学分

课程类型		学分数（分）	学分总数（分）	百分比（%）
必修课程	公共必修课程	45	122	73
	专业必修课程	77		
选修课程	公共选修课程	8	44	27
	专业选修课程	36		
合计		166	166	100

（四）教学进程计划表

表4-2　公共必修课程教学计划

课程类别	课程编号	课程名称（含英文名称）	课程总学时	总学时分配		学分数（分）	开课学期	周学时	备注
				讲授	实践（验）				
公共必修课程（45学分）	27160001	思想道德修养与法律基础（Moral Education and Fundamentals of Law）	48	32	16	3	2	2	—
	27160003	中国近现代史纲要（Outline of Modern Chinese History）	32	28	4	2	1	2	—
	27160004	马克思主义基本原理（Basic Principles of Marxism）	48	45	3	3	3	3	—
	27160005	毛泽东思想和中国特色社会主义理论体系概论（Introduction to Mao Zedong Thought and Theoretical System of Socialism with Chinese Characteristics）	96	60	36	6	5	4	—
	29160001	大学计算机基础（文科）（Fundamentals of College Computer）	48	16	32	2	1	4	见说明
	29160007	大学计算机应用（Office高级应用）（文）（Applications of College Computer）	48	16	32	2	2	4	—
	29160008	大学计算机应用（VFP）（文）（Applications of College Computer）	48	16	32	2	2	4	—
	29160009	大学计算机应用（Access）（文）（Applications of College Computer）	48	16	32	2	2	4	—
	29160010	大学计算机应用（PhotoShop）（文）（Applications of College Computer）	48	16	32	2	2	4	—
	28160001	大学英语（一）（College English. 1）	64	52	12	4	1	4	—
	28160002	大学英语（二）（College English. 2）	64	52	12	4	2	4	—
	28160003	大学英语（三）（College English. 3）	32	24	8	2	3	2	—
	28160004	大学英语（四）（College English. 4）	32	24	8	2	4	2	—
	12160001	高等数学（一）（文科）（Advanced Mathematics. 1）	48	48	—	3	2	3	—
	02160001	大学语文（College Chinese）	48	48	—	3	1	3	—

续表

课程类别	课程编号	课程名称（含英文名称）	课程总学时	总学时分配		学分数（分）	开课学期	周学时	备注
				讲授	实践（验）				
公共必修课程（45学分）	30160001	大学体育（一） （College Physical Education. 1）	36	2	34	1	1	2	—
	30160002	大学体育（二） （College Physical Education. 2）	36	2	34	1	2	2	—
	30160003	大学体育（三） （College Physical Education. 3）	36	2	34	1	3	2	—
	30160004	大学体育（四） （College Physical Education. 4）	36	2	34	1	4	2	—
	26160001	健康教育 （Health Education）	32	32	—	1	1	—	6次讲座
	31160001	军事理论与训练 （Military Theory and Training）	3周	—	—	2	1	—	
	27160006	形势与政策 （Political Situation and Policies）	—	—	—	2	—	—	讲座

表4－3 公共选修课程教学计划

课程类别		修读要求	学分数（分）	备注
公共选修课程（8学分）	人文社会科学课程	1. 文科学生须至少修读2个学分自然科学课程； 2. 理科学生须至少修读2个学分人文社会科学课程； 3. 所有学生须修读2个学分创新创业课程； 4. 所有非艺术类专业学生须修读2个学分公共艺术课程	8	按照《全校公共选修课课程表》要求选课修读

表4－4 专业必修课程教学计划

课程类别		课程编号	课程名称（含英文名称）	课程总学时	总学时分配		学分数（分）	开课学期	周学时	备注
					讲授	实践（验）				
专业必修课程（77学分）	学科基础课程（10学分）	05160082	知识产权导论 （Introduction to Intellectual Property）	16	16	—	1	1	4	—
		05160002	法理学 （Jurisprudence）	48	48	—	3	1	3	—
		05160083	管理学原理 （Theory of Management）	48	36	12	3	3	3	—
		05160084	经济学原理 （Theory of Economics）	48	48	—	3	2	3	—

续表

课程类别		课程编号	课程名称（含英文名称）	课程总学时	总学时分配		学分数（分）	开课学期	周学时	备注
					讲授	实践（验）				
专业必修课程（77学分）	专业核心课程（51学分）	05160003	宪法学（Constitutional Law）	48	48	—	3	1	3	—
		05160005	民法学（一）（Civil Law. 1）	64	64	—	4	2	4	—
		05160006	民法学（二）（Civil Law. 2）	48	48	—	3	3	3	—
		05160007	刑法学（一）（Criminal Law. 1）	48	48	—	3	3	3	—
		05160008	刑法学（二）（Criminal Law. 2）	64	64	—	4	4	4	—
		05160085	行政法与行政诉讼法学（Administrative Law and Administrative Litigation Law）	64	64	—	4	4	4	—
		05160012	国际公法学（International law）	48	48	—	3	2	3	—
		05160015	商法学（Commercial Jurisprudence）	48	48	—	3	3	3	—
		05160016	民事诉讼法学（Civil Procedure Law）	48	42	6	3	3	3	—
		05160017	刑事诉讼法学（Criminal Procedure Law）	48	42	6	3	4	3	—
		05160086	商标法（Trademark Law）	48	42	6	3	3	3	—
		05160087	著作权法（Copyright Law）	48	42	6	3	3	3	—
		05160088	专利法（Patent Law）	48	42	6	3	4	3	—
		05160042	竞争法学（The Competition Law）	32	32	—	2	5	2	—
		05160090	知识产权国际保护（International Protection of Intellectual Property）	48	48	—	3	5	5	—
		05160091	知识产权管理（Intellectual Property Management）	64	58	6	4	4	4	—

续表

课程类别		课程编号	课程名称（含英文名称）	课程总学时	总学时分配		学分数（分）	开课学期	周学时	备注
					讲授	实践（验）				
专业必修课程（77学分）	专业实践课程（16学分）	05160092	实务部门实习（Practice）	8周	—	—	8	大三暑期	—	—
		05160022	毕业论文（Bachelor's Thesis）	8周	—	—	6	8	—	—
		05160023	大学生就业指导与创新创业（Guidance for College Students'Employment and Innovation and Entrepreneurship）	48	24	24	2	—	3	

表4-5　专业选修课程教学计划

课程类别		课程编号	课程名称（含英文名称）	课程总学时	总学时分配		学分数（分）	开课学期	周学时	备注
					讲授	实践（验）				
专业选修课程（36学分）	法学课程模块（20学分）	05160027	合同法（The Contract Law）	48	48	—	3	4	3	—
		05160028	物权法（The Property Law）	48	48	—	3	4	3	—
		05160030	侵权责任法（The Law of Torts）	32	32	—	2	5	2	—
		05160037	证据法学（The Law of Evidence）	48	38	10	3	4	3	—
		05160093	世界贸易组织法（WTO Law）	32	32	—	2	5	2	—
		05160031	法律逻辑学（Legal Logic）	32	28	4	2	2	2	—
		05160039	法律英语（Legal English）	32	32	—	2	6	2	—
		05160094	经济法学（Economic Law）	32	32	—	2	5	2	—
		05160095	国际经济法学（International Economic Law）	48	48	—	3	5	4	—
		05160011	国际私法学（Private International Law）	48	48	—	3	4	3	—
		05160014	环境与资源保护法学（Environmental Law）	48	48	—	3	6	3	—
		05160019	劳动与社会保障法学（Labor and Social Security Law）	32	32	—	2	5	2	—

续表

课程类别		课程编号	课程名称（含英文名称）	课程总学时	总学时分配		学分数（分）	开课学期	周学时	备注
					讲授	实践（验）				
专业选修课程（36学分）	法学课程模块（20学分）	05160029	亲属法与继承法（The Family Law and Inheritance Law）	48	48	—	3	6	3	—
		05160096	知识产权制度史（Legal History of Intellectual Property）	32	32	—	2	2	2	—
	知识产权实务课程模块（16学分）	05160097	企业知识产权战略（The intellectual property strategy of enterprises）	32	32	—	2	6	2	—
		05160098	知识产权诉讼实务（Intellectual Property Litigation Practice）	48	48	—	3	5	3	—
		05160099	品牌营销概论	48	48	—	3	5	2	—
		05160100	专利代理实务（Patent agency practice）	48	48	6	3	5	3	—
		05160101	专利文献与信息（Indexing of Patent Documents and Information）	32	32	—	2	6	2	—
		05160077	法律文书制作能力训练（Legal Instruments and the Basis of Judicial Practice）	48	38	10	3	4	3	—
		05160102	模拟法庭（Moot Court Course）	48	—	48	3	4	3	—
		05160103	文化产业与版权运营（Cultural Industries and Copyright Operations）	32	32	—	2	7	2	—
		05160047	法学方法与论文写作（Method of Jurisprudence and Thesis Writing）	16	16	—	1	7	2	—

知识产权专业学生在修满本专业学分授予法学学士学位的同时，根据兴趣爱好可辅修一个理工科双学位专业，例如，可在化学、机械设计制造及其自动化、计算机科学与技术等专业中任选一个。辅修专业学士学位的学分应不低于50学分（具体见相关学院辅修学士学位课程模块的要求）。

（五）课程体系与培养要求的对应关系矩阵

表4－6　知识产权专业课程体系与培养要求的对应关系矩阵

序号	课程名称	知识产权专业毕业生能力要求									
		1	2	3	4	5	6	7	8	9	10
1	思想道德修养与法律基础	●									
2	中国近现代史纲要	●									
3	马克思主义基本原理	●									
4	毛泽东思想和中国特色社会主义理论体系概论	●									
5	大学计算机基础					●	●				●
6	大学计算机应用					●	●				●
7	大学英语			●	●						
8	高等数学						●	●	●		●
9	大学语文			●							
10	大学体育	●									
11	健康教育	●									
12	军事理论与训练	●									
13	形势与政策	●									
14	人文社会科学课程（校选）	●		●			●		●		●
15	自然科学课程（校选）						●	●	●	●	●
16	公共艺术课程（校选）	●		●							●
17	创新创业课程（校选）	●		●			●				●
18	专业导论课	●	●				●				
19	法理学		●				●			●	

续表

序号	课程名称	知识产权专业毕业生能力要求									
		1	2	3	4	5	6	7	8	9	10
20	管理学原理		●				●		●	●	●
21	经济学原理	●	●				●		●	●	●
22	宪法学	●	●				●			●	
23	民法学	●	●				●			●	
24	刑法学	●	●				●			●	
25	行政法与行政诉讼法学	●	●				●			●	
26	国际公法学		●				●			●	
27	商法学	●	●				●			●	
28	民事诉讼法学	●	●				●			●	
29	刑事诉讼法学	●	●				●			●	
30	商标法		●				●	●	●	●	●
31	著作权法		●				●	●	●	●	●
32	专利法		●				●	●	●	●	●
33	竞争法		●				●		●	●	
34	知识产权国际保护		●				●			●	●
35	知识产权管理		●				●	●	●		
36	实务部门实习	●		●		●	●		●		●
37	毕业论文			●			●				●
38	大学生就业指导与创新创业	●					●				●
39	合同法		●				●			●	
40	物权法		●				●				
41	侵权责任法		●				●			●	

续表

序号	课程名称	知识产权专业毕业生能力要求									
		1	2	3	4	5	6	7	8	9	10
42	证据法学		●				●			●	
43	世界贸易组织法		●				●			●	
44	法律逻辑学		●				●		●	●	●
45	法律英语		●		●		●				
46	经济法学	●	●				●			●	
47	国际经济法学		●				●			●	
48	国际私法学		●				●			●	
49	环境与资源保护法学	●	●				●				
50	劳动与社会保障法学	●	●				●				
51	亲属法与继承法		●								
52	知识产权制度史		●				●				
53	企业知识产权战略		●								
54	知识产权诉讼实务		●				●			●	
55	品牌营销概论		●				●		●		
56	专利代理实务		●				●	●		●	
57	专利文献与信息		●				●	●			
58	法律文书制作能力训练		●				●		●	●	
59	模拟法庭		●	●			●			●	●
60	文化产业与版权运营		●				●		●		
61	法学方法与论文写作		●				●	●			●

（六）辅修专业及辅修学士学位课程模块

1. 辅修本科专业课程模块

表 4-7　辅修本科专业课程

课程编号	课程名称（含英文名称）	课程总学时	总学时分配		学分数（分）	开课学期	周学时	备注
			讲授	实践（验）				
05160082	知识产权导论 (Introduction to Intellectual Property)	16	16	—	1	1	4	
05160002	法理学 (Jurisprudence)	48	48	—	3	1	3	
05160083	管理学原理 (Theory of Management)	48	48	—	3	3	3	
05160005	民法学（一）(Civil Law. 1)	64	64	—	4	2	4	
05160006	民法学（二）(Civil Law. 2)	48	48	—	3	3	3	
05160016	民事诉讼法学 (Civil Procedure Law)	48	42	6	3	3	3	
05160027	合同法 (The Contract Law)	48	48	—	3	4	3	
05160086	商标法 (Trademark Law)	48	48	—	3	3	3	
05160087	著作权法 (Copyright Law)	48	48	—	3	3	3	
05160088	专利法 (Patent Law)	48	48	—	3	4	3	
05160042	竞争法学 (The Competition Law)	32	32	—	2	6	2	
05160091	知识产权管理 (Intellectual Property Management)	64	64	—	4	5	4	
05160077	法律文书制作能力训练 (Legal Instruments and the Basis of Judicial Practice)	48	38	10	3	4	3	
合计	13门				38			

2. 辅修学士学位课程模块

表 4-8 辅修学士学位课程

课程编号	课程名称（含英文名称）	课程总学时	总学时分配		学分数（分）	开课学期	周学时	备注
			讲授	实践（验）				
05160082	知识产权导论（Introduction to Intellectual Property）	16	16	—	1	1	4	
05160002	法理学（Jurisprudence）	48	48	—	3	1	3	
05160083	管理学原理（Theory of Management）	48	48	—	3	3	3	
05160084	经济学原理（Theory of Economics）	48	48	—	3	2	3	
05160005	民法学（一）（Civil Law. 1）	64	64	—	4	2	4	
05160006	民法学（二）（Civil Law. 2）	48	48	—	3	3	3	
05160016	民事诉讼法学（Civil Procedure Law）	48	42	6	3	3	3	
05160027	合同法（The Contract Law）	48	48	—	3	4	3	
05160086	商标法（Trademark Law）	48	48	—	3	3	3	
05160087	著作权法（Copyright Law）	48	48	—	3	3	3	
05160088	专利法（Patent Law）	48	48	—	3	4	3	
05160042	竞争法学（The Competition Law）	32	32	—	2	6	2	
05160090	知识产权管理（Intellectual Property Management）	64	64	—	4	5	4	
05160091	知识产权国际保护（International Protection of Intellectual Property）	48	48	—	3	5	5	
05160077	法律文书制作能力训练（Legal Instruments and the Basis of Judicial Practice）	48	38	10	3	4	3	
05160100	专利代理实务（Patent agency practice）	48	48	6	3	5	3	

续表

课程编号	课程名称（含英文名称）	课程总学时	总学时分配		学分数（分）	开课学期	周学时	备注
			讲授	实践（验）				
05160101	专利文献与信息（Indexing of Patent Documents and Information）	48	48	—	3	6	3	
05160022	毕业论文（Bachelor's Thesis）	8周	—	—	6	8	—	
总计	18门				56			

第二节　上海知识产权人才需求与培养错位分析

知识产权是一门跨法学、管理学、经济学和理工科学等多学科且实践性极强的综合性新型学科。知识产权的这一学科特点对我国高校知识产权人才培养提出了挑战。从整体上说，目前我国高校知识产权人才培养尚处于摸索阶段。当前，我国从事知识产权人才培养的高校教学科研机构已有20个左右，其中上海有8个，其数量占到全国的1/3还多。因此，若要了解高校知识产权人才培养的现状，很好地应对其面临的挑战，则选取已走在全国前列的上海高校进行调研与分析或许能起到“管中窥豹”的作用。

有学者对上海各高校的知识产权人才培养定位作出了这样的概括：上海大学知识产权学院着力培养高水平的专利代理人；华东政法学院的知识产权学院注重培养精通知识产权法律法规的律师和法官；同济大学定位于培养能够解决涉外知识产权纠纷的高层次人才；中医药大学培养的知识产权研究生主要为中药现代化和国际化“保驾护航”；复旦大学则致力于培养知识产权理论人才。这一概括虽然不十分准确，但它至少表明上海各高校在培养知识产权人才方面各有优势，且符合“分工合作，优势互补”的知识产权人才培养资源整合指导思想。

以“三院六中心”作为基本平台，目前，上海已形成知识产权人才培养的几种典型模式，如上海大学模式、同济大学模式、华东政法学院模式等。上海大学在探索知识产权人才培养模式上时间最长，积累的经验也最丰富；同济大学和华东政法学院在知识产权人才培养上探索的时间虽不长，但各自都形成一些特色。

（一）上海知识产权人才的社会需求与人才培养之间存在错位

从知识产权人才的社会需求规律来看，某地区对知识产权人才的需求程度与该地区的社会经济发展水平成正比，即经济越发达的地方，对知识产权人才的需求越大，反之则需求越小。上海作为全国经济最发达的地区之一，对各类知识产权人才的需求量也位居全国前列。

具体说来，上海需求知识产权人才的行业和部门主要包括：企业、知识产权行政管理部门、司法机关、立法机关、知识产权中介机构和知识产权教学科研机构等。这些部门和行业不仅在需求数量上有较大差异，而且对知识产权人才的质量要求也有很大不同。其基本规律可概括为以下几个方面：企业是知识产权人才需求的第一大户，它所需要的人才应是懂技术、懂法律、懂管理的复合型和实务型知识产权法律人才和经营管理人才。知识产权行政管理部门所需的人才又可分为几种：对于专利检索和专利审查等工作，需要相关人员具备一定的技术和法律知识，这与企业所需的复合型和实务型人才有一定的相似之处；对于知识产权行政执法人员则更强调其知识产权法律背景；对于知识产权行政管理人才则更强调其管理才能。司法机关和立法机关所需要的知识产权人才应强调其法律知识背景。知识产权中介机构的服务对象主要是企业，因此其人才要求与企业相近似。教学科研机构所需要的知识产权人才则应突出强调其理论研究的能力。比较而言，行政管理部门、司法机关和教学科研机构对知识产权人才的需求量相对较小，也比较恒定，而社会中介机构对知识产权人才的需求量则与社会需求，特别是企业的需求密切相关。

综上，高校知识产权人才培养模式应该遵循上述客观规律。

上海知识产权人才需求与高校知识产权人才培养之间的错位主要体现在以下两个方面。

(1) 上海知识产权人才供给严重不足。目前，上海的知识产权人才缺口很大。上海市目前有近 6 万家企业，此外还有行政机构、知识产权社会中介机构等部门均需要知识产权人才，而目前上海各高校培养出的知识产权人才在质量和数量上均远远不能满足这些部门的需求。也有人对上海专利代理人的数量做过统计："仅就专利代理人而言，目前上海仅有 400 多名专利代理人，除去兼职，专门从事这一工作的不过 200 余人。而现有的这些代理人年龄又普遍偏大，知识结构老化，尤其对信息技术、生物医药、新材料等高新技术领域缺乏了解，无法满足社会对高素质知识产权人才的需求，专业人才的‘断层’现象严重。”

而目前我国知识产权人才培养整体计划又是怎样的呢？有关专家正在积极设计我国知识产权人才培养的“百千万工程”，即到2010年，我国培养知识产权博士100人，培养知识产权硕士1 000人，培养知识产权学士（包括双学士学位学生）1万人。不难发现：即使到2010年这一“百千万工程”能够顺利实现，我国知识产权人才缺口依然很大。这还只是问题的一个方面。

（2）上海高校培养出的知识产权人才很难在知识产权行业领域就业。尽管上海存在上述知识产权人才供给的严重不足，但是，高校培养出的知识产权人才毕业时只有一小部分选择了专业对口的知识产权职业，大部分都从事非知识产权行业的工作或者待业。

（二）知识产权人才培养与社会需求错位的原因与对策

其原因可能是多方面的，这里主要从高校知识产权人才培养本身存在的一些问题来探讨产生这一错位的原因。

（1）上海高校知识产权人才培养在定位上存在问题。从目前的情况来看，上海高校知识产权人才培养主要集中于培养知识产权法律人才，对于复合型知识产权人才的培养较少，这与知识产权人才需求的第一大户“企业”的需求不符。当然，近两年上海各高校的知识产权专家已意识到这一问题的严重性，并相应地采取了一些措施，但这种定位局面的完全改变还不可能在短期内实现。

（2）在如何有效整合上海“三院六中心”的教育资源，充分实现上海知识产权人才培养优势互补上存在问题。正如上文所指出的，知识产权人才在各部门和各行业中的社会需求并不是整齐划一的，这就要求高校在培养知识产权人才方面实现资源整合，优势互补，满足市场的这一需要。但是，目前上海“三院六中心”的资源整合意识还较低，而且基本上在自发的层面上进行，缺少有意识的宏观指导。

（3）知识产权课程设置存在问题。由于上海“三院六中心”大多是近几年才成立的知识产权人才培养机构，因此在知识产权课程设置方面可以说是五花八门；即使在成立较早的上海大学知识产权学院，知识产权课程设置也同样还处于摸索阶段。如何使各高校的知识产权课程设置科学化和规范化，符合知识产权交叉学科的特点，并真正让通过这些课程学习的学生在毕业后能适应社会的需求，这也是上海“三院六中心”所面临的一个重要课题，需要深入研究。

上述问题的解决，并不是单凭“三院六中心”自身的力量就能彻底完成的，它是一个系统工程，需要包括政府、企业、“三院六中心”自身和社会其他力量在内的各种主体积极投入才有可能加以解决。在总结现行经验与教训的基础上，笔者提出以下解决问题的对策与建议。

（1）建议相关部门组织开展一次全面的调研，尽快明确上海市知识产权人才培养的需求目标。这里的需求目标至少应该包括上海所需知识产权人才的数量、质量和类别等几个方面。到目前为止，除了上海某高校在这方面做过一些初步的调研外，上海并没有权威机构做过这种知识产权人才需求的调查和统计。因此，明确知识产权人才需求目标成为解决问题的第一步。

（2）应充分发挥政府的推动和宏观指导作用。按照市场经济的要求，政府可能并不会具体参与一些细节性的事务处理，但在如何协调高校知识产权人才培养和社会需求之间的错位，如何规划解决知识产权人才的整体供需矛盾，如何整合“三院六中心”的各种教育资源，如何确定知识产权学科的地位等问题上，政府的宏观指导作用必不可少。

（3）上海应逐步形成以“三院六中心”为主体，并辅之以其他方式的立体型知识产权人才培养模式。所谓立体型知识产权人才培养模式就是指以高校或者科研院所作为知识产权人才培养的主体平台，并以此为依托，有计划、有针对性地让培养对象有足够机会到相关实务部门以及国外相关机构进行实践性学习的人才培养模式。这种立体型的人才培养模式是由知识产权跨多学科的特点所决定的。目前上海的相关政府部门也在这方面作出了一些探索，例如，上海市于2005年开始实行的“650知识产权人才培养合作项目”，有计划地把一些具有培养前景的知识产权人才送到国外进行培训，为上海储备一批知识产权高级人才的做法就是一种很好的尝试。

（4）尽快在有条件的高校设立知识产权硕士点和博士点。鉴于2004年11月《关于进一步加强高等学校知识产权工作的若干意见》规定，有条件的学校可以“设立知识产权法学或知识产权管理学相关硕士点、博士点，提升知识产权的学科地位”，因此，有关高校应抓紧落实。同时，教育部也可以在总结现有经验与教训的基础上，尽快对知识产权硕士和博士的课程设置作出最低要求的统一规定，以解决知识产权课程设置中存在的相关问题。

(5) 大学本科阶段不宜设置知识产权专业或知识产权方向的科目。关于这一点，目前可能还存在争论：有人认为可以在本科阶段设置知识产权专业，且实践中就有华东政法学院等高校在本科阶段设有知识产权专业；也有人认为本科阶段不宜设置知识产权专业。上海大学知识产权学院院长陶鑫良认为，无论是法学专业，还是管理学专业，本科阶段不适宜设置知识产权专业。这是上海大学知识产权学院10年办学经验得出的一点体会，也是国际上法学人才尤其是知识产权人才培养的通常做法。在许多国家，法学专业一般都是第二专业，其学生在前已经学有第一专业，或者是理工科专业，或者是其他专业。知识产权理应当比法学具有更高的第一专业背景要求。没有第一专业背景，一般难以深入学好知识产权相关知识。

第三节 上海高校知识产权教育现状的调研与分析

中国知识产权报曾报道《华为虚席以待，奈何人才难求》❶一文。该文章报道的华为公司招聘难凸显出我国知识产权人才匮乏的问题。然而，另一方面，知识产权方向的毕业生就业形式并不理想。那么到底是什么原因造成当前“千里马难寻、伯乐难求”的矛盾呢？造成这一现象的原因可能是多方面的，本节试图从高校知识产权教育的角度进行调研和分析，寻找问题产生的原因。

知识产权是一门跨法学、管理学、经济学、理工科实践性极强的综合性新型学科。知识产权的跨多学科特点对高校知识产权教育提出了挑战：从整体上来说，当前我国高校知识产权教育尚处于摸索阶段。目前我国从事知识产权人才培养的高校教学科研机构已有20个左右，❷其中上海就有8个，其数量几乎占到全国的一半。❸因此，调查和分析上海高校知识产权教育的相关情况对了解全国的知识产权人才培养模式还是颇有代表性的。

---

❶ 《中国知识产权报》2005年9月19日。

❷ 汪玮玮、黄贤涛：“高校知识产权毕业生就业解析”，载《中国知识产权报》2006年3月2日。

❸ 这里的统计可能并不全面，但上海从事知识产权研究的教育机构的数量在全国所占的比重很大是一个客观事实。

一、上海高校知识产权教育的概况

这里主要从政府和教学机构设置两个层面来探讨。

(一) 政府层面

从政府层面来看，上海市人民政府于2003年7月29日就印发了《关于进一步加强本市知识产权工作的若干意见》，并且据此，上海还分别于2004年和2006年制定了《上海知识产权战略纲要（2004~2010年)》和《上海知识产权战略纲要2006年推进计划》。

这里主要以《关于进一步加强本市知识产权工作的若干意见》(以下简称《若干意见》) 对高校知识产权教育的规定为例来进行介绍。该《若干意见》明确规定："本市知识产权工作要继续以企业为主体，科研机构和高等院校为先导……实行政府推动与市场导向相结合，合力推进政策聚集，进一步优化资源整合……培育和吸纳创新人才。" 因此《若干意见》在前言中就非常明确地规定了科研机构和高等院校在上海市知识产权工作中的 "先导" 地位，且要求各机构之间进一步整合资源，为培育出更多的创新型知识产权人才多做贡献。

《若干意见》对高校知识产权人才培养非常重视，除了在前言中对高校知识产权工作的 "先导" 地位作出规定外，还在第二部分对高校知识产权人才培养作出了专门规定。第二部分的标题是 "强化高校和科研院所知识产权工作，加快知识产权人才培养"；该部分明确规定 "高校和科研院所培育和造就一大批知识产权专业人才和管理人才是赢得国内外竞争的关键所在"；该部分还进一步从 "推行知识产权知识普及教育" 和 "构筑知识产权人才高地" 两个方面对高校知识产权人才培养的模式进行了详细规定：(1) 对于知识产权普及教育，《若干意见》从领导干部的教育培训、企业技术人员和经营管理人员的继续教育培训、高校大学生知识产权教育以及中小学知识产权意识等几个方面进行了规定；(2) 对于 "构筑知识产权人才高地"，它是这样规定的："选择有条件的高校再创办1~2所知识产权学院，在各类学科领域中扩大招收有专业背景的本科生、硕士生攻读知识产权硕士学位、博士学位，并可采取本硕、硕博连读方式。将知识产权课程列入法律专业本科生、研究生必修课……培养一批有专业背景和熟悉国际规则的复合型人才，重点培养中高级实务型人才学科带头人……"

上海市的《若干意见》比2004年11月8日教育部、国家知识产权局《关于进一步加强高等学校知识产权工作的若干意见》早了一年多，这充分反映出上海市在知识产权人才培养方面走在了全国的前列。从《若干意见》的实行以来，实行政府推动与市场导向相结合，合力推进政策聚集，进一步优化资源整合，培育和吸纳创新人才的高校知识产权人才培养平台在上海已初步形成。这一点可以从上海高校教学机构的设置情况获得证实。

（二）教学机构设置层面

从教学机构设置来看，自上海大学于1994年9月创建知识产权学院❶以来，上海高校中专门从事知识产权的教育研究机构已形成“三院六中心”的局面。“三院”是指上海大学知识产权学院、同济大学知识产权学院、华东政法学院知识产权学院；“六中心”是指复旦大学知识产权研究中心、上海交通大学知识产权研究中心、华东政法学院知识产权研究中心、华东理工大学知识产权研究中心、上海中医药知识产权研究中心、上海政法学院知识产权研究中心。

这些知识产权教学和研究机构有的成立较早，但大部分是近几年才成立的，且其知识产权人才培养的目标定位也存在一定的差异。例如，就有学者对上海各高校的知识产权人培养定位作出这样的概括：上海大学知识产权学院着力培养高水平的专利代理人；华东政法学院的知识产权学院注重培养精通知识产权法的律师和法官；同济大学招收知识产权硕士和博士，培养能够解决涉外知识产权纠纷的高层次人才；中医药大学培养的知识产权研究生能够为中药现代化和国际化“保驾护航”；复旦大学则致力于培养知识产权理论人才。❷虽然这一概括的准确性还值得进一步深入研究，但它至少表明上海各高校在培养知识产权人才方面均有各自的优势，且各高校之间存在“明确分工，优势互补”的知识产权人才培养的资源整合指导思想。

二、上海高校知识产权教育的几种模式

从目前的“三院六中心”来看，各知识产权教学科研机构都在知识产权

❶ 陶鑫良：“知识产权人才培养路上的十年探寻”，见《2005年中国高校知识产权人才培养研讨会论文集》，第58页。

❷ “上海启动知识产权人才战略”，载《解放日报》2004年2月9日。

人才培养模式上积极地探索着，且均有自身的一些培养人才的优势。这里主要以上海大学知识产权学院、同济大学知识产权学院和华东政法学院知识产权学院的人才培养模式为例进行阐述。下文将这三个大学培养知识产权人才的模式分别简称为“上大模式”“同济模式”和“华政模式”。

（一）上大模式*

上海大学知识产权学院创建于1994年9月，它是我国较早建立知识产权学院的试点院校之一。通过20多年知识产权人才培养模式的探索，上海大学知识产权学院在知识产权人才培养模式的探寻方面相对来说经验较为丰富。

具体说来，上海大学知识产权学院经过十多年的探寻，先后相继尝试和探索了以下几种知识产权人才培养模式：知识产权法本科生、知识产权管理本科生、知识产权法双学科本科生、知识产权法硕士研究生、知识产权管理在职研究生班、理工本科/知识产权法硕士研究生的“本硕连读”、面向全校其他专业的知识产权公共选修课，以及面向社会的知识产权各种培训班等多种知识产权人才培养模式。这些培养模式虽然有的由于不符合知识产权人才培养的特点已经被淘汰，或者几种模式结合在一起形成了另一种新的培养模式，但其中的大部分仍然是目前上海大学培养知识产权人才的主要模式。以下对这几种模式做一个简单的介绍。

1. 上海大学知识产权学院探寻路上的8种人才培养模式

（1）法学专业（知识产权法方向）本科生培养模式。这里的本科生生源是直接来自高中毕业、通过全国统一高考的学生，学制四年，成绩符合条件者授予法学学士学位。前十年上海大学知识产权学院培养这类本科生七届计750人毕业。多年来的实践表明，这类学生由于缺乏理工科知识背景，与知识产权学科本身所要求的复合型人才有些差距，故上海大学知识产权学院院长陶鑫良教授认为，以后对这类人才的培养应当适度，不宜过度。

（2）管理专业（知识产权管理方向）本科生模式。上海大学知识产权1994年就已开拓这一种人才培养模式，实质上是理工/知识产权管理“2+2”共四年的教学安排，从已完成第一专业（主要是理工科专业）前二年学业的学生中择优筛选进入后二年的“知识产权管理学科”学习。前二年学习的主

* 本部分的资料主要来源来于：陶鑫良：“知识产权人才培养路上的十年探寻”，见《2005年中国高校知识产权人才培养研讨会论文集》。

要是理工科专业等第一本科专业的课程，后二年主要学习知识产权管理本科专业的课程，学生毕业时既可申请管理专业学士学位，也可申请法学专业学士学位。由于这种模式培养出来的知识产权管理本科生较难成为理工与管理、法学知识融合的知识产权复合型人才，很难达到预期的培养目的，因此，上海大学只在1994年和1995年招收了两届知识产权管理本科生就停止招生了。

(3) 知识产权法双学科本科生模式。这一培养模式实际上是对其他非法学专业，特别是理工科专业本科生的第二专业（知识产权法）课程教学。这种“双学科”培养的学制是“T+0”即“4+0”（实质上2+2）共4年，❶从已完成第一专业（主要是理工科专业）前二年的学生中择优筛选进入后二年的“本理工科/知识产权法第二学科”学习，其毕业时取得的学位仍为第一理工科专业的单一学位，但上海大学为双学科本科生出具已完成“双学科”(第一专业加上知识产权法专业）学业的学历证明。上海大学从知识产权学院成立起就开始招收“T+0”的双学科本科生，前十年共培养了200多名双学科本科生。

(4) 知识产权硕士研究生模式。其生源为法学专业或其他专业本科毕业生参加全国硕士统一考试成绩合格者，学制为三年。从1995年起上大知识产权学院曾经有四个硕士学位授予点下的四个研究方向：知识产权法研究方向（宪法与行政法硕士授予点）；知识产权管理研究方向（管理科学与工程硕士授予点）；国际经贸中的知识产权保护研究方向（国际贸易学硕士授予点）；知识产权的刑法保护（刑法学硕士授予点）。但近年来已基本只在知识产权法研究方向和知识产权的刑法保护研究方向上招收知识产权硕士研究生。

(5) 知识产权管理在职研究生班模式。这种培养模式于1994年起试点性地举办了一个班，学制三年半，其生源共23人，主要是在职官员、大学教师和企业家等。该班毕业时有近1/4的学生取得了硕士学位。虽然由于该在职研究生班存在一些问题，后来没有继续招生，但是这种模式对今天我们应当大力加强知识产权管理在职培训工作仍然有重要意义。

---

❶ 上海大学知识产权学院的这种“双学科”不同于北京大学知识产权学院培养的“T+2”知识产权法双学位模式，北大知识产权学院的“双学位”模式的学制是“T+2”即“4+2”共6年。

（6）理工本科/知识产权法硕士“本硕连读”模式。上海大学知识产权学院2004年首先推出理工本科/知识产权法硕士“2+2+3”本硕连读的知识产权人才培养新模式。这种模式实际质上是以前的理工/知识产权管理的“2+2”知识产权管理本科生培养模式和“T+0”知识产权法双学科本科生培养模式的结合与改进。理工本科/知识产权法硕士“本硕连读”分成“2+2+3”三个阶段：第一阶段的“2”是理工本科的一、二年级，学生按其理工本科专业高考入学和就读；第二阶段的“2”是理工本科的三、四年级，在这一阶段中学生不仅要全面完成第一专业的所有学习任务，还要学习第二专业即知识产权法双学科的相应法律课程。完成第一、二阶段学习任务的学生毕业时取得的本科学位一般为第一专业的理工学士学位，同时上海大学还为此类学生出具已完成“双学科”（第一理工科专业和法学专业）的学校证明；第三阶段的“3”是指完成前两阶段学业的学生可自愿报名参加理工本科/知识产权法硕士“本硕连读”的选拔，合格者即可进入第三阶段即硕士研究生阶段的学习，这一阶段的学习内容基本与上述“知识产权硕士研究生”模式相同。如上海大学于2004年秋选拔了第一批15名本科生直升知识产权法硕士研究生，这一新模式的人才培养效果如何正在探索之中。

（7）面向全校的知识产权公共选修课模式。自1995年以来，上海大学知识产权学院已经每年都面向全校开设知识产权类公开选修课。

（8）知识产权培训班模式。自上海大学知识产权学院成立以来，它曾举办过各种类型的知识产权短期培训班上百期。

2. 上海大学知识产权学院针对各种人才培养的课程设置

上海大学知识产权学院针对上述8种不同的培养对象开设了不同的课程。具体课程设置情况参见表4-9。

3. 上海大学知识产权学院人才培养模式的主要特点

以上就是上海大学知识产权学院十多年来所探索的各种知识产权人才培养模式和主要课程设置情况。综观这一过程，它呈现出如下特点：（1）上海大学知识产权学院在探索知识产权人才培养模式上是非常积极的，多年来探索了8种培养模式；（2）失败与成功贯穿于探索的整个过程，并且，目前正在运作的新模式就是经验与教训的总结；（3）从整体上来看，上海大学的知识产权人才培养模式目前仍处于探索之中，需要进一步的完善；（4）上海大学知识产权学院的这些有益探索对各兄弟院校如何选择知识产权人才培养模式具有重

表 4－9 上海大学知识产权学院各类培养模式中的主要课程设置

知识产权法本科生（四年）	知识产权管理本科生（后二年）	知识产权法双本科生（后二年）	知识产权法硕士研究生（三年）	知识产权法硕士研究生班（三年）	知识产权法本硕连读硕士研究生（后三年）	知识产权法公共选修课	知识产权短期培训班
公共课程；法学基础课程（计14门）；专利法；商标法；著作权法；商业秘密法；计算机与网络法；知识产权法总论；知识产权经营管理；知识产权评估；知识产权国际条约；知识产权案例；其他选修；毕业论文与实习	法学基础课（5门）；管理基础课（5门）；专利法与管理；商标法与管理；著作权法与管理；商业秘密法与管理；计算机与网络法；知识产权法总论；知识产权经营；知识产权贸易；知识产权评估；知识产权案例；毕业论文与设计	法学基础课（3门）；专利法；商标法；著作权法；商业秘密法；计算机与网络法；双学科论文	公共课（6门）；法理学；法律思想史；行政法（或刑法）；比较法总论；知识产权法总论；科技知识产权法专题；网络知识产权法专题；标识知识产权法专题；文化知识产权法专题；知识产权案例专题；知识产权贸易专题；知识产权管理专题	法学基础课（5门）；管理基础课（5门）；专利法与管理；商标法与管理；著作权法与管理；商业秘密法与管理；计算机与网络法；知识产权法总论；知识产权经营；知识产权贸易；知识产权评估；知识产权案例	公共课（6门）；法理学；法律思想史；民商法总论；比较法总论；知识产权法总论；科技知识产权法专题；网络知识产权法专题；标识知识产权法专题；文化知识产权法专题；知识产权案例专题；知识产权经纪专题；专利商标代理专题；知识产权经营专题	知识产权导论；知识产权案例；著作权法；专利法；商标法；商业秘密法；计算机与网络法	知识产权案例；知识产权经营；知识产权贸易；知识产权评估；著作权法；专利法；商标法；商业秘密法；计算机与网络法；其他

本表中的资料全部来自陶鑫良：“知识产权人才培养路上的十年探寻”，见《2005 年中国高校知识产权人才培养研讨会论文集》。

要参考作用。

（二）同济模式*

同济大学知识产权学院成立于2003年3月。虽然年轻，但自成立之日起，它从未停止过对知识产权人才培养模式的探索。经过多年的建设，同济大学知识产权学院在充分发挥其自身优势的基础上，正在成长为一个国际化、研究型的知识产权学科发展平台，其人才培养模式在上海各高校中非常具有特色，代表了上海高校培养知识产权人才的一种类型，因此选择“同济模式”作为调研对象具有一定的典型性和代表性。这里将主要从同济大学知识产权学院人才培养的指导思想、定位、师资、学位设置、招生对象、课程设置和特点等几个方面进行阐述。

1. 同济大学知识产权学院人才培养的指导思想和定位

同济大学知识产权学院学科建设总的指导思想是“夯实力，走交叉，做特色，创品牌”。

知识产权学院依托同济大学理工学科和对德（欧）交流的窗口优势，密切跟踪国际国内知识产权发展的最新动态，致力于培养高层次、复合型的知识产权法律和管理人才。

2. 同济大学知识产权学院的师资情况

同济大学知识产权学院的学术队伍分专职和兼职两类。学院目前现有专职教师7名，其中教授3名（博士生导师2名）、副教授1名、讲师2名、助教1名。教师中有博士学位的4人（3位留德博士），1名在读博士研究生，2名硕士。这些专职教师中绝大部分都是兼职律师，具有一定的实务经验。

兼职教授有：顾问院长为德国马普知识产权法所所长、世界著名的知识产权权威约瑟夫－思特劳斯教授；名誉院长是国家知识产权局局长田力普教授和中国社会科学院知识产权中心主任郑成思教授；另外，学院还聘请了上海市知识产权局局长陈志兴教授、上海市第二中级人民法院吕国强副院长以及中国社会科学院知识产权中心的多名著名学者担任兼职教授。

综观上述学术队伍，同济大学知识产权学院紧紧围绕知识产权学科交叉

* 这部分的资料主要来源于笔者在同济大学知识产权学院为期一年多的实地调研所获得的第一手材料。

性和应用性非常强的特点，力求做到教师能满足学生理论和实务学习的要求。

3. 同济大学知识产权学位设置情况

同济大学知识产权学院基本形成体现知识产权跨学科特色的三个主要研究方向：知识产权管理、知识产权法和经济法，并已在这三个方向招收研究生。

具体说来，知识产权学院依托经济与管理学院的管理科学与工程专业一级学科博士点，招收知识产权与知识管理方向博士研究生；知识产权学院还与文法学院法律系合作招收民商法专业和国际法专业知识产权法方向的硕士研究生。另外，知识产权学院还从2005年开始招收法学（知识产权法方向）辅修专业的学生。

4. 同济大学知识产权学院的招生对象

基于知识产权的学科特点，同济大学知识产权学院主要招收硕士和博士研究生，没有并且也不准备招收本科生。从目前已入学的硕士生和博士生来看，他们均具备以下特点：（1）至少熟练掌握一门外语；（2）具有较扎实的法学基础知识；（3）绝大部分都有几年的实务经验：有的已从事过多年律师实务，有的已从事过多年的专利代理人实务，有的已在企业工作多年，等等；（4）招生时注意各种外语的搭配，从目前在校的这些研究生来看，有懂英语的，有懂德语的，有懂日语的，也有懂法语的，且还有一部分学生基本掌握了两门外语。

总之，强调外语、法学基础知识、具有一定的实务经验构成在校研究生的主要特征。除此之外，在以后的招生中还要强调优先录取具有理工科背景的研究生。[1]

5. 同济大学知识产权学院课程设置情况

（1）学校课程设置情况。这里主要从博士生、硕士生和面向同济大学全校的本科生所开设的课程三个层面来进行介绍。具体课程设置情况见表4－10。

---

[1] 目前在校的硕士和博士研究生中，已有一部分具有理工科背景，以后会更加突出强调优先录取具有理工科背景的学生。

表 4－10　同济大学知识产权学院课程设置情况一览表

<table>
<tr><th>学生
课程</th><th>博士研究生</th><th>硕士研究生</th><th>本科生*</th></tr>
<tr><td>学位课</td><td>现代科学技术革命与马克思主义；
第一外国语；
经济学前沿；
管理学前沿；
当代信息技术与信息管理</td><td>第一外国语；
民法专题研究；
商法研究；
物权法研究；
债法研究；
专业外语（民商法学）</td><td rowspan="3">1. 面向全校开设的公共选修课：知识产权法、专利法、科技法；
2. 面向法律系开设的课程：知识产权法、著作权法、商标法；
3. 面向艺术设计系开设的课程：专利法；
4. 面向土木工程学院开设的课程：知识产权法；
5. 面向继续教育学院开设的课程：知识产权法</td></tr>
<tr><td>非学位课</td><td>第二外国语（第一外语为非英语者属必修）；
知识产权管理；
知识产权专业方向文献阅读</td><td>WTO 法专题研究；
法理学专论；
国际贸易法专题研究；
国际知识产权法；
人身权法专题</td></tr>
<tr><td>必修环节</td><td>学术讲座（不少于 8 次）；
论文选题；
中期考核；
论文预审</td><td>健身；
论文选题；
学术讲座；
社会实践 A</td></tr>
</table>

注：*同济大学知识产权学院没有也并不计划招收知识产权方向的本科生，这里所说的本科生课程主要是指知识产权学院面向同济大学全校各专业学生和针对不同专业学生所开设的知识产权课程。并且，针对不同的专业，所开课程的内容也做了适当调整。

（2）知识产权学院在课程设置方面近期所做的一些有益探索。除了上述学校培养计划上列出的课程外，知识产权学院为了加强对研究生理论和实践能力的培养，依托知识产权学院自身已经形成的一些优势，还积极探索并设立了一些新的课程，以增强学生的综合素质。例如，①不定期地把研究生送到知识产权行政管理部门或者相关企业进行实地学习。2005 年下半年就有 3 名博士生在上海市知识产权局进行了为期两个月的实地调研与实习，另外还有 3 名博士生以企业知识产权顾问的形式参与企业知识产权的管理；②从 2005 年下半年开始，知识产权学院开始举办了多届“博士生双周论坛”，每次由 1～2 名博士生就自己在近期所做的研究或就国际国内知识产权热点问题进行相互交流；③知识产权学院与德国马普知识产权法研究所已建立长期学术交流和人才培养的合作关系，由马普所提供经费，不定期地会有学生在该所学习进修。2006 年 1 月，知识产权学院开始有博士生在德国马普所为期一年的学习；等等。所有这些都是同济大学知识产权学院在知识产权人才培养模式过程中所做的一些积极探索，并且，从目前的情况来看，这些探索取得了超预期的收获。

6. 同济大学知识产权学院人才模式的特点

同济大学知识产权学院在学校、有关部门以及兄弟院校的大力支持下，已在知识产权人才培养模式中形成自己的一些特点。这些特点主要表现在以下几个方面。

(1) 人才培养的指导思想和目标定位非常明确。总的指导思想是“夯实力，走交叉，做特色，创品牌”。目标定位是致力于培养高层次、复合型的知识产权法律和管理人才。可以说知识产权学院所做的一切工作都是围绕这一目标的实现来进行的。

(2) 人才培养充分体现知识产权交叉学科的特点。知识产权是一门综合性的学科，这是一个客观事实，在目前学界也基本达成共识。知识产权这种交叉学科的特性在同济大学知识产权学院能够得到较好的体现：首先，同济大学本来就是一个理工科较强的大学，而知识产权学院就是成长在这么一个环境之中；其次，知识产权学院的博士生和硕士生分别和经济与管理学院、文法学院合作招收，因此在课程设置方面，就较好地体现了知识产权跨法学、经济学和管理学的特性。

(3) 突出强调老师和学生的外语知识。外语水平的高低在知识产权人才培养的成败中起着非常重要的作用。而在这方面同济大学知识产权学院具有自身的突出优势：从学院的老师来看，他们中大多数都有过留学欧美的经历，能够熟练掌握1～2门外语；从学生来看，也有一部分学生掌握了两门外语，都能用至少一门外语做研究；从所掌握的语种来看，知识产权学院的老师和学生所掌握的外语有英语、德语、法语、日语等；从以后的招生来看，知识产权学院会把外语水平的高低作为一个重要招生评价指标。

(4) 重视知识产权理论和实践的结合。关于这一点，如上文所述，自2005年下半年以来，在同济大学知识产权学院所做的一些有益探索中体现得非常明显。并且知识产权学院的老师和学生绝大部分已有了多年的实务经验。

(5) 注重国内外的学术交流。这一点对于定位于“培养高层次、复合型的知识产权法律和管理人才”的同济大学知识产权学院来说显得非常重要。并且，在知识产权学院建立后的两年多，就成功地举办或参与了近20项国内外学术交流活动。特别是与德国马普所所建立的长期学术交流合作关系，为同济大学知识产权学院能够及时把握知识产权的国际学术前沿动态创建了一个良好的平台。

（6）注重科研与教学相结合。没有先进的科研，就不可能有与时俱进的知识产权人才教学。同济大学知识产权学院承担了多项国际国内科研项目，如德国工业产权与版权联合会（GRUR）、德国拜尔（Bayer）公司、英国外交部（FCO）、全球机遇基金（GOF）、国家自然科学基金、国家社会科学基金、国家知识产权局、上海市知识产权局、2010 年上海世博会、上海市建设委员会等项目，这些项目的研究不仅产生了良好的社会影响，而且极大地促进了该院知识产权人才的培养。

（三）华政模式*

华东政法学院既有知识产权学院，也有知识产权研究中心。其知识产权学院成立于 2003 年 12 月，主要目标是培养既懂科学技术基础又懂法律知识的复合型人才。知识产权学院内设有两个教研室，即知识产权法教研室和网络与电子商务法教研室；两个研究机构，即知识产权研究中心（成立于 2003 年）和电子商务法研究所（成立于 2000 年）。

2004 年，根据教育部批准，华东政法学院成为全国第一家招收知识产权专业本科生的学校，知识产权是与属于法学门类中法学并列的专业。知识产权专业学制四年，授予学位为法学。因此，对知识产权专业本科生人才的培养构成了华政模式的最具特色之处，其学科基本定位于知识产权管理和保护的通才教育。并且，目前华东政法学院知识产权学院的知识产权人才培养也主要集中在本科教育阶段，知识产权研究生教育尚处于探索阶段。

华政模式下的知识产权本科教育定位于培养知识产权管理和保护的通才，其课程设置主要由专业基础，如企业管理、科学学、重要理工科基础（包括电子电工、机械设计、工业设计等）、法学基础知识和知识产权专业课三个方面的课程。并且计划从以下三个方面进行课程改进：（1）增加知识产权管理方面的课程；（2）理工科课程向更宏观方向发展，应涉及基础知识、每门学科简史、发展展望和前景，开设科技发展史、科技发展战略等课程。（3）增加实习、实务性课程。

华东政法学院目前还没有招收知识产权硕士研究生，但他们也正在积极探

* 本部分的资料主要来源于 2006 年 1 月 10 日由华东政法学院知识产权研究中心举办的“知识产权人才培养研讨会”，特别是华东政法学院知识产权学院高富平副院长所做的《知识产权学科和人才培养思考》报告，以及华东政法学院知识产权学院网站。

索硕士研究生的培养模式。特别是在今后培养知识产权硕士生的课程设置方面，他们形成了一个初步方案，具体课程参见表4－11。

表4－11　华东政法学院知识产权硕士人才培养课程设置（尚未实施的初步方案）

专业基础课程	专业课课程	选修课程（选4门）
1. 民商法专题； 2. 经济学； 3. 企业管理； 4. 公平交易法； 5. 版权法与版权管理； 6. 商标法与品牌管理； 7. 专利法律原理与实务	1. 技术管理（含专利、非专利技术等； 2. 专利文献检索与专利技术分析； 3. 知识产权交易（含知识产权评估、投资）； 4. 商业秘密法和管理； 5. 知识产权专题研究（含总论、传统知识、遗传资源等知识产权问题、民间文学等内容）； 6. 知识产权国际保护	1. 电子商务法； 2. 创新机制理论与实务； 3. 软件与数据库知识产权专题； 4. 集成电路知识产权专题； 5. 生物医药知识产权专题； 6. 科学学和创新管理； 7. 其他新设选修课

注：本表是笔者根据高富平教授在2006年1月10日的“知识产权人才培养研讨会”上所做的《知识产权学科和人才培养思考》报告的相关内容加以整理而成的。

三、上海对知识产权人才的社会需求与上海高校知识产权人才培养

一个地区对知识产权人才的需求程度与该地区的社会经济发展水平成正比，即越是经济发达的地方，对知识产权人才的需求越大，反之则需求越小。上海作为全国经济最为发达的地区之一，对各类知识产权人才的需求量也位居全国的前列。具体说来，上海需要知识产权人才的部门主要包括：企业、知识产权行政管理部门、司法机关、立法机关、知识产权中介机构和各知识产权教学科研机构等。各部门不仅在需求数量上有较大差异，而且对知识产权人才的质量要求也有很大不同：企业是知识产权人才需求的第一大户，它所需要的人才应是懂技术、懂法律的复合型和实务型知识产权人才；知识产权行政管理部门所需的人才又可分为几种：对于专利检索和专利审查等工作，需要相关人员具备一定的技术和法律知识，与企业所需的复合型和实务型人才有一定的相似之处，对于知识产权行政执法人员则更强调其知识产权法律背景，对于知识产权行政管理人才则更强调其管理才能；司法机关和立法机关所需要的知识产权人才应突出强调其法律知识；知识产权中介机构的服务对象主要是企业，因此其人才要求与企业相似；至于教学和科研院所所需要的知识产权人才则应突出强调其理论研究的能力。另外，行政管理部门、司法机关和教学科研机构对知

识产权人才的需求相对较小，也比较恒定，而社会中介机构对知识产权人才的需求量则要根据社会、特别是企业的需求来定，因此，只有企业才是知识产权人才需求的真正大户，高校知识产权人才培养模式应该遵循这一客观规律。

目前，上海的知识产权人才缺口很大。上海市知识产权局许章林副局长在2006年1月10日召开的“知识产权人才培养研讨会”上明确指出：上海市有近6万家企业，此外还有行政机构、知识产权社会中介机构等部门均需要知识产权人才，而上海各高校培养出的知识产权人才在质量和数量上均远远不能满足这些部门的知识产权人才需求。也有人对上海的专利代理人的数量做过统计：“仅就专利代理人而言，目前上海仅有400多名专利代理人，除去兼职，专门从事这一工作的不过200余人。而现有的这些代理人年龄又普遍偏大，知识结构老化，尤其对信息技术、生物医药、新材料等高新技术领域缺乏了解，无法满足社会对高素质知识产权人才的需求，专业人才的‘断层’现象严重。”❶

这里还可以比较以下几组数字，以形成知识产权人才缺口的感性认识：据《中国知识产权报》的一篇报道，“目前广东在知识产权方面的人才奇缺，需要大量懂管理、懂专业，能够胜任知识产权诉讼、管理的复合型人才，当前广东知识产权高级人才的缺口为7 000～10 000人，此外每年的需求增量在1 000人以上。”❷ 这里虽然说的是广东的情况，其实，上海和广东均是全国经济较发达的沿海省市，二者在知识产权人才需求方面非常具有可比性。另一组数字是关于全国培养出的知识产权人才的数量：“从全国来看，……北大知识产权学院院长郑胜利告诉记者，该学院❸成立至今12年共培养知识产权各类人才400多人，更早成立的中国人民大学知识产权教学与研究中心19年间培养了700多人，上海大学知识产权学院、华中科技大学、华东政法学院等近10年来培养知识产权专业本科生近千人，加上其他院校毕业的，全国高校培养出来的知识产权专业人才不足3000人。”❹ 面对这么大的人才缺口，目前我国知识产权人才培养整体计划

---

❶ “知识产权人才成职场新宠”，载http：//sh.163.com，2005－12－01 17：52：43。

❷ 转引自魏小毛：“社会需要什么样的知识产权人才”，载《中国知识产权报》2005年7月4日。

❸ 指北京大学知识产权学院。

❹ 该数字于2005年8月29日公布于http：//www.zypartners.com/events/files/200508029/200508029.htm，2006年3月18日访问。

又是怎样的呢？“据悉，有关专家正在积极设计我国知识产权人才培养的‘百千万工程’，即到2010年，我国培养知识产权博士100人，培养知识产权硕士1000人，培养知识产权学士（包括双学士学位学生）1万人。”❶ 通过比较上述三组数字，不难发现：即使到2010年这一“百千万工程”能够顺利实现，我国知识产权人才缺口依然还是非常大的。因此，目前上海知识产权相关人才短缺是不言而喻的。这还只是问题的一个方面。

问题的另一方面是，上海各高校的知识产权人才培养与社会需求之间存在悖论，高校培养出的知识产权人才毕业时只有一小部分选择了专业对口的知识产权职位，大部分都在其他行业中就职，这就使得上海的知识产权人才需求和培养之间出现了一种错位。这可以从上海大学知识产权学院1999级和2000级知识产权本科生就业去向获得证实，❷ 参见表4－12。

表4－12　上海大学知识产权学院1999级和2000级本科生就业情况统计表

就业去向	1999级知识产权本科生（人）	2000级知识产权本科生（人）
企业	73（其中隐性就业18人）	85（其中隐性就业23人）
与知识产权有关的企业	0	4（其中隐性就业1人）
与知识产权有关的行政机关	7	0
其他行政机关	10（其中隐性就业1人）	14（其中隐性就业3人）
事业	17（其中隐性就业5人）	21（其中隐性就业9人）
律师事务所	9（其中隐性就业3人）	11（其中隐性就业3人）
司法机关	2	1
出国	5	5
升读研究生	5	9
支持西部计划	0	3
待业或其他	5（其中隐性就业1人）	3
总人数	133（其中隐性就业28人）	156（其中隐性就业39人）

❶ 该数字于2005年8月29日公布于 http：//www.zypartners.com/events/files/200508029/200508029.htm，2006年3月18日访问。

❷ 由于上海大学知识产权学院是上海成立最早的培养知识产权人才院校，其已培养出来的知识产权人才在上海居于首位，另外，上海其他的知识产权学院或知识产权研究中心多数是近年才成立的，有的目前还没毕业生，因此，选择上海大学知识产权学院毕业生的就业去向在上海各高校中非常有代表性。

从表4－12的统计数字可以看出，1999级和2000级本科毕业生总数分别为133人和156人，其中直接从事与知识产权有关的人数分别为7人和4人（4人中还有1人是隐性就业❶），即使把律师事务所和司法机关的就业人数全部加上，其人数也只是分别为11人（其中隐性就业3人）和12人（其中隐性就业3人）。由此可见，上海各高校的知识产权人才培养与社会需求之间存在悖论是非常明显的。难怪前不久中国知识产权报有这样的报道：《华为虚席以待，奈何人才难求》。❷

那么，到底是什么原因导致上海知识产权人才需求和高校知识产权人才培养之间的两类问题呢？笔者认为，这一问题的产生主要有以下几个方面的原因。（1）上海高校的知识产权人才培养还只有十余年的历史，并且上海的“三院六中心”中的大部分人才培养机构都是近几年才成立的，尚没有毕业生输出，因此，知识产权人才在总量上不可能满足社会的需求，这是发展过程中不可避免的问题；（2）从全国培养出来的知识产权人才来看，也面临同样的发展过程中的问题，故其他地区所培养的知识产权人才也不可能大批量地涌进上海；（3）知识产权人才流失现象较为严重：在培养出来的为数不多的知识产权人才中尚有一部分流向了外企、涉外律师事务所或涉外专利代理事务所，这也加剧了上海知识产权人才数量的不足；（4）知识产权人才培养与社会需求之间的悖论与上海高校知识产权教育本身存在的一些问题有关，这一点将在下文探讨。

四、上海高校知识产权教育存在的主要问题与对策

（一）存在的主要问题

在上述对上海高校知识产权教育现状和社会对知识产权人才需求进行充分调研的基础上，可以发现上海高校知识产权教育存在以下主要问题。

（1）上海高校知识产权人才培养数量严重不足。这主要表现为不仅在一些知识产权新领域的人才培养存在空白，而且在知识产权的传统领域方面所培养出来的人才也不能在数量上满足上海的社会需求。

（2）上海高校的知识产权人才培养与社会需求之间存在严重错位。从目

❶ 根据调查了解，隐性就业就是没有就业，只是把档案挂靠在某个单位。

❷ 《中国知识产权报》2005年9月19日。

前上海“三院六中心”的人才培养模式来看，知识产权人才培养主要还是集中于培养知识产权法律人才，培养出的复合型知识产权人才少之又少，这与知识产权人才需求的第一大户“企业”的要求不符。当然，近两年上海各高校的知识产权专家已意识到这一问题的严重性，并相应地采取了一些措施，❶ 但这种错位局面的完全改变还不可能在短期内实现。

（3）如何有效整合上海“三院六中心”的教育资源，充分实现上海知识产权人才培养内部结构的协调的问题。正如上文所指出的，知识产权人才的社会需求在企业、行政管理部门、司法部门、立法部门、中介机构以及教育科研机构之间均存在一定需求量，但各部门的需求量又不是平分秋色的，有的多，有的少，这就要求高校在培养知识产权人才方面满足市场的这一要求；同时，目前上海的各高校在知识产权人才培养方面又均有自身的一些优势，这就产生一个如何有效整合这些教育资源，形成“三院六中心”优势互补，避免资源浪费，形成上海知识产权人才供给和需求之间内部结构协调平衡的问题。虽然2003年7月29日上海市发布的《关于进一步加强本市知识产权工作的若干意见》已提到“进一步优化资源整合……培育和吸纳创新人才”等字眼，以及在2004年9月发布的《上海知识产权战略纲要（2004～2010年）》和2006年1月发布的《上海知识产权战略纲要2006年推进计划》中也规定了高校知识产权人才培养的相关问题，但均没有就如何具体整合上海“三院六中心”的教育资源问题作出明确探讨和规定。

（4）知识产权学科定位的问题。这一问题主要是指知识产权目前还并不是一个独立的学科，还只是一个研究方向，它制约着知识产权人才培养的进一步发展。当然，这一问题不只是上海高校所面临的问题，全国各高校也同样面临此问题。可喜的是2004年11月8日由教育部和国家知识产权局发布的《关于进一步加强高等学校知识产权工作的若干意见》中，已明确规定：“增设知识产权专业研究生学位授予点。鼓励有相应条件的高等学校整合教学资源，设

❶ 例如，2003年10月14日，包括上海3所高校在内的全国18名高校校长、院长偕教授联名发布《关于中国知识产权人才培养的倡议书》；2005年2月由上海大学知识产权学院、中国高校知识产权研究会和上海市华诚律师事务所在上海联合主办“第一届中国高校知识产权人才培养研讨会”；2006年3月17日，“第二届中国高校知识产权人才培养研讨会”在上海大学举行。这些活动均对目前高校知识产权教育中所遇到的高校知识产权人才培养与社会需求之间的错位问题进行了详细探讨。

立知识产权法学或知识产权管理学相关硕士点、博士点，提升知识产权的学科地位。”尽管这还只是一个“若干意见”，但只要我们共同努力，这一问题的解决虽然任重，但道不再遥远。

（5）知识产权课程设置不统一的问题。由于上海“三院六中心”中大部分是近年才成立的知识产权人才培养机构，因此在知识产权课程设置方面各不统一；即使在全国成立较早的上海大学知识产权学院，在课程设置上也同样还处于摸索阶段，前十年中，它就探寻了八种人才培养模式，相应地设置了八套知识产权课程。如何使各高校的知识产权课程设置科学化和规范化，符合知识产权交叉学科的特点，并真正让通过了这些课程学习的学生在毕业后能适应社会的需求，这是上海“三院六中心”所面临的一个重要课题，需要深入研究。

（二）对策

上述问题的解决，并不是单凭“三院六中心”自身的力量就能彻底完成的，它可能是一个系统工程，需要包括政府、企业、“三院六中心”自身和社会其他力量在内的各种主体积极投入才有可能加以解决。在总结现行经验与教训的基础上，可以从以下几个方面采取一些对策。

（1）要明确上海市的知识产权人才培养需求目标，包括需求数量、需求质量和需求类别。不同的部门对知识产权人才的需求数量和质量各不相同，各种人才的需求比例应如何分配才能达到协调，这就是各高校知识产权人才培养的目标。只有明确了这一目标，高校知识产权人才培养才有可能真正做到有的放矢。遗憾的是，目前，上海并没有做过这样的调查和统计，大家都知道目前上海的知识产权人才缺口很大，但到底有多大的缺口，各种人才缺口是如何具体分配的，等等，诸如此类的问题，并没有一个明确的量化指标。因此，有关机构非常有必要进行一次这样的摸底调查。

（2）应充分发挥政府的推动和宏观指导作用。按照市场经济的要求，政府可能并不会具体参与一些细节性的事务处理，但在如何协调高校知识产权人才培养和社会需求之间的错位，如何规划解决知识产权人才整体的供需矛盾，如何整合“三院六中心”的各种教育资源，如何确定知识产权学科的定位等问题上，政府应从长远的角度用一种战略的眼光来加以宏观指导，充分发挥其积极推动以求得问题解决的作用。并且，在条件成熟时，相关部门要及时做出决策和规定，使知识产权的学科地位之类的问题得以明确化和规范化。笔者认为，上海市政府在制定《上海知识产权战略纲要》或《上海知识产权战略纲要年度推进计划》时，可以对上述相关问题加以明确规定，以有计划有步骤地解决。总之，对于宏观性、全局性问题的解决，政府在其中的作用必不可少。

（3）上海应逐步形成以“三院六中心”为主体，并辅之以其他方式的立体型知识产权人才培养模式。目前，随着“三院六中心”的建立，上海以此为主体知识产权人才培养平台也已基本形成，并且，鉴于知识产权具有交叉学科的特性，上海的各高校在如何培养复合型知识产权人才方面作出了一些有益的探索，例如，同济大学知识产权学院把学生放到上海市知识产权局和参与企业知识产权管理的培养模式就取得了较好成效。另外，上海市于 2005 年开始实行的“650”人才战略计划，有计划地把一些有培养前景的知识产权人才送到国外进行培训，为上海储备一批知识产权高级人才的做法就是一种很好的尝试。总之，“三院六中心”是应该是上海人才培养的核心主体，但又必须充分发挥这一主体与企业、政府、中介机构和国外相关部门的教育资源整合优势，形成立体型的知识产权人才培养模式。

（4）尽快在有条件的高校设立知识产权硕士点和博士点。鉴于 2004 年 11 月《关于进一步加强高等学校知识产权工作的若干意见》规定有条件的学校可以“设立知识产权法学或知识产权管理学相关硕士点、博士点，提升知识产权的学科地位”，因此，有关高校应抓紧落实。并且，教育部也可以在总结现有经验与教训的基础上，尽快对知识产权硕士和博士的课程设置作出最低要求的统一规定，以解决知识产权课程设置不统一的问题。

（5）大学本科阶段不宜设置知识产权专业或知识产权方向。关于这一点，已有许多专家多次提出。例如，上海大学知识产权学院的陶鑫良教授就曾这样论证：“我认为，无论是法学专业，还是管理学专业，本科阶段不适宜设置知识产权专业方向。这是上海大学知识产权学院 10 年办学经验得出的一点体会，也是国际上法学人才尤其是知识产权人才培养的通常做法。在许多国家，法学专业一般都是第二专业，其学生在前已经学有第一专业，或者是理工科专业，或者是其他专业。知识产权理应当比法学具有更高的第一专业背景要求。没有第一专业背景，一般难以深入学好知识产权。”[1] 笔者同意上述观点。

[1] 陶鑫良：“知识产权人才的培养模式”，载《中国知识产权报》2005 年 8 月 4 日。

五、上海高校知识产权教育模式对浙江高校知识产权人才培养的几点启示

上海和浙江同属于长三角经济带，从理论上讲，上海高校应该能够为浙江输送出大批知识产权人才。事实上，经过大量调查后发现，上海高校培养出来的知识产权人才不能，或者至少在近几年不能向浙江大批量地输出，同时，上海高校的知识产权人才培养模式可以为浙江高校培养知识产权提供一些有益的启示。

启示一：浙江所需的知识产权人才应更多地依靠浙江本土的高校来进行培养。目前上海存在知识产权人才的严重短缺，而上海高校的“三院六中心”又是上海知识产权人才的最主要培养基地，因此，上海高校培养出的知识产权人才不可能向浙江大批量地输出，至少在近几年内不可能做到这点。并且，由于上海相对于浙江来说，对留住人才，包括上海本地人才和外地人才，更有地方优势，因此浙江所需的人才应更多地依靠自力更生的办法来加以解决。

启示二：浙江高校的知识产权人才培养模式可以借鉴和吸取上海高校的一些经验与教训。经验方面，可以借鉴上海大学知识产权学院的“知识产权硕士研究生模式”“理工本科/知识产权法硕士‘本硕连读’模式”“面向全校的知识产权公共选修课模式”“知识产权培训班模式”等；也可借鉴同济大学知识产权学院人才培养模式的六大特色，特别是其注重研究生的理论和实务相结合的培养方法，不定期地把学生送到相关知识产权行政部门和企业进行实地调研与学习；还可借鉴在上海高校知识产权课程设置中的合理部分，走培养知识产权复合型人才的道路；等等。教训方面，浙江高校不必在大学本科阶段就设置知识产权专业或知识产权方向，宜把知识产权人才培养更多地放在研究生阶段；避免把知识产权仅仅当做一门法学课程来看待，而应把它定位于是一门跨法学、管理学、经济学和理工科的新型学科；应特别注重知识产权的实务性和应用性；等等。

启示三：应比较浙江和上海所需人才不同特色，避免盲目模仿上海高校的知识产权人才培养模式。例如，知识产权人才需求的第一大户均是企业，但浙江的企业和上海的企业存在一定的差别：浙江企业中民营企业所占比重较大，而上海企业以国有企业为主。这两类企业在规模上、性质上、社会地

位等方面还是有差别的，它们对知识产权人才的需求可能也还存在一定的差异，因此，浙江高校在培养什么样的知识产权人才之前非常有必要把这些人才的社会需求加以明确，避免人才培养和社会需求之间的错位。

启示四：应充分发挥浙江知识产权行政管理部门在知识产权人才培养方面的推动和宏观指导作用。具体说来，浙江的知识产权行政管理部门应站在战略的高度，有效地整合全省的各种教育资源，使浙江的高校、企业、社会中介机构等部门能够真正形成合力，形成以浙江高校为知识产权人才培养主体、辅之以其他培养方式的立体型培养体制。

第四节　湖南高校法学本科人才培养问题与对策研究

中国现代法学教育始于1902年的山西大学堂，❶ 由于种种原因，具有中国特色的现代法学教育逐步走上正轨，并呈现出迅速发展态势，却是出现在改革开放之后。几十来的法学本科人才培养取得了巨大的成绩，如从事法学教育的高等院校不断增加、法学专业的招生规模不断扩大、为公检法机关以及各行各业输送了大量法律人才等，但是，在法学教育快速发展的过程中，特别是自1999年实行本科生扩招以来，其中存在的许多问题也日显突出，如培养目标定位问题、课程设置问题、法学本科教育与司法考试关系问题等。本节在对湖南省普通高校的法学本科人才培养情况进行调研的基础上，提出解决相关问题的对策建议。

一、湖南省普通高校法学本科人才培养中存在的问题

据不完全统计，湖南省目前共有47所本科高校，其中部属高校3所（中南大学、湖南大学和国防科技大学），省属地方本科高校44所（包括一本高校3所、二本25所和三本16所），其中绝大多数本科高校都拥有法学本科专业。

❶ 付子堂主编：《当代中国转型的法学教育发展之路》，法律出版社2010年版，第73页。

课题组的调研分两部分进行：一是对湖南省30所本科高校❶法学本科院系的人才培养计划进行比较分析；二是选取5所高校❷法学专业本科二年级以上（含二年级）的在读学生进行了问卷调查。此次调研共发出问卷868份，收回有效问卷823份，废卷45份。其中湖南师范大学共发出355份，有效收回316份；中南大学发出91份，有效收回89份；湖南大学发出73份，有效收回72份；中南林业科技大学共发出309份，有效收回306份；湖南人文科技学院共发出40份，有效收回40份。问卷内容主要涉及法学本科专业人才培养目标、课程设置、学生能力培养、毕业实习以及有关教学和司法考试等方面的问题。通过调研分析后，可以发现，湖南高校法学本科教育的现有人才培养体系存在以下几个方面的问题。

（一）培养目标定位有差异

通过调研发现，湖南各高校的法学本科人才培养计划中都涉及了培养目标的定位问题，并且一般都把“应用型法律事务能力”列为培养目标，但是，各高校在具体目标的设置上差异较大（见表4－13）。

表4－13　湖南省30所高校法学本科教育培养目标设置情况

序号	培养目标	数量（个）	百分比（%）
1	应用型法律事务能力	19	63.3
2	应用型法律事务能力＋法学研究	1	3.3
3	应用型法律事务能力＋法学教育＋法学研究	8	26.7
4	应用型法律事务能力＋中小学教育	1	3.3
5	应用型法律事务能力＋经济学知识	1	3.3
6	应用型法律事务能力＋管理知识	1	3.3

❶　它们是湖南师范大学、湖南理工学院、湖南科技学院、湖南文理学院、湖南人文科技学院、衡阳师范学院、怀化学院、邵阳学院、湖南商学院、湖南工业大学、中南林业科技大学涉外学院、南华大学船山学院、湖南农业大学、湖南科技大学、吉首大学、衡阳师范学院南岳学院、湖南涉外经济学院、湘潭大学兴湘学院、湘潭大学、湖南师范大学树达学院、中南大学、湖南理工学院南湖学院、湖南商学院北津学院、长沙理工大学城南学院、长沙理工大学、湖南农业大学东方科技学院、湖南科技大学潇湘学院、湘南学院、湖南工业大学科技学院和长沙学院。

❷　它们是湖南师范大学、中南大学、湖南大学、中南林业科技大学、湖南人文科技学院。

（二）学分、学制不统一

湖南各高校法学本科教育的总学分从164～185学分不等，学制以标准四年制为主，但也有较大比例的限修3～6年制和个别学校规定的限修3～7年制（见表4－14）。需要指出的是，规定后两种学制的高校，实践中绝大多数同学还是四年法学本科毕业，并拿到学士学位。

表4－14　湖南省30所高校法学本科教育学制设置情况

学制	数量（个）	百分比（%）
标准4年制	16	53.3
限修3～6年制	13	43.3
限修3～7年制	1	3.3

（三）专业方向设置不一致

这主要表现为两种情况，一是法学本科教育中不再划分专业方向，统一称为法学专业；二是在法学专业中再设置几个专业方向。湖南省各高校对法学本科教育是否划分专业方向的具体情况参见表4－15。

表4－15　湖南省30所高校法学本科教育专业方向设置情况

方向设置	数量（个）	百分比（%）
划分方向	7	23.3
未划分方向	23	76.7

（四）课程设置差异较大

从目前湖南省各高校本科教育关于法学专业课程的设置情况来看，一般都涉及四大部分（但具体名称并不一致）：公共必修课、公共选修课、专业必修课和专业选修课。公共必修课和选修课主要是全国统一规定的政治理论、外语、体育等课程。专业必修课就是教育部法学学科指导委员会所指定的16门专业核心课程，它们是法理学、宪法学、行政法与行政诉讼法学、民法学、刑法学、商法学、经济法学、国际公法学、国际私法学、国际经济法学、中国法制史、民事诉讼法学、刑事诉讼法学、知识产权法学、环境与资源保护法学、劳动与社会保障法学。各高校一般都开设这些专业必修课，但是，在具体设置方式上差异较大。至于专业选修课，各学校在课程设置名称和设置方式上并不统一，甚至还有较大差异。

以开设两个学期的课程为例，通过对湖南30所高校法学专业课程设置情况的统计，可以发现共有6门课程设置为两个学期，但具体设置情况差异较大（见表4-16）。

表4-16　湖南省30所高校法学本科教育开设两学期的课程设置情况

开设两个学期的课程	数量（所）	百分比（%）
法理	5	16.7
民法	28	93.3
刑法	29	96.7
经济法	2	6.7
行政法与行政诉讼法	1	3.3
房地产法	1	3.3

（五）法律实践课程流于形式

如前所述，虽然湖南各高校一般都将“应用型法律事务能力”列为法学本科教育的人才培养目标，但从所调研高校的课程设置来看，法律实务课程在培养计划中没有得到充分体现或没有受到充分重视，法律实践课程往往流于形式。这一方面是由于传统的法学教育模式过分注重法律的基础知识和基本原理，而不太重视法律职业技能的培养所致，另一方面也是由于法律实务课程的开设，各高校在师资、经费投入等方面存在一定的困难。

（六）处理法学本科教育与司法考试的关系欠妥当

2002年3月，我国开始正式实施统一的司法考试制度。自此，如何正确处理司法考试与法学教育的关系，成为我国法学本科教育面临的一个新问题。通过对湖南30所高校法学本科教育的实证调研可以发现，其中很多高校的法律院系为了片面地追求司法考试的通过率，把司法考试当成法学本科教育的指挥棒，甚至将高校法学本科院系变成了专门的司法考试培训机构。笔者认为，司法考试与法学本科教育之间固然存在很紧密的联系，但如果将司法考试当作法学教育的指挥棒，则很可能会使法学本科教育走上应试教育的歧途。显然，这也是与法学本科教育的培养目标和发展方向背道而驰的。

二、完善湖南省普通高校法学本科人才培养的建议

笔者认为，可以从以下几个方面来完善湖南省普通高校法学本科人才培养方案。

（一）准确定位培养目标

从调查实践中可以发现，湖南省的30所高校中关于法学本科教育培养目标的规定差异较大，涉及应用型法律事务能力、法学研究、法学教育、经济学知识、管理知识等多个方面的培养目标。笔者认为，后四个方面的能力培养固然很重要，但将其定位为法学本科教育的培养目标并不妥当。理由是：法学研究能力的培养应当是法学硕士和博士阶段的重点培养目标；法学本科毕业生要到高校从事法学教育，从目前的实际情况看，几乎不可能，而到小学或中学从事法律教育工作，在当前中小学的课程设置中，法律普及教育课程还没有达到广泛普及的程度；至于将经济学知识和管理知识定位为法学本科教育的培养目标，更是明显不妥。大部分高校将应用型法律事务能力的培养定位为法学本科教育的培养目标，这本无可厚非，但在实地调研中发现，有一些高校又变相地将此理解为如何应对司法考试，因而在一定程度上将法学本科教育变成了司法考试培训学校。

关于法学本科教育的人才培养目标到底应当如何定位，理论界并没有取得完全一致的意见。[1] 笔者认为，其可以定位于：培养具有全方位工作能力，能为法律职业及各行各业服务的综合应用型法律人才。基于此目标定位，对于法学本科教育的发展方向，笔者赞同以下观点：法学本科教育在发展方向上应当定位于通识教育或大众教育，而不能定位于法律职业教育或精英教育。[2] 当然，这一目标的定位，并不排除一些高校的法学院系根据本校的学科优势和师资力量开设一些特色课程，从而形成自己的专业特色，但这只能将其定位于法学本科学生综合素质的拓展，而不能定位于培养目标。

（二）统一专业名称、学分和学制

根据教育部的相关规定，法学本科教育不再细分专业方向，因此，一些高

---

[1] 袁明圣："我国法学教育的现状与调整对策"，载《法学杂志》2006年第1期。

[2] 朱立恒：《法治进程中的高等法学教育改革》，法律出版社2009年版，第137～141页。

校将法学本科教育进一步细分为几个专业方向的做法并不妥当，这也与将法学本科教育定位于通识教育和大众教育的发展方向相矛盾。笔者在实地调研中发现，这些高校在本科阶段细分法学专业方向的主要原因是，希望通过取一个好听的专业方向名称来吸引招生和促进就业。其实，从这些专业方向的具体课程设置来看，并不利于法学本科人才培养目标的实现。因此，在本科教育中，没有必要在法学专业下再细分专业方向。

至于各高校学分和学制不一致，教育行政部门完全可以作统一规范要求。

（三）优化课程体系

公共必修课和公共选修课是教育部强制性规定的，作出修改的余地较小，因此，这里所说的优化课程体系主要是指专业课程的规范设置。关于专业课程体系的优化，近几年来，湖南师范大学法学院在这方面作了许多有益的探索。从2010年开始，湖南师范大学法学院就法学本科专业课程设置问题在广泛征求学生意见以及教学一线教师建议的基础上，吸收借鉴国内其他高等院校的法学专业课程设置的经验，对课程体系进行了调整。目前法学本科的课程由公共必须课、专业必修课、专业选修课（根据情况进一步分为专业限选课和弹性选修课）和任意选修课四个类别、10个课程模块构成，并对主要课程的学时、学分、开设时间、年级进行了科学合理的安排。以专业必修课、专业选修课、任意选修课为骨架构建的专业课程体系可供不同能力、不同层次和不同兴趣爱好的学生进行选择。

（四）优化教师队伍

自实行本科扩招以来，法学本科教育的规模远远地超过了法学教师的增长速度，我国法学本科教育出现了比较严重的师生比例失调现象。这一问题在笔者所调研的30所湖南高校中也同样存在。改变师生比例失调的现象，主要有两种途径，一是降低招生规模，二是增加法学教师数量。随着近几年高考人数的自然减少，法学招生的规模自然会呈现出下滑趋势，但是，我们也不能人为地过度限制招生规模，毕竟高等教育在当前中国已经成为一种大众化教育，并正在向普及型教育过渡。由此，改变师生比例失调的重点就落在了增加法学教师的数量上。

湖南各高校法学本科院系需要建设一支整体素质高、年龄、学历、职称结构合理、教学和科研过硬、并且富于开拓创新精神的师资队伍，以适应法学本科专业人才培养目标的要求，满足各院系自身发展的需要。为此，笔者提出以下建议：（1）增加教师数量，提高师生比例。为保证教学质量，各高校法学本科专业点的师生比应该控制在 1∶16 左右。（2）优化师资队伍结构。师资队伍的年龄、学历、职称结构应该合理。师资队伍中至少要有 2～3 名正教授，特别是学科带头人在教学和科研两方面都要有一定的影响；具有硕士、博士学位的教师比例应该在 70% 以上。（3）让优秀教师尽可能多地承担法学本科教学任务。课程主讲教师应该具有讲师职称或硕士以上学位；教授和副教授每学期至少要为本科生开设一门专业必修课程或选修课程。

（五）确保法律实践课程正常开设

从调研情况看，法律实践课程往往流于形式，一个重要原因就是，现有法学教师中实务型教师相对较少，而各高校与相关实务部门（如法院、检察院等）开展合作，聘请办案经验丰富且又有较好法学理论基础的法官或检察官担任实务型教师又面临许多困难，如需要更多经费投入，被聘任教师在时间和精力上难以充分保证等。为此，在各高校确保法律实践课程正常开设问题上，提出以下建议：（1）充分重视法律实践课程的重要性，在课程设置上进一步完善法律实践课程的内容。（2）增加经费投入，确保有足额资金用于开设法律实践课程。（3）通过与相关实务部门或实务教师签订协议或其他方式，确保法律实践课教师的稳定性与质量保证。（4）通过与法院和检察院等实务部门建立长效机制，建立稳定的实习基地，以利于提高学生运用所学法学理论知识和技能解决实际问题的能力。

（六）正确处理法学本科教育与司法考试的关系

之所以出现前面所述的一些高校将司法考试当作法学本科教育指挥棒的问题，其实质就是没有正确地处理好二者的关系。法学本科教育与司法考试之间尽管联系紧密，例如，司法考试是联系法学教育与法律职业的纽带和桥梁，法学本科教育是司法考试的前提和基础，司法考试在一定层面上可以作为法学本科教育质量好坏的一个评价指标等，但是，更应当看到二者具有以下区别：（1）法学本科教育的功能是培养人才，而司法考试的功能是筛选人才；（2）法学本科教育所担负的任务是多元的，即法学本科教育不仅培养法律职业人才，而且培养治国人才，还担负着提高公民法律素质和法律意识等任务，而司法考试的主要任务就是选拔合格的法律职业人才；（3）法学本科教育的内容比较广泛，而司法考试的范围有限，不可能涉及法学本科教育的所有内容。正是基于二者的这些区别，我们不能将司法考试当成法学本科教育的指挥棒，以免法学本科教育背离自己的目标定位，而误入应试教育的歧途。

后 记

本书由我对知识产权问题的点滴思考汇集而成，记录了我在知识产权领域不断学习与思考的历程。由于学识水平所限，本书对相关问题的研究仍需进一步深入和完善，也希望方家予以指正。本书所探讨的问题，若能引起业界的关注，起到抛砖引玉的作用，则亦备感欣慰。

本书的出版，获得了湖南师范大学法学院的湖南省重点学科建设项目资助，在此表示感谢！知识产权出版社刘睿和刘江编辑为本书的出版付出了辛勤的劳动，在此特别感谢！

本人的成长，获得了许多人的帮助与支持。在此对所有给予我帮助和支持的人表示衷心感谢！

衷心感谢给予我指导的各位老师！特别感谢我的两位导师李爱年教授和单晓光教授！你们不仅教给我知识，更教导我做人。

特别感谢我的父母和岳父岳母！父母是生命之源与流：不仅赋予我生命，抚养我成人，而且你们吃苦耐劳、与人为善、积极向上的精神更是激励我不断前行的动力。父母之恩，终生难报。唯有祝福我的父亲和岳父岳母健康长寿，颐养天年！祝愿我的母亲在另一个世界里永远快乐！

特别感谢我的哥哥嫂嫂！你们从精神上和物质上均给予我巨大帮助与支持，几十年如一日！我的三哥邓建伟博士，是一位无论我怎样感激都不为过的好兄弟。

特别感谢我的妻子陈杨博士，她是一位值得我相伴一生的好伴侣。特别感谢我的两个儿子康康和扬扬！你们给我的生活带来了无穷乐趣。衷心祝愿你们健康成长！

邓建志

2016 年 7 月于岳麓山下

后记